丝绸之路历史文化研究书系

第二辑

杨富学 主编

洛阳考古与丝绸之路人文交流

商春芳 著

甘肃文化出版社

国家出版基金项目
NATIONAL PUBLICATION FOUNDATION

图书在版编目（C I P）数据

洛阳考古与丝绸之路人文交流 / 商春芳著. -- 兰州：甘肃文化出版社，2021.7
(丝绸之路历史文化研究书系 / 杨富学主编. 第二辑）
ISBN 978-7-5490-2269-4

Ⅰ. ①洛… Ⅱ. ①商… Ⅲ. ①丝绸之路－考古－研究－洛阳 Ⅳ. ①K928.6

中国版本图书馆CIP数据核字(2021)第147537号

洛阳考古与丝绸之路人文交流

商春芳 | 著

总　策　划 | 马永强
策划编辑 | 宁　恢　王铁军　郧军涛
责任编辑 | 甄惠娟　吴艳丽
封面设计 | 马吉庆

出版发行 | 甘肃文化出版社
网　　址 | http://www.gswenhua.cn
投稿邮箱 | press@gswenhua.cn
地　　址 | 甘肃省兰州市城关区南滨河东路 520 号 | 730000(邮编)

营销中心 | 贾　莉　王　俊
电　　话 | 0931-8454870　8430531(传真)

印　　刷 | 兰州新华印刷厂
开　　本 | 787 毫米 × 1092 毫米　1/16
字　　数 | 325 千
印　　张 | 20.75
版　　次 | 2021 年 7 月第 1 版
印　　次 | 2021 年 7 月第 1 次
书　　号 | ISBN 978-7-5490-2269-4
定　　价 | 145.00 元

总 序

丝绸之路是一条贯通亚、欧、非三洲经济文化交流的大动脉。自古以来，世界各地不同族群的人都会在不同环境、不同传统的背景下创造出独特的文化成就，而人类的发明与创造往往会突破民族或国家的界限，能够在相互交流的过程中获得新的发展。丝绸之路得以形成的一个重要原因，就在于东西经济文化的多样性和互补性。

在中西交往的经久历程中，中国的茶叶、瓷器及四大发明西传至欧洲，对当时的西方社会带来了影响，至今在西方人的生活中扮演着重要角色。反观丝绸之路对中国的影响，传来的大多是香料、金银器等特殊商品，还有胡腾舞、胡旋舞等西方文化。尽管这些西方的舶来品在考古现场有发现，在壁画、诗词等艺术形式上西方的文化元素有展示，但始终没有触及中华文明的根基。

早在远古时期，虽然面对着难以想象的天然艰险的挑战，但是欧亚大陆之间并非隔绝。在尼罗河流域、两河流域、印度河流域和黄河流域之北的草原上，存在着一条由许多不连贯的小规模贸易路线大体衔接而成的草原之路。这一点已经被沿路诸多的考古发现所证实。这条路就是最早的丝绸之路的雏形。

草创期的丝绸之路经历了漫长的历史演进，最初，首要的交易物资并不是丝绸。在公元前 15 世纪左右，中原商人就已经出入塔克拉玛干沙漠边缘，购买产自现新疆地区的和田玉石，同时出售海贝等沿海特产，同中亚地区进行小规模贸易交流。而良种马及其他适合长距离运输的动物也开始不断被人们所使用，于是大规模的贸易往来成为可能。比如阿拉伯地区经常使用的耐渴、耐旱、耐饿的单峰骆驼，在公元前11世纪便用于商旅运输。而分散在亚欧大陆的游牧民族据传在公元前4世纪左右才开始饲养马。双峰骆驼则在不久后也被运用在商贸旅行中。另外，欧亚大陆腹地是广阔的草原和肥沃的土地，对于游牧民族和商队运输的牲畜而言可以随时随地安定下来，就近补给水、食物和燃料。这样一来，一支商队、旅行队或军队可以在沿线各强国没有注意到他们的存在或激发敌意的情况下，进行长期、持久而路途遥远的旅行。

随着游牧民族的不断强盛，他们同定居民族之间不断争斗、分裂、碰撞、融合，这使原始的文化贸易交流仅存于局部地区或某些地区之间。不过，随着各定居民族强国的不断反击和扩张，这些国家之间就开始了直接的接触，如西亚地区马其顿亚历山大的东征，安息王朝与罗马在中亚和地中海沿岸的扩张，大夏国对阿富汗北部、印度河流域的统治以及促使张骞动身西域的大月氏西迁。这些都说明上述地区之间进行大规模交通的要素已经具备，出入中国的河西走廊和连通各国的陆路交通业已被游牧民族所熟知。

丝路商贸活动的直接结果是大大激发了中原人的消费欲望，因为商贸往来首先带给人们的是物质（包括钱财等）上的富足，其次是来自不同地域的商品丰富了人们的精神文化生活。“紫驼载锦凉州西，换得黄金铸马蹄”，丝路商贸活动可谓奇货可点，令人眼花缭乱，从外奴、艺人、歌舞伎到家畜、野兽，从皮毛植物、香料、颜料到金银珠宝、矿石金属，从器具牙角到武器书籍乐器，几乎应有尽有。而外来工艺、宗教、风俗等随商进入更是不胜枚举。这一切都成了中原高门大户的消费对象与消费时尚。相对而言，唐代的财力物力要比其他一些朝代强得多，因此他们本身就有足够的能力去追求超级消费，而丝路商贸活动的发达无非是为他们提供了更多的机遇而已。理所当然的就有许许多多的人竭力囤积居奇，有钱人不仅购置珍奇异宝而且还尽可能在家里蓄养宠物、奴伎。诚如美国学者谢弗所言：七世纪的中国是一个崇尚外来物品的时代，当时追求各种各样的外国奢侈品和奇珍异宝的风气开始从宫廷中传播开来，从而广泛地流行于一般的城市居民阶层之中。古代丝绸之路的开辟，促进了东西方的交流，从而大大推动了世界各国的经济、政治发展，丰富了各国人们的物质文化生活。

丝绸之路上文化交流，更是繁荣昌盛。丝绸之路沿线各民族由于生活的环境不同，从而形成不同的文化系统，如印度文化系统、中亚诸族系统、波斯—阿拉伯文化系统、环地中海文化系统、西域民族文化系统、河西走廊文化系统、黄河民族文化系统、青藏高原文化系统等等。而在这其中，处于主导地位的无疑是中原汉文化、印度文化、希腊文化和波斯—阿拉伯文化。

季羡林先生曾言："世界上历史悠久、地域广阔、自成体系、影响深远的文化体系只有四个，即中国、印度、希腊和伊斯兰……目前研究这种汇流现象和汇流规律的地区，最好的、最有条件的恐怕就是敦煌和新疆。"这两个地方汇聚了四大文化的精华，自古以来，不仅是多民族地区，也是多宗教的地区，在丝绸之路沿线流行过的宗教，如萨满教、祆教、佛教、道教、摩尼教、景教、伊斯兰教，甚至还有印度教，以及与之相伴的各种文化，都曾在这里交汇、融合，进而促成了当地文化的高度发展。尤其是摩尼教，以其与商人的特殊关系，始终沿丝绸之路沿线传播。过去，学术界一般认为摩尼教自13世纪始即已彻底消亡，而最近在福建霞浦等地发现了大批摩尼教文献与文物，证明摩尼教以改变了的形式，在福建、浙江一带留存至今。对霞浦摩尼教文献的研究与刊布，将是本丛书的重点议题之一。

季先生之所以要使用"最好的"和"最有条件"这两个具有限定性意义的词语，其实是别有一番深意的，因为除了敦煌和新疆外，不同文明的交汇点还有许多，如张掖、武威、西安、洛阳乃至东南沿海地带的泉州，莫不如此。新疆以西，这样的交汇点就更多，如中亚之讹答剌、碎叶（今吉尔吉斯斯坦托克马克）、怛罗斯、撒马尔罕、布哈拉、塔什干、花剌子模，巴基斯坦之犍陀罗地区，阿富汗之大夏（巴克特里亚）、喀布尔，伊朗之巴姆、亚兹德，土耳其之以弗所、伊斯坦布尔等，亦都概莫能外，其中尤以长安、撒马尔罕和伊斯坦布尔最具有典型意义。

西安古称长安，有着1100多年的建都史，是中华文明与外来文明的交流的坩锅，世所瞩目的长安文明就是由各种地域文化、流派文化融汇而成的，其来源是多元的，在本体上又是一元的，这种融汇百家而成的文化进一步支撑和推动了中央集权制度。在吸收整合大量外域文化之后，长安文明又向周边广大地域辐射，带动了全国的文明进程，将中国古代文化的发展推向高峰，并进一步影响周围的民族和国家；同时中国的商品如丝绸、瓷器、纸张大量输出，长安文明的许多方面如冶铁、穿井、造纸、丝织等技术都传到域外，为域外广大地区所接受，对丝绸之路沿线各地文明的发展产生了重大影响，体现出长安文化的扩散性和长安文明的辐射性。这是东西方文化长期交流、沟通的结果。在兼容并蓄思想的推动下，作为“丝绸之路”起点的长安，不断进取，由此谱写了一部辉煌的中外文化交流史。长安文化中数量浩繁的遗存遗物、宗教遗迹和文献记载，是印证东西方文化交流、往来的重要内容。

撒马尔罕可谓古代丝绸之路上最重要的枢纽城市之一，其地连接着波斯、印度和中国这三大帝国。关于该城的记载最早可以追溯到公元前5世纪，其为康国的都城，善于经商的粟特人由这里出发，足迹遍及世界各地。这里汇聚了世界上的多种文明，摩尼教、拜火教、基督教、伊斯兰教在这里都有传播。位于撒马尔罕市中心的“列吉斯坦”神学院存在于15—17世纪，由三座神学院组成，他们虽建于不同时代，但风格相偕，结构合理，堪称中世纪建筑的杰作。撒马尔罕的东北郊坐落着举世闻名的兀鲁伯天文台，建造于1428—1429年，系撒马尔罕的统治者、乌兹别克斯坦著名天文学家、学者、诗人、哲学家兀鲁伯所制，是中世纪具有世界影响的天文台之一。兀鲁伯在此测出一年时间的长短，与现代科学计算的结果相差极微；他对星辰位置的测定，堪称继古希腊天文学家希巴尔赫之后最准确的测定。撒马尔罕北边的卡塞西亚，原本为何国的都城，都城附近有重楼，北绘中华古帝，东面是突厥、婆罗门君王，西面供奉波斯、拂菻（拜占庭）等国帝王，这些都受到国王的崇拜。文化之多样性显而易见。

伊斯坦布尔为土耳其最大的城市和港口，其前身为拜占庭帝国（即东罗马帝国）的首都君士坦丁堡，地跨博斯普鲁斯海峡的两岸，是世界上唯一地跨两个大洲的大都市，海峡以北为欧洲部分（色雷斯），以南为亚洲部分(安纳托利亚)，为欧亚交通之要冲。伊斯坦布尔自公元前658年开始建城，至今已有2600年的历史，其间，伊斯坦布尔曾经是罗马帝国、拜占庭帝国、拉丁帝国、奥斯曼帝国与土耳其共和国建国初期的首都。伊斯坦布尔位处亚洲、欧洲两大洲的结合部，是丝绸之路亚洲部分的终点和欧洲部分的起点，其历史进程始终与欧亚大陆之政治、经济、文化变迁联系在一起，见证了两大洲许许多多的历史大事。来自东方的中华文明以及伊斯兰教文化和基督教文化在这里彼此融合、繁荣共处，使这里成为东西方交流的重要地区。

综上可见，丝绸之路上的文化多元、民族和谐主要得益于宗教信仰的自由和民族政策的宽松——无论是中原王朝控制时期，还是地方政权当政期间，都不轻易干涉居民的宗教信仰和民族之间的文化交流。丝绸之路上各种思想文化之间相互切磋砥砺，在这种交互的影响中，包含着各民族对各种外来思想观念的改造和调适。“波斯老贾度流沙，夜听驼铃识路赊。采玉河边青石子，收来东国易桑麻。”通过多手段、多途径的传播与交流，中西文化融会贯通，构成一道独具魅力、异彩纷呈的历史奇观。从这个意义上说，丝绸之路可称得上是一条东西方异质经济的交流之路和多元文化传播之路，同时又是不同宗教的碰撞与交融之路。

为了进一步推进“丝绸之路”历史文化价值的研究，本人在甘肃文化出版社的支持与通力合作下策划了“丝绸之路历史文化研究书系”，得到全国各地及港澳台学者的支持与响应。幸运的是，该丛书一经申报，便被批准为国家出版基金资助项目。

“丝绸之路历史文化研究书系”为一套综合性学术研究丛书，从不同方面探讨丝绸之路的兴衰演进及沿线地区历史、宗教、语言、艺术等文化遗存。和以往的有关丝绸之路文化方面的论著相比，本套丛书有自身个性，即特别注重于西北少数民族文献与地下考古资料，在充分掌握大量的最新、最前沿的研究动态和学术成果的基础上，在内容的选取和研究成果方面，具有一定的权威性和前沿性。整套丛书也力求创新，注重学科的多样性和延续性。

今天呈现于诸位面前的这5册图书只是该丛书的第一批成果，今后会连续出版第二、第三批乃至更多，竭诚欢迎各位同仁的参与、批评与指导。

杨富学

2016年8月23日于敦煌莫高窟

写在前面的话

写一本关于洛阳考古与丝绸之路方面的书的想法，是从 2012 年开始的。

大概是在平时查找资料的过程中，看了很多的考古发掘简报和报告后，觉得关于丝绸之路，其中有太多没有说透、没有说清楚的东西。

多年的考古工作实践告诉我，从旧石器到新石器，从夏商周到隋唐宋元，丰富的历史文化使洛阳积累了浩如烟海的文物遗存，我们的考古工作者以脚步丈量历史，用手铲翻阅地书，在对历史信息的探寻中，功不可没。

但时代的发展、历史研究空间的拓展使我们认识到，以往从田野中找寻新的考古发现，并将其交到博物馆便完成历史使命——这种例行公事般的研究形式，已经远远跟不上人们对历史信息的需求和时代的需要，最重要的是，我们这种初步的工作，并没有完成考古学所要解决的根本问题。我们需要将文物和这些考古发现放在更大的背景下，才能更好地去解读、去探索，而这个背景便是文物背后的人和与之相关的事件，这一切便是文化人类学要完成的任务。它需要我们去解决的不仅仅是这是什么器物，还要进一步解读它是干什么和为什么的问题，以及它的社会背景等问题，从这个意义上讲，考古学作为文化人类学的分支学科，其责任和任务十分重大。

无疑，这也需要我们有更多的知识背景和解读能力才能完成。

比如我们洛阳一直以来都在耿耿于怀的丝路起点问题，从学术意义上来说，这并不成为问题，提到丝绸之路无论如何是绕不开洛阳的。但当我们仔细考虑洛阳与丝绸之路的关系时，便会发现，一直以来我们都是围绕着那些出土器物本身在说话，如果再深入地探究一下，这些所谓的丝绸之路文物它的源头在哪里？它们又跟哪些丝路文化内容有关？流传过程中又经历了哪些变化？恐怕大多都会语焉不详。

本书的主题——洛阳考古与丝绸之路人文交流，便是想从这里入手，试图对洛阳多年来的出土文物和考古发现做一些深层的解读，找出它们的源头和流传途径，以及在洛阳地区的演变过程，我想这将有助于更清晰地呈现洛阳在丝绸之路发展史上的地位和影响。

本书这16个选题选取的有许多年前的考古发现，但当时的发掘简报或报告并未给出深入的解读，或者几乎没有解读，比如《洛阳地区两座鲜卑墓葬的文化学检讨》是最早从考古资料入手进行解读的一篇小文，基于20世纪80年代的一篇发掘简报和本人近年来的一篇发掘简报。当我把它们联系在一起时，突然发现，其实它们都是历史时期洛阳与草原民族文化交流的孑遗。又比如《洛阳孟津象庄石象与东汉佛教东传的相关性探讨》，是基于本人30年前的一篇小文，但多年后把它重新纳入丝绸之路范畴考量时才发现，原来它与丝绸之路的联系非常紧密。还有一些是近年来的考古新发现，比如《洛阳道北金墓萨满舞蹈图像考》则尝试从图像的角度去分析其中隐藏的民族文化交流的符号。《洛阳西朱村曹魏大墓中的丝路密码》是最后完成的一篇长文，因为原发掘资料没有完全公布，其间不断有新的认识和资料补充进来，所以该文也一改再改，但总的思路未变，我想随着发掘资料的全部公布，对此墓的研究一定会更加深入，其中的丝路因素也会更加清晰。其他如《洛阳苗北村五代壁画墓中的拂林狗》《洛阳孟津新庄晚唐五代墓壁画人物再解析》等也是针对近年来发掘简报中未曾讲述清楚的丝路要素进行必要的解读。

这本集子里的每一篇论文是独立的，但当我将它们放在一起结集成册的时候才蓦然发现，原来我们对洛阳在丝绸之路中地位的认识还远远不够。历史时期，从遥远的西域沿丝绸之路而来的各种文化以及其中附带的沿途各种文化要素都曾被带入洛阳，又被加以利用和进一步转化。各种文化流传于此、传承于此,这才是洛阳绵长厚重历史的最完美体现。

值此洛阳作为丝路和大运河双遗产中心城市的历史时期，如果说本书进行的探索能够为洛阳历史文化的深层次研究和历史遗产资源的深入发掘做些贡献的话,我想我会与学林同道一起将此继续进行下去,为深入揭示洛阳与丝绸之路悠远绵长的人文交流做出积极的贡献!

本书作者于 2019 年 7 月 18 日

目　录

新安县盐东遗址与函谷关东移在丝绸之路交通史上的文化意义

2014 年 6 月 22 日，在卡塔尔首都多哈召开的第 38 届世界遗产大会上，由中国、哈萨克斯坦与吉尔吉斯斯坦三国联合申报的“丝绸之路：长安——天山廊道的路网”项目被联合国教科文组织列入“世界遗产名录”。这是国际社会对丝绸之路文化价值及其历史意义的确认，从而昭示这一文化遗产在人类文明长河中无可替代的历史价值。

在中国申报的 22 处“申遗点”中，地处丝绸之路东端的河南省，有汉魏洛阳城遗址、隋唐洛阳城定鼎门遗址、新安汉函谷关遗址、崤函古道石壕段遗址共四处文化遗产项目获得联合国教科文组织的确认与接纳，这无疑表明以洛阳都城文明为特征的历史遗址，在丝路文化中具有标识性意义。

丝绸之路是世界上第一个以多国联合申报的形式成功列入“世界遗产名录”的文化项目。它的申遗成功，使古老的丝绸之路焕发出崭新的文化生机。它不仅激发文化界重新认识丝绸之路这一文化资源的历史价值，更对促进丝绸之路经济带建设，彰显世界和睦相处、共同繁荣的人类永恒主题，具有十分重要的现实意义。

联合国教科文组织对“两京古道”遗产价值的认可，促使我们对函谷关遗址内涵进行全息认识与解读。本文秉承以上治学理念，对函谷关遗址群中的“盐东仓储遗址”做一文化人类学梳理。

1998 年 3—9 月，配合黄河小浪底水利枢纽工程建设，洛阳市第二文物工作队在新安县仓头乡盐东村黄河南岸的二级阶地上，发掘了一座西汉时期的大型建筑遗址。遗址内发现的遗迹由主体建筑和窑藏、墓葬及水井等附属建筑遗存所组成，展示出一个十分完整的古代生活系统（图 1）。

作为该遗址主体建筑的仓库遗迹，整体呈规则的长方形，由城垣、通道、柱础石、路面等遗迹组成；窑区共发现五座窑藏；墓葬发现十座。

值得注意的是，此次发掘出土了大量的灰陶板瓦、筒瓦和瓦当。其中为数众多的“关”字纹瓦当，无疑证明这一建筑遗址与汉代关隘控防有所关联，应是一处与函谷关防御体系密切相关的仓储建筑遗址（图 2）。

图 1　汉函谷关盐仓遗址环境图（洛阳市文物考古研究院提供）

图 2　盐东仓储遗址出土的“关”字瓦当（洛阳市文物考古研究院提供）

发掘者根据遗址出土的两枚钱币和窑内发现的“永始二年造”空心砖，“推断该建筑基址的具体修建年代为西汉武帝元鼎三年（前 114 年）至成帝永始二年（前 15 年）之间”[①]。

鉴于盐东遗址在汉代建筑遗产中属于形制独特的一个考古学案例，结合其在当时东西方交通史上具有重大的研究意义，我们拟对这一文化遗存的核心价值做出侧重于文化人类学视域的探讨。

① 洛阳市第二文物工作队：《黄河小浪底盐东村汉函谷关仓库建筑遗址发掘简报》，《文物》2000 年第 10 期，第 12—25 页。

对于这座建筑遗址的性质，发掘者之一认为，“盐东建筑遗址可能是一处集关防、仓储、武库等多项功能于一体的复合型建筑”[①]。

我们认为，这一推断似有可以延伸探讨的余地。

其一，两汉以降，武库一般设在都城宫殿区的附近，显然这是为了保护京都的安全，方便就近的取用——专制帝国的军政思维，决定了武库所在首选皇家近卫的原则。考古发掘揭示，位于西安未央区大刘寨村东侧、建于高祖七年(前200年)的长安武库遗址，即坐落于汉代长乐宫与未央宫之间，从而证实了这一选址理念的存在。[②]将武库建在黄河岸边，既不利于日常的管理，又不便于一时的防御，不符合封建国家武备的常规。

其二，盐东遗址考古发掘并未发现任何与武器有关的器物，相反，出土器物多为陶具一类的生活用品和板瓦、瓦当等建筑材料。

结合历史文献的记载和考古发掘对遗址要素的披露，我们认为这是一处针对晋南池盐管控的大型国家盐业仓储建筑遗址，它的设置不但与元鼎三年(前114年)函谷关东迁有着内在的联系，更与西汉武帝时期盐铁官营制度的实施有着必然的关联。

首先，从历史上看，为了实现与西域各国的交往，西汉武帝时期对匈奴连年用兵，已经造成国帑财政的匮乏。“武帝时国用不足，乃卖盐铁，置官主之。”[③]国用不足成为汉武帝将“食肴之将，不得不买”[④]的食盐实施官卖的主要动因。而“富商大贾或蹛财役贫，转毂百数，废居居邑，封君皆低首仰给。冶铸煮盐，财或累万金，而不佐国家之急，黎民重困”。可见，民间富户“冶铸煮盐”积累的钱财数量十分可观。于是，实施盐铁官营便成为西汉政府争取财富储备的不二选择。

又据史书记载：西汉之前，“十口之家，十人食盐；百口之家，百人食盐。终

① 朱亮：《试论盐东建筑遗址及相关问题》，《文物》2001年第6期，第72—75页。

② 中国社会科学院考古研究所汉城工作队：《汉长安城武库遗址发掘的初步收获》，《考古》1978年第4期，第261—269页。

③ [南朝]范晔：《后汉书》卷三六《郑众列传》李贤注，北京：中华书局，1965年，第1226页。

④ [汉]班固：《汉书》卷二四下《食货志》，北京：中华书局，1962年，第1183页。

日，大男食盐五升少半，大女食盐三升少半，吾子食盐二升少半，此其大历也"[①]，以此计，国家用来作为民生的食盐消费总量十分可观。

古来人云："恶食无盐则肿，守圉之国，用盐独甚。"可见食盐在古代社会生活中占有举足轻重的地位。

而据《汉书·赵充国传》载：

> 臣所将吏士马牛食，月用粮谷十九万九千六百三十斛，盐千六百九十三斛，茭藁二十五万二百八十六石。……臣前部士入山……及淮阳、汝南步兵与吏士私从者，合凡万二百八十一人，用谷月二万七千三百六十三斛，盐三百八斛。[②]

这段文字说的是汉代这一戍卒群体每月用盐的总量。

2007年，洛阳收藏家手中的一件据传出自洛阳金村古墓的刻有铭文的陶方盒公之于众，这件陶方盒腹腔呈长方形，分为互不相通的两个部分。器高14.6厘米，长19厘米，宽10.2厘米，器物上分书"齐盐""鲁豉"[③]，足见食盐在人们生活中占有举足轻重的地位和时人的珍视程度。

《史记》记载：

> 西汉元狩四年(前119年)，"大农上盐铁丞孔仅、咸阳言：'山海，天地之藏也。皆宜属少府，陛下不私，以属大农佐赋。愿募民自给费，因官器作煮盐，官与牢盆。浮食奇民欲擅管山海之货，以致富羡，役利细民。其沮事之议，不可胜听。敢私铸铁器煮盐者，钛左趾，没入其器物。郡不出铁者，置小铁官，便属在所县。'使孔仅、东郭咸阳乘传举行天下盐铁，作官府，除故盐铁家富者为吏。吏道益杂，不选，而多贾人矣"。[④]

---

① 《管子》卷第二十二《海王》第七十二，《四部丛刊初编》，上海：上海涵芬楼影印本，第128页。
② [汉]班固：《汉书》卷六九《赵充国传》，北京：中华书局，1962年，第2986页。
③ 李丽霞、徐婵菲：《汉代盐豉方合赏析》，《中原文物》2009年第2期，第109—110页。
④ [汉]司马迁：《史记》卷三〇《平准书》，北京：中华书局，1982年第2版，第1429页。

西汉中后期起，政府在产海盐的渤海、黄海地区和西北、西南产池盐、井盐之地，设盐官。“官垄盐铁，禁民煮铸”，盐铁官营一时成为关系国家命运的措施。

考古发现表明，从这时起，大规模的盐业生产已为官府所垄断。

1999年7月，在蒲江县五星镇蒲江河南岸两米深的地下陆续挖出汉代盐铁盆两件。其中一件牢盆，为生铁铸造，口径1.31米，底径1米，高0.57米，厚35毫米，重达数百斤，器形规范，盆壁厚度一致，内外壁光洁，口沿为标准的圆形。盆内壁铸有汉隶书“廿五石”三字。另一件是不规则的长方体，长0.65米，宽0.32米，厚80毫米，重25公斤，此乃铸造牢盆的材料。研究者认为：“这表明器形巨大、重数百斤的牢盆，可能是官府从矿山（此处距设置铁官的古石山9公里）采运铁矿到盐井灶场，就地铸造，就地使用，可以免去巨大铸件从冶铸场所运往盐井灶。”①四川蒲江出土的汉代牢盆为熬盐所用，如此巨大的制盐工具无疑为官府所有，汉代对制盐工具的垄断表明当时的盐业生产已为官府所垄断。

另外，四川省邛崃市花牌坊的汉代盐井画像砖上的制盐画像为我们清晰地描绘了汉代四川地区制作井盐的过程：画面以重叠起伏的山峦为背景，左下角为盐井，井上有高架，架上装有辘轳，用以传动系在绳子上的吊桶。架分三层，上两层各对立二人，辘轳置于最上端，有一根绳子从辘轳上穿过，绳两端各系一吊桶，上下交替汲卤。高架旁有一盛卤的槽，并用竹笕经过山峪将卤引入画面右边的长形灶上，灶上有好几口锅，灶的左端是火门，门前一人架柴煽火，有一人在灶旁照料。中间四人正背负木柴或盐包接应盐灶。右上山中有二人正在持弩射猎。这块画像砖是汉代四川制盐过程的具体写照②，如此大规模的井盐生产，也绝非私人所有。

据《汉书·地理志》记载，当时在河东、太原等27郡设盐官35处。其中便有设置于洛阳西北、山西境内的河东郡。

---

① 龙腾、夏辉：《浦江县出土汉代牢盆考》，《中国农史》2002年第2期，第9—10页。
② 杨占霞：《汉代井盐生产画像砖论述》，中山大学硕士学位论文，2010年。

河东郡，秦置，洛阳西北五百里……安邑，有铁，有盐池。……平阳侯国，有铁。①

有盐铁之利的安邑，即今山西省离石，位于新安县西面的晋南盆地。谷歌地图显示，自盐东村河岸溯黄河西行97公里至北岸坡底乡登岸，再循陆路西行41公里即达解州盐池，总计水陆路程为138公里。实际路程当与这一数字有所增益。这里在西汉时期是生产池盐的地方，专设盐官署理之，是向河东诸郡乃至关东一带转输食盐的主要基地。

这一西汉建筑遗址所在的盐东地区，地处黄河漕运的要津，是黄河三门峡谷急流以东第一个平坦的河谷，在这里设置仓储，既方便转运，又便于管理，实为人文地理之上选。

另从地名学意义上考察，盐东村隶属新安县仓头乡，千百年来延续下来的这一地名及遗址的方位，提示我们历史上这里是盐仓之所在。人们对这一组历史地名的忽视，反映了国人文化思维中缺乏“口头史学”的理性意识，这由洛阳一带出土大量魏唐墓志中记载众多今日地名的文化生态学史料可以得到一再的证实。

其次，从这一遗址考古发掘的情况来分析，这座仓储建筑的构筑形制明白无误地为我们昭示了它不同寻常的作用。

考古报告中说，盐东遗址“墙宽5.6~6.3米，残高0~2.5米。墙基和墙体分两次夯筑，其间夹有薄薄一层碎料礓石。墙基为挖槽夯筑起基，槽深1.5米。墙体为夹板夯筑”（图3）。②盐东遗址主体建筑地下基槽的深度超过长安武库，建筑墙体宽度达到了6米，超过了长安武库的墙体厚度（图4）。③这表明，这座建筑的承重作用在长安武库之上。

墙垣内及东墙外分布着排列整齐有序、大小两种规格的柱础石，是为立

① ［南朝］范晔：《后汉书》卷一九《郡国志》，北京：中华书局，1965年，第3397页。

② 洛阳市第二文物工作队：《黄河小浪底盐东村汉函谷关仓库建筑遗址发掘简报》，《文物》2000年第10期，第12—25页。

③ 中国社会科学院考古研究所汉城工作队：《汉长安城武库遗址发掘的初步收获》，《考古》1978年第4期，第261—269页。

图 3 盐东仓储遗址主体建筑基址基槽(东—西)(洛阳市文物考古研究院提供)

图 4 西汉长安武库遗址(照片由张乃翥先生提供)

柱,乃架空支撑放置物品的桁架之用。

而在地下基槽与地表墙体夯土之间,隔以碎料礓石，显然是因仓储物资特有性能的需要而做的防潮处理。

另外,在东墙外还有一凸出部分,设置一排柱础石[①],其上立柱建筑应为守门而设的门垛。

凡此种种建筑技术的处理，无疑都与黄河岸边特有的潮湿环境有着内在的联系。

另一个大家未曾注意到的现象是：在发表的资料照片上可以清晰无误地看到，在主体建筑遗存表面有大面积的白色结晶。经现场对这一现象进行仔细观察，证实这一白色结晶是盐类物质(图 5)。

图 5 盐东仓储遗址(南—北)(洛阳市文物考古研究院提供)

① 洛阳市第二文物工作队:《黄河小浪底盐东村汉函谷关仓库建筑遗址发掘简报》,《文物》2000 年第 10 期,第 12—25 页。

所有这一切发掘现象已经清晰地表明，盐东遗址原是一处用来储存食盐的大型官仓。遗址中展现出来的体量庞大的墙体及分布有序的墩台和柱础，反映出这一遗址原物有底层透空设计的建筑构造——显然，这是一种在第二层以上储存食盐的防止潮解的技术处理方式。

我们注意到，发掘者对于盐东仓储遗址年代的推断：盐东遗址的时代不早于函谷关东移的时代。结论说："该建筑是于武帝元鼎三年（前 114 年）东迁函谷关的同时建造的，而不应早于函谷关东迁的年代。而其下限则是王莽时期。"[①] 我们认为这一推断有相当的合理性。

依据《史记·平准书》及《汉书·地理志》的上述记载，我们知道元狩四年（前 119 年）汉代已在产海盐的渤海、黄海地区和西北、西南产池盐、井盐之地设立了盐官。由此可以明了，在西汉盐池官营实施的第五个年头，即在安邑盐池的东面建筑了这座大型的官仓。与此同时，为了便于国家盐政的有效推行并获得最大的财政效益，遂将原处于西面的函谷关向东迁移，以便扼控崤山南北两道的盐业走私。

这样看来，函谷关、散关及盐东国家仓储建造年代的高度吻合绝非偶然，它证实我们对遗址性质的推断是正确的，同时也说明函谷关东移同样与西汉政府盐铁官营有着直接的关联。

分析函谷关与盐东遗址的建造和使用年代，还提醒我们注意到：其下限也都在王莽时期，即东汉时期便不再使用。究其原因，是东汉盐铁在一定程度上的开禁，在官营的同时，允许私营。白寿彝先生认为"东汉一代官营盐铁事实上已不存在"[②]，范文澜先生也认为是"盐铁官的废除"[③]，于是，对盐铁的控制不再如前，也就不需要官府大量设仓储转运。

然而，盐东仓储建筑的设立和函谷关的东迁，难道仅仅发端于国家盐政的需要吗？让我们带着这样的"问题意识"，对函谷关在两京道上的人文场域做一

① 朱亮：《试论盐东建筑遗址及相关问题》，《文物》2001 年第 6 期，第 72—77 页。
② 白寿彝：《学步集》，北京：三联书店，1962 年，第 505 页。
③ 范文澜：《中国通史》第二卷，北京：人民出版社，2009 年，第 183 页。

次回放式的追溯。

实地考察表明，秦函谷关，位于两周以来崤函古道要塞地段的稠桑故地，历来起着“关辅锁钥”的战略作用，更是秦国对垒东方诸雄的人文地理屏障。这一关隘价值的显示，可从“鸡鸣狗盗”这一先秦逸事得到淋漓尽致的诠释。

> 秦昭王闻其（孟尝君）贤，乃先使泾阳君为质于齐，以求见孟尝君。……齐湣王二十五年，复卒使孟尝君入秦，昭王即以孟尝君为秦相。人或说秦昭王曰：“孟尝君贤，而又齐族也，今相秦，必先齐而后秦，秦其危矣。”于是秦昭王乃止。囚孟尝君，谋欲杀之。孟尝君使人抵昭王幸姬求解。幸姬曰：“妾愿得君狐白裘。”此时孟尝君有一狐白裘，直〔值〕千金，天下无双，入秦献之昭王，更无他裘。孟尝君患之，遍问客，莫能对。最下坐有能为狗盗者，曰：“臣能得狐白裘。”乃夜为狗，以入秦宫臧中，取所献狐白裘至，以献秦王幸姬。幸姬为言昭王，昭王释孟尝君。孟尝君得出，即驰去，更封传，变名姓以出关。夜半至函谷关。秦昭王后悔出孟尝君，求之已去。即使人驰传逐之。孟尝君至关，关法鸡鸣而出客，孟尝君恐追至，客之居下座者有能为鸡鸣，而鸡齐鸣，遂发传出。出如食倾，秦追果至关，已后孟尝君出，乃还。始孟尝君列此二人于宾客，宾客尽羞之，及孟尝君有秦难，卒此二人拔之。自是之后，客皆服。①

关于秦函谷关的地理意义及战略价值，历来史籍多有记述。

史载秦王政“六年（前 241 年），韩、魏、赵、卫、楚共击秦，取寿陵。秦出兵，五国兵罢”②。

《汉书·高帝纪》唐颜师古注中有云：

---

① [汉]司马迁：《史记》卷七五《孟尝君列传》，北京：中华书局，1982 年第 2 版，第 2354—2355 页。
② [汉]司马迁：《史记》卷六《秦始皇本纪》，北京：中华书局，1982 年第 2 版，第 224 页。

> 今桃林县南有洪溜涧水，即古所谓函谷也。其水北流入河，夹河之岸尚有旧关余迹焉，谷城即新安。①

李吉甫《元和郡县图志》称：

> 秦函谷在汉弘农县，即今灵宝县西南十一里故关是也。②

《读史方舆纪要》恒农城下：

> 汉武置弘农郡，置弘农县，故函谷关城是也……秦曰桃林县，汉曰弘农，后或曰恒农，州郡皆治此。③

这里便是上古时期稠桑故地之所在，亦即商周时期的桃林塞。要而言之，先秦时代的函谷关，屏障了关辅八百里秦川的桃桑宜林、良田沃野，成就了三秦郁郁王气的霸基。

然而，短暂一统华夏的秦帝国尚未从有函谷关作为辅助的思维中醒来之时，即已被刘汉所替代。

汉兴近百年，加之中有"文景之治"的奠基，富有拓疆开土意识的汉武帝，遂有移檄南越、北逐匈奴、东取朝鲜、西伐大宛的远虑。凡此雄张一代的蓝图，离开国家储备的支撑，岂不缘木而求鱼！

新安盐东仓储设施的构筑与函谷关的东迁，正发生在这样的历史背景下。

武帝元鼎"三年(前114年)冬，徙函谷关于新安。以故关为弘农县"④。

至于汉代函谷关东迁新安的成因，东汉应劭注《汉书》中则有如下一说：

---

① [汉]班固：《汉书》卷一《高帝纪》，北京：中华书局，1962年，第25页。
② [唐]李吉甫：《元和郡县图志》卷第二《关内道二京兆下》，北京：中华书局，1983年，第35页。
③ [清]顾祖禹：《读史方舆纪要》卷四十八《河南三桃林塞》，北京：中华书局，2005年，第2275—2276页。
④ [汉]班固：《汉书》卷六《武帝纪》，北京：中华书局，1962年，第183页。

> 时楼船将军杨仆数有大功，耻为关外民，上书乞徙东关（即秦函谷关），以家财给其用度。武帝意亦好广阔，于是徙关于新安，去弘农三百里。①

值得人们留意的是，汉代函谷关的地理范围，不仅自新安故城北抵黄河盐东古渡，而且南逾崤坂直抵洛水之南山。

《水经注》载洛水流经有谓：

> 洛水又东，临亭川水注之，水出西北近溪，东南与长涧水会，水出北山，南入临亭水，又东南历九曲西，而南入洛水也。（洛水）又东北出散关南……戴延之《西征记》谓之八关泽，即经所谓散关，障自南山，横洛水，北属于河，皆关塞也，即杨仆家僮所筑矣。②

由此可见，汉函谷关之扼控崤函南北两道及黄河古渡，已为北魏水文史料所证实。

盐东仓储遗址考古发掘中出土众多带有“关”字雕刻纹样的汉代瓦当，更从物质遗产领域揭示出这一河畔建筑与函谷关实为一体的信息。这一点，直至中唐时代的国颁地志，亦有承继前史的续载。

中唐宰臣李吉甫《元和郡县图志》河南府新安县条有谓：

> 函谷故关，在县东一里。汉武帝元鼎三年，为杨仆徙关于新安。按：秦函谷关在今陕州灵宝县西南十二里，以其道险隘，其形如函，故曰函谷，项羽坑秦降卒于新安，即此地。今县城之东有南北塞垣，杨仆所筑。③

---

① ［汉］班固：《汉书》卷六《武帝纪》，北京：中华书局，1962 年，第 183 页。
② ［北魏］郦道元：《水经注》卷一五《洛水》，上海：上海古籍出版社，1990 年，第 302 页。
③ ［唐］李吉甫：《元和郡县图志》卷五《河南道一河南府》，北京：中华书局，1983 年，第 143 页。

更为杨仆于新安城东崤函北道南北两山构筑垣墙提供了文化遗迹的再证。

统观以上古籍文献有关汉代函谷关建制的记事，我们可以梳理出以下信息：

1. 函谷关东迁的时间为西汉元鼎三年（前 114 年），据史家应劭的说法，原因为杨仆“耻为关外民……武帝意亦好广阔”所致。

2. 函谷关辖于河南尹，在新安县城的东面。

3. 汉函谷关是一条扼控崤函古道和黄河渡口的关防屏障，范围从南山跨洛水，向北绵延至黄河岸边的古渡。

2012 年 6 月—2013 年 8 月，洛阳市文物考古研究院对汉函谷关遗址进行调查勘探和考古发掘，表明它是一座东西狭长的小型城邑，城墙、道路和建筑遗址等要素均已发现。关城卡在峡谷之中，关城东墙与南北山上的夯土长墙相连接，达到军事防御和控制交通的目的。关城中部有一条东西向贯穿关城的道路（L1），是唯一的通关道路（图 6）；遗址南部、皂涧河北岸是主要的生活区，发现了大面积的建筑遗址和关字瓦当（图 7、图 8、图 9）。①

考古发现与文献记载在年代、地点及规模上基本是吻合的。同时，盐东遗址与函谷关遗址的发掘者也注意到了二者之间的关系，他们认为，“汉函谷关

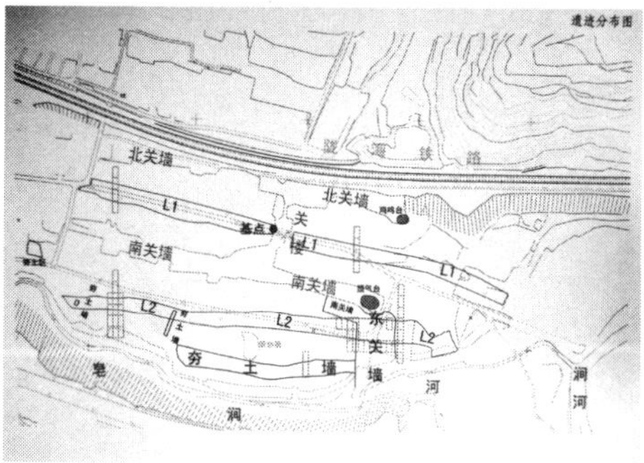

图 6　汉函谷关遗址分布图（洛阳市文物考古研究院提供）

图 7　函谷关主体建筑遗址西墙断面（东北—西南）（洛阳市文物考古研究院提供）

① 洛阳市文物考古研究院：《河南新安县汉函谷关遗址 2012~2013 年考古调查与发掘》，《考古》2014 年第 11 期，第 3—28 页。

图 8　南关墙与关城东墙拐角以及排水设施(由南向北)(洛阳市文物考古研究院提供)

图 9　汉函谷关遗址出土“关”字瓦当(洛阳市文物考古研究院提供)

是一条北及黄河、南达宜阳的防御体系,整个体系由关塞、烽燧和长墙组成,从南到北控制着黄河漕运、崤函北道、崤函南道三条路径,进而控制了关中平原和洛阳盆地之间的联系”(图 10)。另外,盐东遗址的发掘者从遗址中出土的数十件模印“关”字的瓦当,确定了它是汉函谷关的组成部分,也是不无道理的。近日,更有学者将函谷关与盐东遗址结合起来,绘制了函谷关的防线图,更是清晰地表明了两者之间不可分割的关系(图 11)。

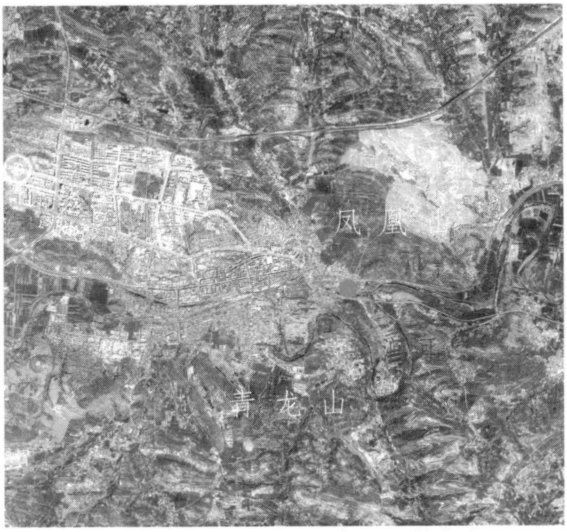

图 10　汉函谷关位置图(洛阳市文物考古研究院提供)

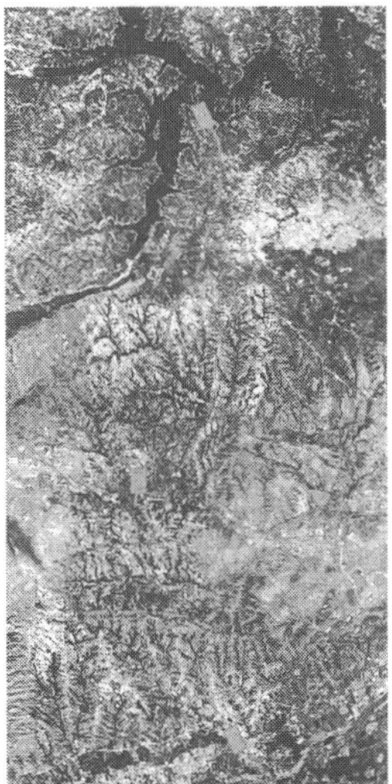

图 11　函谷关防线图(洛阳市文物考古研究院提供)

在2012年函谷关的发掘中，有一个现象值得关注，即汉函谷关建关以前有一条早期道路。它是当时人们依皂涧河北岸通行时行走的通道。西汉建关以后，为便于管理和防御，修筑高墙，将先前的道路阻断，改走关城中间的新路。也就是说，汉函谷关的建设，使所有东西向来往的人们只能从这条关城中间的通道通行了。从此看出，水路的盐东遗址是从安邑向西的唯一通道，而函谷关又扼守了陆路的东西向通道，那么，从安邑而西的池盐便万无一失地掌握在了官府手中。

当我们将这两处遗迹放在西汉社会背景下去解析，不难发现，在看似难解的文化现象背后，是一系列相关的历史事实，在考古发掘这个获取资料的重要手段背后，如何解读这些考古现象，揭示其重要的文化内涵，是对我们历史工作者的重要考量。

此中需要辩证的是，东汉学者应劭提出函谷关东迁的原因是“楼船将军杨仆数有大功，耻为关外民……武帝意亦好广阔”，实质上反映出我国传统史学家“帝王情怀”理念下“家国意识”的思维定式，这与当年函谷关的建筑规模所折射的汉朝国家实际需要，存在着格格不入的事态条理。

社会发展史告诉我们，以生产资料为国家资源依托的人类历史，经济基础的需要决定着国家政治的取向，雄才大略、虎视世界的汉武帝，断不会因某一位身边宠臣的阿谀献媚抛却既定的国策。事实上，应劭上述之铺陈，从中国史学伦理角度反映出，我国封建史家以载道学风娴于“颂圣”的文本叙事，从根本上无助于唯物历史的揭示。以文化人类学史识来剖析，中国古史文献中类似的信息值得我们认真地廓清。

至此，结合盐东遗址考古揭示的实际情况，我们认为，与函谷关同一整体的盐东仓储建筑的出现，与汉武帝时期推行盐铁官营并扩大关中京畿地区的经济实力，将安邑划入京畿的管理范围有着一致的国家利益诉求。

（本文发表于《中国古都研究》，2017年第1期。收入本书时略做修改）

洛阳孟津象庄石象与东汉佛教东传的相关性探讨

洛阳市北面邙山南麓的孟津县平乐镇象庄村南场院西侧有一座石象，是洛阳地区所见不多的早期大型石刻雕塑。多年前笔者曾经对此石象的雕造年代撰文述及[①]，其中还推论说，它可能是邙山上某座帝陵的石象生，鉴于彼时考古和研究资料所限及个人的才疏学浅，此说只是重复了当时杨宽先生和洛阳考古界的一般看法[②]，并没有多少自己的见解。多年来，随着考古发掘和文献资料的不断丰富，愈来愈觉得这种看法多有臆测，并无可靠实据。尤其是当我们将这一孤立的文物实例放在文化人类学的背景下做动态考虑之时，更觉此说的证据欠缺。据此，笔者不揣冒昧，以抛砖之姿，以期能够稍稍探及这一珍贵文物的真实面貌及其人文背景。

一、石象雕造年代考略

为了更加准确地判断其性质，有必要将当年笔者对其雕造年代的判断再做一交代。象庄石象位于孟津县象庄村南场院西侧，南距白马寺约 1000 米。石

① 德方、春芳:《洛阳象庄雕造年代考略》,《河洛春秋》1988 年第 3 期。

② 杨宽:《中国古代陵寝制度史研究》,上海:上海古籍出版社,1985 年;宫大中:《东汉帝陵及其神道石刻》,《中国古都研究—中国古都学会第四届年会论文集》(第四辑),第 220—235 页,杭州:浙江人民出版社,1989 年;陈长安:《洛阳邙山东汉陵试探》,《中原文物》1982 年第 3 期,第 31—36 页。

象身长 3.57 米、宽 1.20 米、高 2.55 米，系整块石灰岩雕刻而成，石质为洛阳本地所产的石灰岩。从尺寸上看，此石象体格硕大、比例适当、雕刻洗练，达到了完美的艺术效果。石象头向东方，粗颈前伸，大耳后翻，双目平视，嘴角两侧象牙吐露，夹着下垂的长鼻（牙与鼻均残）；颈部和后腿部均刻有皮皱，用以描绘大象松弛的皮质感；粗壮的四肢承托着浑圆笨重的身躯，作稳步前行状。观之，给人的突出印象是其小眼、长鼻、大耳、小尾及皮皱等部分刻画生动，在这一躯巨大的石刻上起到了点睛的作用（图 1）。

图 1　孟津象庄石象（图片来自洛阳市文物考古研究院资料照片）

从其雕造技法来看，这尊石象基本上采用的是原始的直刀刻法，只不过在雕刻后又进一步修整，使其棱角显得光平。石象的腹部以下是镂空的，较之那些依石拟形，略加雕琢，腹下不镂空的西汉石刻（如霍去病墓前的石雕），其雕造工艺无疑前进了一大步，故可认为它是晚于西汉的作品。

从造型特征看，古人对于这一巨型石刻的身躯和四肢的雕琢相当简单，且简中有精地刻画了大象的耳、鼻、尾、目等部位，其弧形耳轮清晰，小眼圆睁，甚而眼睫毛也精工线刻。从整体来看，大象身体诸部位的比例适度，收到了既高度概括又留意于小，既粗犷古拙又洒脱写神的造型效果。

富有意义的是，2013 年在四川成都出土过一件大型圆雕石瑞兽。通体近似犀牛，为整块的红砂岩雕刻而成，作站立状，侧身掩埋于坑内，头东尾西，头部略呈圆锥形，刻有较清晰的耳朵、眼睛、下颌及鼻部，局部装饰简单的卷云图案，风格粗犷，躯干部分丰满圆润，四肢短粗。石犀长 3.3 米、宽 1.2 米，高 1.7 米，重约 8.5 吨（图 2），以往被认为是战国秦李冰为治水而制作的大型水则（中国古代衡量水位的水尺)，同时又是镇水石神。近日，成都最新的考古发现称，这座石犀所处的地层是东汉末或稍晚[①]，将它的相对年代进行了科学的确认。

图 2　四川成都出土石犀牛（现藏成都市博物馆 丁武伟拍摄）

对比之下，两处石雕在雕刻技法上相似，可以作为相同时期的佐证，因此，将象庄石象时代定在东汉时期应无争议。

二、石象与东汉帝陵位置关系辨析

如有些学者推测的，这座石像是东汉帝陵前的石象生，那么就要回答到底是哪座帝陵前的石象生?

众所周知，邙山地势起伏平缓，高敞而空旷，中间高而四周低，黄土土层深厚，黏结性好，坚固致密，渗水率低，周围河流潺潺，是理想的营茔之所。历代达官贵人以能在此安葬为荣。邙山古墓葬有数十万之多，号称“无卧牛之地”，其分布之密、数量之多、延续年代之久，堪称中国之最。这其中的陵墓群又是全国最大的陵墓群遗址之一，是中国帝陵体系的重要组成部分。2004 年开始，洛阳市的考古工作者对邙山陵墓群进行名为“邙山陵墓群考古调查与勘测”项目的考古调查与勘测，经过近十年艰苦卓绝的工作，在邙山帝陵的分布和陵园遗址研究方面取得重大突破。根据目前最新的考古研究结果，东汉帝陵在洛阳认定的有 11 座，其中在邙山上的有 5 座，即位于刘家井的汉冢(M067)(恭陵)、大汉冢(M066)(原陵)、二汉冢(M561)(文陵)，以及位于朱家仓村的朱仓大

---

① 见 2017 年 8 月 23 日《成都晚报》报道。

冢(M722)(顺帝宪陵)和朱仓升子冢(M707)(冲帝怀陵)[①],而原来认定的三汉冢及灵帝文陵则有可能另有它的主人。五座帝陵以及陪葬墓都应分布在海拔170至210米的邙山中段的制高点上,大约位于西起西山头、东至天皇岭、南起平乐乡、北至送庄乡,东西8公里、南北7公里的范围之内(图3),符合帝王择陵的地理条件,其封土规模也较为一致。这五座帝陵的分布大致是,大汉冢、二汉冢呈南北纵列,一字形排列;刘家井汉冢位于大汉冢北偏西,朱仓两座帝陵则位于二汉冢南偏东,其中大汉冢距离北边的刘家井汉冢1500米,距离南面的二汉冢1000米,将这五座帝陵与石象所在的平乐镇象庄村做一比对,可以发现,石象与这五座帝陵中大汉冢、二汉冢及朱仓两座帝陵偏离较远,没有正南北的对应关系,与刘家井汉冢稍有南北对应关系,但直线距离近6公里,这么远的距离不符合神道石刻的基本要件。换言之,如果基于我们多年来的考古发现和研究无误的话,那这座石象从距离和位置上看与这五座帝陵都没有直接对应关系。

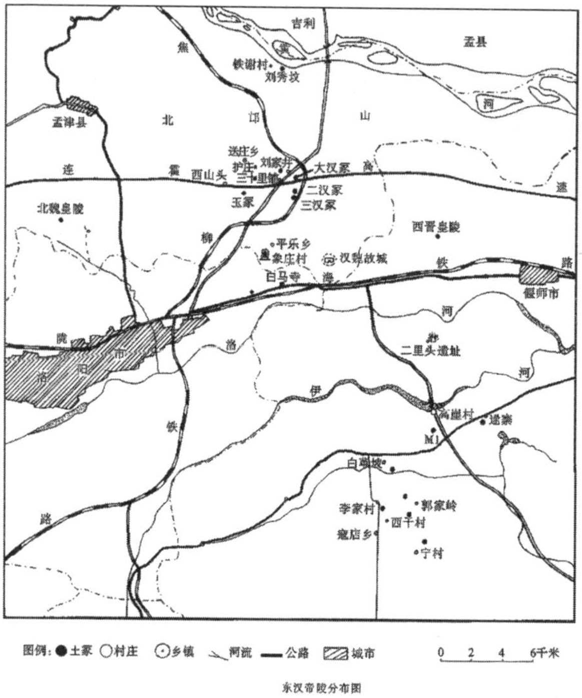

图3 东汉帝陵分布图(洛阳市文物考古研究院提供)

至于位于铁谢村的刘秀坟,早已被证实不是汉代帝陵,甚至根本不是陵墓。[②]

那有没有可能是某座陪葬墓前的石刻呢?根据考古发现,后妃陪葬墓主要

① 严辉等:《洛阳孟津朱仓东汉帝陵陵园遗址相关问题的思考》,《文物》2011年第9期,第69—72页。
② 陈长安:《洛阳邙山东汉帝陵试探》,《中原文物》1982年第3期,第31—36页。

在帝陵之北、之西，赐葬或陪葬于洛阳的贵族、大臣墓均存在集中分布的大型陪葬墓群，主要分布于帝陵区的东部、东北部。据不完全统计，北陵区孟津邙山陵区墓冢约380座。目前，邙山陵区核心区域内发现的大型东汉墓主要有孟津送庄黄肠石墓、朱仓汉墓群（10座墓中7座有大型封土），以及连霍改扩建大汉冢南两座东汉墓和朱仓一座东汉玉衣墓。以上墓葬中，孟津送庄黄肠石墓、朱仓汉墓群中3座墓葬、连霍高速改扩建朱仓东汉墓中均出土有铜缕玉衣片。墓葬规格之高，一般仅限于皇族所用。文献中还有一些赏赐玉衣的记载，对象绝大部分为外戚。这些墓葬规格较高，比较符合陪葬的等级。据发掘者的研究，它们的位置无一例外都位于邙山东汉陵区的东北部，南部即邙山南麓较为稀疏，尤其是帝后陵区的西部，更是绝无仅有。对此研究者认为："这里应属帝陵的后备区。而陪葬墓区只能在其外围，随着时间推移，陪葬墓的分布也越发向更外围的区域扩散。"①

也有研究者认为，"北兆域的几座大冢均是单独的陵冢，附近没有发现像西汉皇后陵那样可以匹配的大冢，也反证出一些东汉皇帝、皇后可能合葬一墓的礼俗"。②

据此，也基本排除了石象为某座大墓前石刻的可能性，但研究者对帝后陵西部、南部陪葬墓较为稀少的推论却未必尽然，其中或许有更为实际的情形，将另文论及。

三、有关汉代帝陵前石刻问题的文献回溯与考古资料分析

对于东汉帝陵神道前石象生的问题，考古发现如此，有没有文献支持呢？需要我们做文献回溯和考古学数据的再分析。

以往认为它是东汉帝陵神道的文献证据只有一条，即《水经注·阴沟水》称曹操之父曹嵩墓前"夹碑东西，列对两石马，高八尺五寸，石作粗拙，不匹光武

① 张洪亮、卢青峰：《略谈东汉帝陵陪葬墓茔域问题》，《华夏考古》2014年第3期，第93—98、135页。
② 韩国河：《东汉帝陵有关问题的探讨》，《考古与文物》2007年第5期，第10—17页。

隧道所表像马也”。

汉代以前情况如何呢？有人认为，从文献上看，秦代陵墓前应该已经有了石象生，而且已经能够雕造约合3米的大型石兽。理由是，《西京杂记》卷三中记载：“五柞宫有五柞树，皆连三抱，上枝荫覆数十亩。其宫西有青梧观，观前有三梧桐树，树下有石麒麟二枚，刊其胁为文字，是秦始皇骊山墓上物也。头高一丈三尺，东边者前左脚折，折处有赤如血。父老谓其有神，皆含血属筋焉。”这里说的石麒麟就是秦始皇骊山墓上物，但语义并不十分清楚，甚至十分含混。

传说，秦始皇在咸阳兰池宫中还雕造有一条大石鱼，是仿照海中的大鲛鱼所造。1973年，西安市三桥北六村堡乡高堡子村太液池故址西北挖出了这条大石鱼，用砂岩雕刻，呈橄榄形，全长4.9米，最大直径1米左右，同出的还有“长乐未央”等汉代砖瓦[①]，被疑为秦时旧物。

秦都咸阳渭河桥附近有两尊秦力士像。另外还有秦始皇巡游东方时在八个地方的封禅勒石。

这一切表明，秦代已经有了雕造大型石刻的能力，为后代大型石刻的发展奠定了基础。

大规模地将石头用作建筑和艺术，始于西汉时期，有学者认为这是受欧亚草原民族或外来文化的影响[②]，这一时期无论数量还是种类都多于前代。据唐人封演《封氏闻见记》，“秦汉以来，帝王陵前有石麒麟、石辟邪、石象、石马之属；人臣墓前有石羊、石虎、石人、石柱之属；皆以表饰坟垄，如生前之仪卫耳”[③]。除了帝王陵墓和权臣墓前，还用于多种场所，比如皇家宫苑、祭祀场所、封禅刻石等。

但从考古发现来看，西汉帝陵前是否有此类大型石雕尚不明确。目前所见

① 黑光：《西安太液池出土一条汉代石鱼》，《文物》1975年第6期，第91—92页。
② 林梅村：《古道西风——考古新发现所见中西文化交流》，北京：生活、读书、新知三联书店，2000年，第99—165页。
③ [唐]封演撰、赵贞信校注：《封氏闻见记校注》，北京：中华书局，2005年，第58页。

只有西汉霍去病墓前的大型石雕，它们有片麻状花岗岩雕刻的马踏匈奴、卧马、卧象、人抱熊等，多为森林、草原常见的动物。从它们的位置来看，分布在沿墓葬封土山顶到山坡下，有学者认为这些设施是"在特定年代与特定事件和特定人物的观念相关的工程，而不一定从陵墓制度等方面去寻求答案"①，也就是说，它们应该是与封土一起作为"象冢为山"的西方仙山的景观雕塑的一部分，而不是作为墓葬制度中的神道使用的。

东汉时期，是陵寝制度发生重大变革的时期，《后汉书》卷二《明帝纪》云："永平元年春正月，帝率公卿以下朝于原陵，如元会议。"为了适应"上陵礼"的需要，陵墓建置规模不断扩大，形制也随之发生不同的变化。"明帝对陵寝制度的改革，扩大'寝'的建筑而举行上陵朝拜祭祀之礼，就是把原来豪强大族的'上墓'、祭祀祠堂的办法加以扩大而搬到了陵园中来。"这样，陵墓前地上建筑及神道石刻应运而生。墓上建置依次为墓阙、神道、神道柱、石象生、祭堂、墓碑、墓垣等。

在这里，除了祠堂、庙宇、碑、阙等，代表着祥瑞的带翼神兽就成为最形象、最具象征性的实物。因此，汉代尤其是东汉时期墓前石兽的建立便成为时尚潮流。

考古发现河南、四川、山东等地的东汉墓也发现过许多石阙、石祠、石人、石羊、石辟邪等，皆表明东汉时期是石刻象生制度发生与发展的重要时期。

最早记录汉代宗资墓前天禄、辟邪的，是唐代章怀太子李贤所注《后汉书》中所云："案，今邓州南阳县北有宗资碑，旁有两石兽，镌其膊一曰天禄，一曰辟邪。据此，即天禄、辟邪并兽名也。汉有天禄阁，亦因兽以立名。"

全国范围内发现的大型石兽有：山东嘉祥东汉武氏墓前的石兽，山西太原北郊出土的辟邪石雕，四川德阳和雅安高颐墓四川芦山樊敏墓前石兽，杨君墓前二石兽，佚名墓三石兽等。

---

① 郑岩：《风格背后——西汉霍去病墓石雕新探》，原载于《陕西历史博物馆馆刊》第18辑，西安：三秦出版社，2011年，第140—161页。

1955 年，在洛阳孙旗屯一带修建洛河防洪渠时，出土一对石兽——独角“天禄”、双角“辟邪”，完整无损。天禄现存于北京国家博物馆，辟邪移至洛阳关林石刻艺术陈列室，现存于洛阳博物馆(图 4)。

图4 洛阳孙旗屯出土的石辟邪(照片由洛阳博物馆提供)

石辟邪高 109 厘米，长 166 厘米，身若虎豹，头类狮子，额上生双角，嘴大牙锐，下颌一束卷须，身生双翼。它昂首舐唇，倏来忽往，瞋目电曜，发声雷响。尤其是它那呈弧形的长尾撑住石底板，大有用力一蹬，一跃而起之势。可见细节的真实是艺术的生命。

图 5 洛阳伊川彭婆镇东高屯村出土石辟邪(照片由张乃翥先生提供)

1963 年，在洛阳伊川彭婆镇东高屯村，还发现一件石辟邪，高 114 厘米，长 172 厘米。它除有孙旗屯石辟邪的特征外，不同之处在于双角高竖、羽翼翘起，似借势啸呼飞扑，猛气逼江河振荡。该石辟邪，亦在关林石刻艺术陈列室(图 5)。

毋庸置疑，它们应当是东汉墓前的石刻。从考古发现来看，东汉陵墓前石刻象生的组合，石辟邪应该是权臣墓前必不可少的。

《水经注》里记载了不少东汉达官贵人的墓前有石刻(石人、石兽)，称曹操之父曹嵩墓前“夹碑东西，列对两石马，高八尺五寸，石作粗拙，不匹光武隧道所表像马也”[①]。其中的“隧道”即神道。于此可知，刘秀墓前神道两侧陈列有精美高大的石象、石马等石刻。

杨宽先生在《中国古代陵寝制度史研究》一书中，经过对历代帝陵的考察并结合古书记述，认为只有东汉的帝陵前才列置象、马（东汉时臣下的墓前则不能列置象、马），东汉之后的南朝帝陵前列置的则为麒麟、避邪。但遗憾的是，至今因为考古材料的匮乏，尚不能肯定在东汉帝陵前到底有哪些石象生存在。

四、象庄石象与佛教东传的相关性和纪念意义

既然我们不能肯定石象与帝陵的关系，那么它是否还有另外的意义呢？查阅文献和考古材料我们发现，象与佛教和佛传故事有不可分割的关系。

“象驾”本义用来喻指佛法由来已久。佛教在古籍中也有“象教”之称。

据《太平广记》记载：

> 后魏洛水桥南道东，有白象坊。白象者，永平二年，乾陁罗国所献，背设五彩屏风、七宝坐床，容数十人，真是异物，常养于乘黄。象常曾坏屋毁墙，走出于外，逢树即拔，遇墙亦倒。百姓惊怖，奔走交驰，太后遂徙象于此坊。[②]

唐武则天《大周新译大方广佛华严经序》：

> 及夫鹫岩西峙，象驾东驱。澄观疏：“言象驾者，略有二义：一，一千年后，像法之时，佛教方被故；二者，象驮经故，初虽白马来仪，本用象故。”[③]

佛图澄在注释中明确指出，之所以用象驾来比喻佛法，大致有两个意思，

---

① ［北魏］郦道元著、陈桥驿校证：《水经注校证》卷二十三《阴沟水》，北京：中华书局，2007 年，第 553 页。
② ［宋］李昉等：《太平广记》卷第四百四十一《畜兽八》，北京：中华书局，1961 年，第 3599—3600 页。
③ ［唐］实叉难陀译：《大方广佛华严经》，《乾隆大藏经》：第二十五册，北京：中国书店，2010 年，第 372 页。

其中之一说的就是用大象驮经的缘故。虽然我们都知道佛法传入是白马驮经而来,但在佛传故事中,大象常常是用来驮经和佛舍利的。

另外,遍查地方史志,关于洛阳象庄石象的文献记载大致有以下几处:

《大明一统志》记载:“相传汉时,西僧以象驮经来洛阳,后化为石,今有石象。”①

《天中记》卷三十六载:

> 则天华严经序云:鹫岩西峙,象驾东驱。注云谓:白象驮经东来。山川纪异云:河南府有象庄,象至洛阳化为石,今石象犹存。据此则白马之说法苑似是。②

上述文献中所谓“象至洛阳化为石”,当然有传说的成分,而“象”实际上是指东汉艺术大师根据现实生活中的大象雕刻成的石象。但它给我们提供了一条可循的线索:象庄的石象与佛教有关。

考古发现表明,东汉时期大象的形象无一例外都是外来形象,进一步说是与佛教密切相关。

2009 年,南京博物院发掘的大云山一号西汉墓中出土了鎏金铜象与驯象俑,同出的还有犀牛与驯犀俑,这是目前国内考古发现最早的外来大象的文物形象(图 6)。③

1965 年,新安县古路沟东汉墓出土一件骑象俑,骑象人双手展开,通高 7.5 厘米,象身长 7.8 厘米(图 7)。④

1956 年,洛阳还出土过一件骑象俑(编号 M72:74),骑象人着红衣、身体向前端坐,通高 10.7 厘米。这件象俑也作站立行进状,其造型和神态与象庄石象

① [明]李贤等撰:《大明一统志》卷二十九,西安:三秦出版社,1990 年,第 505 页。。

② [明]陈耀文撰:《天中记》卷三十六,《钦定四库全书子部》,上海:上海古籍出版社影印,1987 年,第 28—29 页。

③ 南京博物院盱眙县文广新局:《江苏盱眙大云山汉墓》,《考古》2012 年第 7 期,第 53—59 页。

④ 河南省文化局文物工作队:《新安县古路沟东汉墓》,《考古》1966 年第 3 期,第 133—137 页。

图 6　南京大云山一号汉墓出土驯象俑（《江苏盱眙大云山汉墓》,《考古》2012 年第 7 期,第 56 页）

图 7　洛阳东汉墓出土骑象俑（洛阳市文物局供图）

极为相似:亦是四肢和身躯雕塑简略;耳、目、尾、鼻等局部较为精工;其腹部用雕刀刻画的褶皱也和石象腹部富有皮肤质感的褶皱相近，观之会怀疑象庄石象即是这件陶象的扩大版(图 8)。[①]

另外两件东汉鎏金象,一件高 4.8 厘米、长 7 厘米、宽 3.5 厘米,另一件残高 3.8 厘米。二者形态相近,温顺可人(图 9)。[②]

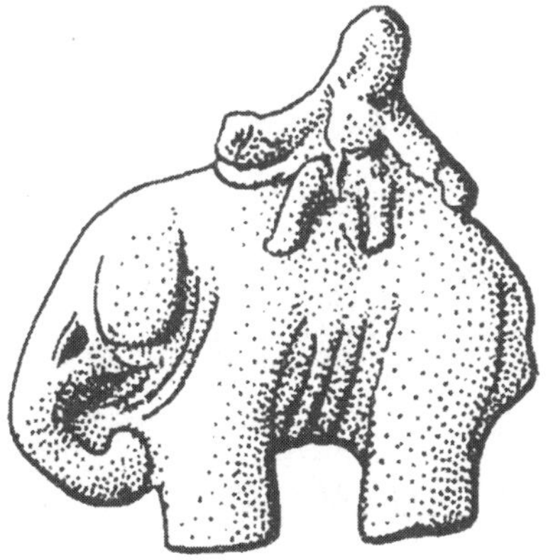

图 8　新安县古路沟出土骑象俑(图片采自《新安县古路沟东汉墓》,《考古》1966 年第 3 期)

图 9　东汉鎏金象(图版采自洛阳师范学院等编《洛阳出土青铜器》,紫禁城出版社,第 285 页)

① 洛阳博物馆编:《河洛文明展》,郑州:中州古籍出版社,2012 年版,第 191 页。图版取自俞凉亘、周立着:《洛阳陶俑》,北京:国家图书馆出版社,2005 年,第 20 页。

② 洛阳师范学院、洛阳市文物局编:《洛阳出土青铜器》,北京:紫禁城出版社,2006 年,第 285—286 页。

图10 内蒙古和林格尔东汉壁画墓出土“仙人骑白象”图(《东汉佛教图像考》,《文物》1980年第5期,第69页)

内蒙古和林格尔东汉壁画墓中也出土有骑象俑。在这座墓南壁西侧的一幅壁画中,有一尊骑在白象身上、身着红衣、头部残缺的佛或菩萨像,右上角榜题为“仙人骑白象”,其中象的形象与洛阳东汉墓出土的骑象俑的象如出一辙(图10)。①

更值得关注的是,学者研究表明,在全国各地发现的汉代画像石和汉代壁画墓图像中出现的大象总数已经达到了三十例。②在这些大象形象中,胡人与大象模式有驯象、骑象等。长期以来,人们对于上述骑象俑的文化内涵语焉不详,普遍认同与佛教有密切关系的是山东滕州和内蒙古和林格尔壁画墓中的形象。俞伟超先生对这两幅图像有过详细的解读,认为这是汉末佛经中普遍采用的称谓,“‘仙人’为诸佛尚未修行成功时的称呼,‘仙人骑白象’就可以作‘能仁菩萨骑白象’之解”③。

以笔者之见,骑象与驯象无疑都是与佛教有关的活动,但在汉魏时期,中原人对佛教等外来宗教不甚了了,便将它们与道家的仙人归为一类,也反映了佛教早期与道教交糅在一起的社会现实。在汉魏时期的出土文物中我们也屡屡发现此类信息,例如出土于太学遗址第二层即北魏层中的双翼童子造像背后也有篆书“仙子”二字铭文,即是这类实例。

无独有偶,汉代文学作品也有关于大象的文字描写。张衡的《西京赋》中写道:“白象行孕,垂鼻辚困。”与佛经中“能仁菩萨,化乘白象,来就母胎”有相似的故事情节。可以想见的是,在汉代文人的认知中,佛教与佛经故事已经是耳

① 俞伟超:《东汉佛教图像考》,《文物》1980年第5期,第68—77页。
② 朱浒:《汉画像胡人图像研究》,北京:生活·读书·新知三联书店,2017年,第317页。
③ 俞伟超:《东汉佛教图像考》,《文物》1980年第5期,第69、75页。

熟能详的了。

《涅槃经》卷六云："象喻佛性，盲喻一切无明众生。"象为转轮圣王和普贤菩萨的坐骑，可见大象在佛教文化中享有很高的地位。究其源头，在印度早期佛教艺术中，大象及骑象活动是十分常见的艺术题材。公元前2世纪的印度巴尔胡特佛塔和桑奇大塔石刻中就出现过，贵霜王朝时期（相当于中国的东汉时期），依然以此为艺术题材创作出许多艺术作品，现藏美国洛杉矶国家艺术博物馆的一尊反映贵霜王朝王室成员乘骑大象的雕塑作品，让我们看到了汉画像石中大象及其骑乘者母题图像的原型。这件石刻作品高14.3厘米、长11.9厘米，在大象的背上铺着精美的坐毯，上面拥坐着四个人①。

佛教由贵霜沿西域传入中原，反映大象与驯象的犍陀罗艺术母题便随之东传至中原，进入汉代中原艺术的视野中，并被广泛运用。

由史书记载可知，随着佛教文化的传入和发展，东汉京都洛阳的僧侣教徒在释迦牟尼诞辰之日，还要举行"行象"活动，背驮佛经的大象游街串巷，弘扬佛法。由此，上述骑象俑的文化内涵便不言而喻了。

既然大象与东汉时期佛教东传有如此密切的关系，象庄石象为什么独立在此？我们认为这得从它所处的位置考虑。石象所处的象庄村，距东汉的皇家寺院白马寺的西北面仅2公里许，其地势处于邙山缓坡之上。东汉时期，都城洛阳西门外有平乐观，雄伟壮丽，是皇帝检阅三军、观赏百戏、展示国威的地方，遂称"平乐"，亦名"汉园"，号称"东都重篱""大汉屏障"。汉明帝取长安飞廉、铜马移洛阳西门外，置平乐观。《文选·张衡〈东京赋〉》记述："其西则有平乐都场，示远之观。"薛综注："平乐，观名。"晋袁宏《后汉纪·灵帝纪下》："进以为然，乃言于上，大发兵讲武于平乐观。"东汉永平五年（62年），汉明帝为迎接西域进贡的"飞廉并铜马"而筑平乐观，观下建平乐馆，作为帝王将相看散乐百戏、设宴的场馆。《资治通鉴》记载："望气者以为京师当有大兵，两宫流血。帝欲厌之，乃大发四方兵，讲武于平乐观。"

---

① 转引自朱浒：《汉画像胡人图像研究》，北京：生活·读书·新知三联书店，2017年，第327页。

东汉和帝时期的李尤曾写下著名的《平乐观赋》，描写的就是东汉洛阳平乐观中表演的角抵戏《秘戏连叙》的情形：

> 戏车高橦，驰骋百马，连翩九仞，离合上下。或以驰骋，覆车颠倒。乌获扛鼎，千钧若羽。吞刃吐火，燕跃乌跱。陵高履索，踊跃旋舞。飞丸跳剑，沸渭回扰。巴渝隈一，逾肩相受。有仙驾雀，其形蚴虬。骑驴驰射，狐兔惊走。侏儒巨人，戏谑为耦。禽鹿六驳，白象朱首。鱼龙蔓延，嵔(左山右延)山阜。龟螭蟾蜍，挈琴鼓缶。

由此看出，平乐观所处的位置即今象庄村附近，这里一直与东都洛阳城的关系密切。

民俗学考察证实，据《象庄古镇轶事》记载，在东汉时期，洛阳城东建有白虎观，城西建有青龙观。象庄村即青龙观所在地。后来，青龙观倾塌，附近一尊形体巨大、历史悠久的石雕大象便成为这里的地标，村子也由此更名为“象庄”。在这里，关于象庄村所处的地理位置及东汉洛阳城城外的建筑是我们要关注的重点。

我们知道，宗教作为一种文化现象，它的形成和文化内涵与地理环境有着直接关系，而宗教一旦形成，又会营造出独特的人文景观。这些人文景观与宗教信仰及宗教氛围具有同一性，成为大地上最具特色、最具魅力、最具影响的文化表征。非常巧合的是，从西域东来弘法的二位高僧摄摩腾、竺法兰不仅生前在白马寺译经，圆寂后也葬在白马寺外。在东汉皇家大力提倡佛教的社会背景下，东汉政府断无草草对待这两位高僧埋葬地的道理，所以他们的埋葬地是经过周密考虑后的结果。摩腾弘法洛阳之史踪，延至唐宋时代尚有遗迹可供凭吊，史书记载：“洛都塔者，在城西一里，故白马寺南一里许。古基俗传为阿育王舍利塔，即迦叶摩腾所将来者。”①

---

① ［宋］钱易：《南部新书》，北京：中华书局，2002 年，第 90 页。

这些看似巧合但又相互关联的史实，使我们不得不重新审视这些曾留下许多历史印迹的建筑——白马寺、平乐观、象庄石象以及二位高僧摄摩腾、竺法兰圆寂处，包括建在白马寺南一里许的舍利塔，都建在城西——号称"东都重篱""大汉屏障"的地方，那么我们完全有理由推断，东汉洛阳故城西面就应该是当时皇家所用或是举行重大活动的一处重要场所，甚或是重要的宗教道场。

基于上述文献及考古材料，我们有理由相信，这个石象应该是一个重要的纪念性雕塑，与东汉时期蓬勃兴起的佛教密切相关。石象位于邙山缓坡之上，头向东方，使人产生无限的联想。大象不远数万里从西方源源而来，将佛教带入中原，石雕刻划的正是行进中的大象的瞬间动作，具有强烈的象征意义。它与白马寺、平乐观等共同营造出东汉洛阳城西门外宗教文化的人文景观。

上文述及在四川成都出土过一件东汉时期大型圆雕石犀瑞兽，近日成都最新的考古发现认为它有可能是蜀汉宫城中某座重要建筑门外摆放的纪念雕塑。[①]可见东汉时期，时人是有制作大型石瑞兽雕刻作为纪念雕塑的习俗和能力的。那么作为当时佛教正值兴起的洛阳，以象庄石象作为大型纪念雕塑是完全有可能的，我们不妨称其为"在特定年代与特定事件和特定人物的观念相关的工程"，这也是它作为纪念性雕塑而存在的历史意义。

五、象庄石象与东汉时期佛教东传至洛阳的时代背景

查考历史文献证明，我们上述推断是有其相关的社会历史背景的。

东汉时期，佛教来华，洛阳成为胡人聚集的地方。文献表明，此时洛阳佛教兴盛一时。史书记叙：

> 世传明帝梦见金人，长大，顶有光明，以问群臣。或曰："西方有神，名曰佛，其形长丈六尺而黄金色。"帝于是遣使天竺问佛道法，遂于中国图画

① 见2017年8月23日《成都晚报》报道。

形像焉。楚王英始信其术，中国因此颇有奉其道者。后桓帝好神，数祀浮图、老子。百姓稍有奉者，后遂转盛。①

摄摩腾，本中天竺人。……汉永平中，明皇帝夜梦金人飞空而至，乃大集群臣以占所梦。通人傅毅奉答："臣闻西域有神，其名曰'佛'，陛下所梦，将必是乎。"帝以为然，即遣郎中蔡愔、博士弟子秦景等，使往天竺，寻访佛法。愔等于彼遇见摩腾，乃要还汉地。腾誓志弘通，不惮疲苦，冒涉流沙，至乎雒邑。明帝甚加赏接，于城西门外立精舍以处之，汉地有沙门之始也，……后少时卒于雒阳。有记云：腾译《四十二章经》一卷，初缄在兰台石室第十四间中。腾所住处，今雒阳城西雍门外白马寺是也。②

当时"洛中构白马寺，盛饰浮图，画迹甚妙，为四方式"③。史载当年明帝时，曾"遣使天竺，问其道术而图其形象焉"④。

竺法兰，亦中天竺人，自言诵经论数万章，为天竺学者之师。时蔡愔既至彼国，兰与摩腾共契游化，遂相随而来。……既达雒阳，与腾同止，少时便善汉言。愔于西域获经，即为翻译《十地断结》《佛本生》《法海藏》《佛本行》《四十二章》等五部。移都寇乱，四部失本，不传江左。唯《四十二章经》今见在，可二千余言，汉地见存诸经，唯此为始也。愔又于西域得画释迦倚像，是优田王旃檀像师第四作也。既至雒阳，明帝即令画工图写，置清凉台中及显节陵上⑤。

这件史实的历史影响在千百年后的唐代，在著名的中国美术史籍中，仍为时人所乐道：

① [南朝]范晔：《后汉书》卷八八《西域传》，北京：中华书局，1965年，第2921—2922页。
② [南朝]慧皎：《高僧传》卷一《汉洛阳白马寺摄摩腾传》，北京：中华书局，1992年，第12页。
③ [北齐]魏收：《魏书》卷一一四《释老志》，北京：中华书局，1974年，第3029页。
④ [东晋]袁宏：《后汉纪》，见范晔：《后汉书》卷四二《楚王英传》，李贤注引，北京：中华书局，1965年，第1429页。
⑤ [南朝]慧皎：《高僧传》卷一《汉洛阳白马寺摄摩腾传》，北京：中华书局，1992年，第3页。

昔"汉明帝梦金人,长大,顶有光明,以问群臣。或曰:'西方有神名曰佛,长丈六,黄金色。'帝乃使蔡愔取天竺国优填王画释迦倚像,命工人图于南宫清凉台及显节陵上。以形制古朴,未足瞻敬。阿育王像,至今亦有存者"①。

有关东汉时期国内祀奉佛教的事例,古籍文献亦有间或地披露:

"建和元年(147 年),月氏国沙门支谶至洛阳译《般舟三昧》《阿閦佛经》等二十一部。二年(148 年),安息国沙门安世高至洛阳译《五十校计》等百七十六部。……自永平以来,臣民虽有习浮图者,天子未之好,至(桓)帝始笃好之。于禁中铸黄金浮图、老子像,亲于濯龙宫设华盖之座,用郊天之乐。"②

释"安清,字世高,安息国王正后之太子也。……出家修道,博晓经藏,尤精阿毗昙学。讽持《禅经》,略尽其妙。既而游方弘化,遍历诸国。以汉桓之初,始到中夏。才悟机敏,一闻能达,至之未久,即通习华言。于是宣译众经,改胡为汉。出《安般守意》《阴持入》《大》《小》《十二门》及《百六十品》。初外国三藏众护,撰述经要为二十七章,高乃剖析护所集七章,译为汉文,即《地道经》是也。其先后所出经论,凡三十九部。义理明晰,文字允正,辩而不华,质而不野。凡在读者,皆亹亹而不倦也"③。

初唐时期道宣法师曾回忆此事谓:

"右并后汉桓帝元嘉元年(151 年),有安息国太子名清,字世高。次当嗣王,让位与叔。既而舍国出家,怀道游方,弘化为务。以桓帝建和二年

---

① [唐]张彦远:《历代名画记》卷五《叙历代能画人名》,北京:人民美术出版社,1963 年,第 125—126 页。

② [南宋]志盘:《佛祖统纪》卷三五《法运通塞志·桓帝》,《大正藏》,第四十九册,中国台北:新文丰出版公司,1983 年,第 330 页。

③ [南朝]慧皎:《高僧传》卷一《汉洛阳安清传》,北京:中华书局,1992 年,第 4—5 页。

(148年),振锡来仪,届于雒邑。少时习语,便大通华言。慨法化犹微,广事宣译。至灵帝世,二十余年,凡译一百七十余部,合一百九十余卷。其《释道安录》《僧佑录》《三藏记》《慧皎高僧传》等,只云高出经三十九部。义理明晰,文字允正。辩而不华,质而不野。凡在读者,皆亹亹然而不倦焉。"①

释"安玄,安息国人也。志性贞白,深沉有理致。为优婆塞,秉持法戒,毫厘弗亏;博诵群经,多所通习。汉灵帝末,游贾洛阳。有功,号'骑都尉'……渐练汉言,志宣经典"②。

这是古代西亚"帕提亚"帝国(Parthian Empire)来华侨民弘化佛法的著名史迹。

释"支谦,字恭明,大月支人也。祖父法度,以汉灵帝世率国人数百归化,拜率善中郎将"③。法度"率国人数百归化"于中原,这在中西交通史上实属值得一书的事件。

20世纪30年代,洛阳出土了一件佉卢文井阑题记石刻。经对此石断裂残块之缀合,可以见到以下文字内容:"唯…年…月15日,此地寺院……祈愿人们向四方僧团敬奉一切(图11)。"有学者认为,这件石刻题记的出现,与灵帝年间自犍陀罗地区内徙洛阳的贵霜僧团有着密切的关联。④研究者认为,法度此次率领如此庞大的国人群体至洛阳,曾以佛教信众创立寺院。这件佉卢文井栏刻石就记录了贵霜大月氏移民在洛阳建立寺院的史实。⑤

---

① [唐]道宣:《大唐内典录》卷一,《大正新修大藏经》,第五十五册,中国台北:新文丰出版公司,1994年,第223页。

② [南朝]僧佑:《出三藏记集》卷一三《安玄传》,《大正藏》,第五十五册,中国台北:新文丰出版公司,1994年,第96页。

③ [南朝]僧佑:《出三藏记集》卷一三《支谦传》,《大正藏》,第五十五册,中国台北:新文丰出版公司,1994年,第97页。

④ 林梅村:《洛阳所出佉卢文井栏题记》,《西域文明——考古、民族、语言和宗教新论》,北京:东方出版社,1995年,第383—404页。

⑤ 林梅村:《贵霜大月氏人流寓中国考》《洛阳所出佉卢文井栏题记》,《西域文明——考古、民族、语言和宗教新论》,北京:东方出版社,1995年,第33—41、387—404页。

图 11 洛阳汉魏故城遗址出土的东汉佉卢文井栏刻石(图版采自林梅村《汉唐西域与中国文明》,文物出版社,1998 年,彩版 4)

支楼迦谶,亦直云支谶,本月支人。……汉灵帝时,游于雒阳。以光和、中平之间(178 年—189 年),传译梵文,出《般若道行》《般舟》《首楞严》等三经。又有《阿阇世王》《宝积》等十余部经,岁久无录。安公校定古今,精寻文体,云"似谶所出,凡此诸经,皆审得本旨,了不加饰,可谓善宣法要弘道之士也"。后不知所终……时有天竺沙门竺佛朔,亦以汉灵帝时,赍《道行经》来适雒阳,即转梵为汉。……朔又以光和二年(179 年)于雒阳出《般舟三昧》,谶为传言,河南雒阳孟福、张莲笔受。……又有沙门支曜、康巨、康孟详,并以汉灵、献之间(168—220 年),有慧学之誉,驰于京雒。曜译《成具定意》《小本起》等;巨译《问地狱事经》,并言直理旨,不加润饰;孟详译《中本起》及《修行本起》。先是沙门昙果于迦维罗卫国得梵本,孟详共竺大力译为汉文。安公云:"孟详所出,奕奕流便,足腾玄趣也。"[①]

内典记载,东汉"《道行经》一卷,右一部,凡一卷,汉桓帝时,天竺沙门竺朔佛赍胡本至中夏。到灵帝时,于洛阳译出"[②]。

又《道行经》后记:

……光和二年(179 年)十月八日,河南洛阳孟元士口授。天竺菩萨竺朔佛时传言者译。月支菩萨支谶时,侍者南阳张少安、南海子碧、劝助者孙和、周提立。[③]

---

① [南朝]慧皎:《高僧传》卷一《支娄迦谶传》,北京:中华书局,1992 年,第 10—11 页。
② [南朝]僧佑:《出三藏记集》卷二,《大正藏》,第五十五册,中国台北:新文丰出版公司,1994 年,第 6 页。
③ [南朝]僧佑:《出三藏记集》卷七,《大正藏》,第五十五册,中国台北:新文丰出版公司,1994 年,第 47 页。

东汉末年，又有天竺人维祇难、竺律炎、昙柯迦罗等先后到洛阳译经。其中维祇难译天竺佛教大型譬喻文学诗集《法句经》初出本，[①]集中为数众多的佛教譬喻故事及其优美跌宕的韵文语言，极大地激发了中国传统文学向通俗化叙事方向的发展。

毋庸置疑的是，在官方的大力倡导下，东汉一代，尤其到东汉末年，洛阳佛教译经事业蓬勃发展，而与佛教有关的活动处于发展之势，它们应是在官方操纵之下进行的，在如此蓬勃的佛教事业发展情势下，以石象作为纪念性雕塑亦应是情理之中的事，进一步而论，象庄石象也只能是官方行为所致。

综上，我们可以得出以下结论：象庄石象非东汉帝陵前的石刻，而应与佛教东传密切相关，是具有象征意义的纪念性雕塑。它与佛教传入中国的第一座皇家寺院白马寺以及西来高僧的埋葬地等一起作为东汉洛阳城西的宗教人文景观，成为东汉时期佛教东传和兴盛于洛阳的历史见证，反映出东汉佛教东传过程中洛阳的重要历史地位。毋庸置疑的是，这座仅存的早期宗教雕塑作品，必然是在此类形象大量出现时创作的，是东汉佛教蓬勃兴盛的反映和杰出代表，其对佛教东传中国的研究价值和在雕塑美术史上的重要意义值得我们珍视和进一步深入研究。

（本文刊于《中国与域外》2017 年第 2 辑，收入本书时略做修改）

---

① ［南朝］僧佑：《出三藏记集》卷一三《安玄传》，《大正藏》，第五十五册，中国台北：新文丰出版公司，1994 年，第 96 页。

洛阳西朱村曹魏大墓中的丝路要素探析

2015 年 7 月 19 日，洛阳市伊滨区西朱村村民在迁坟过程中，发现了一座大型墓葬。后经文物工作者发掘，这座编号 M1（图 1）的长斜坡墓道明券墓，为东西向，由墓道、甬道、前室、后室组成。墓圹周边发现 39 个柱础坑和 3 条排水沟。墓葬土圹东西全长 52.1 米。在前室砖壁上发现有残存的壁画。出土遗物 400 余件，其中刻铭石牌 200 余件，内容包括衣衾、葬仪、器用等十几个门类。

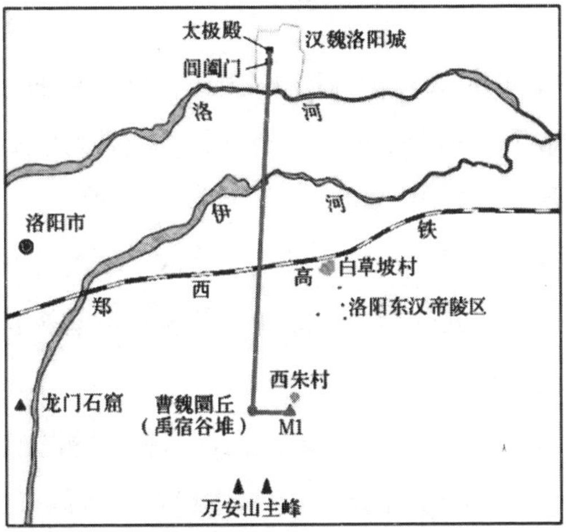

图 1　西朱村大墓位置示意图（洛阳市文物考古研究院供图）

如此大规模、高规格的曹魏时期的墓葬，在全国范围内发现较少，此次考古发现，为复原曹魏时期高等级墓葬的葬制和丧葬礼仪提供了珍贵的资料，但同时也带来了许多未解之谜。时隔四年，此墓包括墓主人在内的一些关键性问题仍然悬而未决，不容忽视的是，其中的丝路因素至今未能引起学界的足够关注，基于此，本文拟就这座大墓中的丝路要素进行梳理并提出拙见，以期就教于方家。

一、洛阳西朱村大墓中的琥珀雕件及其承载的重要信息

图 2 洛阳西朱村曹魏大墓出土的人骑翼兽琥珀雕件(本人拍摄)

西朱村大墓中出土了一件琥珀雕件,整体高约 5 厘米,通体棕红色,为一人骑卧兽造型。卧兽头顶两侧有盘卷的双角,身上刻有云纹,腹部两侧刻有羽翼。骑乘者双手抓住羊的双角,面带笑容,形象生动活泼(图 2),发掘者称之为“白画骑羊儿”[①]。

在西朱村大墓中出土的 400 多件文物中,陶、石质居多,而且体型均较小,材质轻薄,体现了曹魏的薄葬之风,加之后世的盗扰,因此,墓中出土的这件琥珀骑兽人像便尤为引人注目。这个琥珀雕件虽然很小,但其中包含的信息量巨大,它至少告诉我们这样三个信息:琥珀原料产自波罗的海;琥珀雕件在东汉时期多为皇室、贵族墓中的随葬品,作为装饰品,其造型多取自同时代其他材质的器型;琥珀雕件非“白画骑羊儿”,其原型应是东汉时期流行的有翼神兽。这件琥珀雕件拥有不可替代的丝路语汇。

1. 西朱村大墓琥珀雕件原料来源的丝路语汇

学者研究表明,中国古代对琥珀的认知过程,可由考古发现和文献记载互为印证。

关于琥珀的最早文字记载见于《山海经·南山经》:“鹊山,其首曰招摇之山,临于西海之上,丽之水出焉,西流注于海,其中多育沛,佩之无瑕疾。”[②]这里的“育沛”是古人对琥珀的称呼,章鸿钊(1877—1951 年)在《石雅》中解释道:“中国

① 洛阳市文物考古研究院:《洛阳西朱村曹魏大墓》,《考古》2017 年第 7 期,第 71—81 页。
② 袁珂校注:《山海经校注》卷一,上海:上海古籍出版社,1980 年,第 1 页。

古曰育沛,后称琥珀,急读之,音均相近,疑皆方言之异读耳。”记载中提到琥珀产于海中,并且佩戴它可消除疾病,可见那时人们对琥珀的了解还是初步的。

考古发现也同样证实,琥珀在早期多作为艺术载体出现,在距今三千余年的四川广汉三星堆遗址的 1 号祭祀坑中,出土了一枚心形琥珀坠饰,一面阴刻蝉背纹,一面阴刻蝉腹纹。上端有一凹槽,凹槽内有一圆穿上下贯通,应是作为佩饰使用[①];此后的商周时期有零星发现,如山西保德殷商时期遗址出土的琥珀珠[②]。这时期琥珀的出现以各种珠饰为主,形制单一。

对琥珀的了解逐步加深是在汉代,这一时期的文献大量出现关于琥珀的记载。

汉初陆贾《新语·道基篇》第一中记载:“琥珀珊瑚,翠羽珠玉,山生水藏,择地而居,洁清明朗,润泽而濡。”说明当时人们认为琥珀与珊瑚一样,都应在水中找寻。在陆贾看来,琥珀与其他珍异同样是具有灵性之物。

琥珀在汉代的许多奇闻轶事中多有提及,如郭宪《洞冥记》卷四中记:

> 汉武帝所幸官人丽娟,年十四……丽娟以琥珀为佩,置衣袂里,不使人知,乃言骨节自鸣,相与为神怪也。

葛洪《西京杂记》中说,汉宣帝曾经将一枚来自身毒的宝镜用琥珀筒来收藏:

> 宣帝被收系郡邸狱,臂上犹带史良娣,合彩婉转,丝绳系身毒宝镜一枚,大如八铢钱。旧传此镜见妖魅,得佩之者,为天神所福。故宣帝从危获济。及即大位,每持此镜感咽移辰。常以琥珀笥盛之,缄以戚里织成锦,曰斜纹锦。[③]

---

① 四川省文物考古研究所编:《三星堆祭祀坑》,北京:文物出版社,1999 年,第 116、117、124 页。

② 吴振录:《保德县新发现的殷代青铜器》,《文物》1972 年第 4 期,第 62—64 页。

③ [晋]葛洪:《西京杂记》卷一,《文渊阁四库全书》第 1035 册,上海:上海古籍出版社,1987 年,第 6 页。

更有赵飞燕被选为皇后后，女弟子以黄金步摇、琥珀枕等作为礼物相赠的故事：

> 赵飞燕为皇后，其女弟子在昭阳殿遗飞燕书曰：今日嘉辰，贵姊懋膺洪册，谨上襚三十五条，以陈踊跃之心：……黄金步摇、合欢圆珰、琥珀枕、龟纹枕。①

正史中，对于琥珀也有许多记载。

《后汉书·西域传》中说大秦：

> 土多金银奇宝，有夜光璧……珊瑚、虎魄（即“琥珀”）、琉璃……凡外国诸珍异皆出焉。②

《后汉书·西南夷传》说：

> 哀牢人皆穿鼻儋耳……出铜、铁、铅、锡、金、银、光珠、虎魄（即“琥珀”）、水晶、瑠〔琉〕璃、轲虫、蚌珠、孔雀、翡翠、犀、象、猩猩、貊兽。③

《华阳国志》说：

> 张骞特以蒙险远，为孝武开缘边之地，宾沙越之国，致大宛之马，入南海之象，而车渠、玛瑙、珊瑚……玳瑁、虎魄（即“琥珀”）、水晶……殊方奇玩，盈于市朝。④

---

① ［晋］葛洪撰、程毅中点校：《西京杂记》卷一，北京：中华书局，1985 年，第 62—63 页。
② ［南朝］范晔撰、［唐］李贤等注：《后汉书》卷八十八，北京：中华书局，1965 年，第 2919 页。
③ ［南朝］范晔撰、［唐］李贤等注：《后汉书》卷八十八，北京：中华书局，1965 年，第 2849 页。
④ ［晋］常璩著，汪启明、赵静译注：《华阳国志译注》，成都：四川大学出版社，2007 年，第 46 页。

《后汉书》记东汉梁翼妻孙氏的车辇也以金、玉、琥珀作为装饰时说：

> 梁翼为大司马行大将军……权震中外……冀将妻孙氏乘辇青盖，车张羽葆，饰以金、玉、琥珀。[①]

由上述记载可知，琥珀在当时是可以与金、玉媲美的珍贵之物。

我国的考古发现也证实，汉代时琥珀在数量上呈大量出现态势，在品种上也比之前多样。出土的两汉时期的琥珀制品除珠串外，还有琥珀印章、兽形琥珀雕件等。

从江南重镇扬州（图 3、图 4）和广西合浦（图 5）直至陕西，常能看到琥珀珠子和瑞兽的身影。

图 3　扬州博物馆藏西汉琥珀瑞兽印章（图片采自《江苏邗江县姚庄 102 号汉墓》，《考古》2000 年第 4 期，图版陆）

图 4　扬州博物馆藏琥珀印章正面（图片采自《江苏邗江县姚庄 102 号汉墓》，《考古》2000 年第 4 期，图版陆）

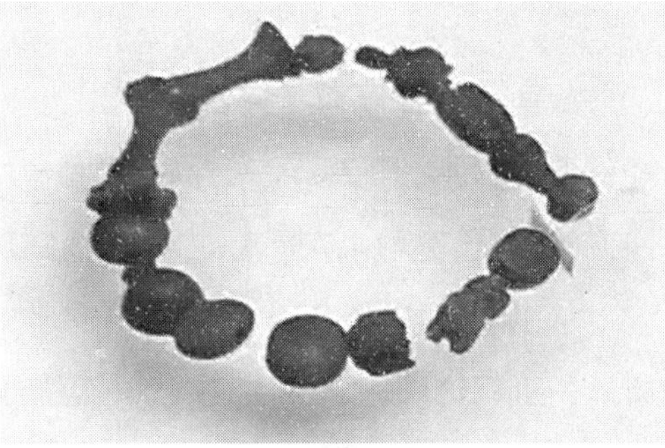

图 5　广西合浦博物馆的琥珀珠钏（图片采自《汉代海上丝绸之路合浦港的考古发现》，《民主与科学》2018 年第 1 期，第 27 页）

陕西咸阳马泉西汉墓出土虎形琥珀饰 4 件，同时还出土椭圆形琥珀饰 2 件、贝状琥珀饰 1 件，推测它们原本很可能是与同墓出土的壶形玉饰，各式玛

① [宋]李昉：《太平御览》卷四九三，北京：中华书局，1998 年，第 2254 页。

瑙管、珠等琥珀饰件穿在一起组成项链使用(图 6)。[1]

河北定县 43 号墓是目前所知汉代墓葬中出土琥珀制品数量最多的,该墓主为诸侯王,墓葬虽经盗扰,仍出土琥珀蛙、兽、鸟等 24 件。[2]

远在西南的贵州兴仁县交乐一处郡县级官吏墓葬出土琥珀饰品 7 件(M19:11—1、11—3、16—l、16—2、16—4、16—3),呈暗红色,仅有指头大小,中央有穿孔。形状有鸟、兽、虎、龟、并体鸳鸯和管状等(图 7)。[3]

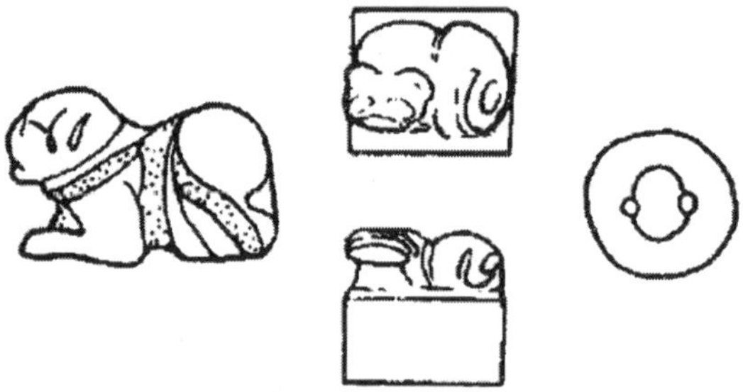

图 6 咸阳市博物馆藏陕西咸阳马泉西汉墓出土琥珀饰(图片采自《陕西咸阳马泉西汉墓》,《考古》1979 年第 2 期)

图 7 贵州兴仁县交乐十九号汉墓出土琥珀兽(图片采自《贵州兴仁县交乐十九号汉墓》,《考古》2004 年第 3 期,图版伍)

云南昭通桂家院子东汉墓也出土有琥珀兽形、蝉形、胜形饰等 5 件佩饰,一件雕作兽形,长 2.4 厘米、高 1.7 厘米;一件作鱼尾形,长 2.6 厘米;一件作双连方管形,长宽均 1.7 厘米;二件作椭圆珠体。[4]

从出土实物看,汉代墓葬出土的琥珀佩饰上大多有一至两个穿孔,和其他质地的玉石饰件一起穿缀成头饰、服饰或珠饰。如河南巩义市新华小区 M1 中,墓主颈部戴有水晶琥珀项链一挂(MI:82),由 3 个水晶老虎、5 个水晶方胜坠儿、11 个琥珀珠组成(图 8)。[5]

① 咸阳市博物馆:《陕西咸阳马泉西汉墓》,《考古》1979 年第 2 期,第 125—135 页。

② 定县博物馆:《河北定县 43 号汉墓发掘简报》,《文物》1973 年第 11 期,第 8—20 页。

③ 贵州省考古研究所:《贵州兴仁县交乐十九号汉墓》,《考古》2004 年 3 期,第 51—58 页。

④ 云南省文物工作队:《云南昭通桂家院子东汉墓发掘》,《考古》1962 年第 8 期,395—399 页。

⑤ 郑州市文物考古研究所、巩义市文物保护管理所:《河南巩义市新华小区汉墓发掘简报》,《华夏考古》2001 年第 4 期,第 33—51 页。

江苏扬州邗江姚庄 101 号西汉墓出土的一串项链(M101:243),出土于墓主颈、胸部,由白玉胜形饰、玛瑙珠各两件,壶形琥珀饰、白玉扁壶、煤精鸟形饰、煤精卧兽形饰、琥珀胜形饰各一件,共 9 颗穿组而成(图 9)。[①]

图 8　河南巩义市新华小区汉墓出土水晶琥珀项链(图片采自《河南巩义市新华小区汉墓发掘简报》,《华夏考古》2001 年第 4 期)

图 9　江苏扬州汉墓出土琥珀项链(图版采自《中国出土玉器全集》〔7〕江苏上海卷,科学出版社,2005 年,第 142 页)

这些动物形琥珀佩饰中又以卧虎、卧狮等卧兽形佩饰最富特色,亦有天禄、蛙、龟、鸟等造型。雕刻手法为圆雕,长 1~4 厘米,宽 1~2 厘米,腹部多有穿孔,供系挂之用。

2016 年,江西南昌海昏侯刘贺墓的考古发掘震惊世界,在墓中仅发现两件琥珀制品,一件是外棺发现的一颗葡萄大小内带虫子的琥珀带孔扁珠。“珀体呈红色,小虫位于珀体边缘,翅膀清晰可辨。琥珀上的穿孔痕迹,说明其在当时可能是一枚挂饰。”另一件是在墓主刘贺腰间发现的一件琥珀辟邪小兽,与其一起出土的还有缠丝玛瑙、玉觿、小玉刀等一系列小物件。这些精美的小饰物用于随葬,说明都是刘贺生前随身佩戴的至爱之物。[②]

① 扬州博物馆:《江苏邗江姚庄 101 号西汉墓》,《文物》1988 年第 2 期,第 19—43 页。

② 江西省考古所、南昌市博物馆:《南昌市西汉海昏侯墓》,《考古》2016 年第 7 期,第 45—62 页。据新华社南昌 12 月 14 日报道:《南昌海昏侯墓出土珍贵虫珀》,新浪网,2015 年 12 月 14 日。

这些出土琥珀制品的墓主或为诸侯王，或为有品级的官僚贵族，观之，可见琥珀在汉代还是仅限于王室、贵族、官僚使用的奢侈品，这与上述文献记载涉及琥珀的皆与王室有关相吻合。这些琥珀饰物与玛瑙、玉石及具有异域风情的域外小金饰、多面金珠等组合穿连使用，也反映了琥珀在当时的珍贵程度。

在汉代，琥珀原料只能通过贸易或外交等手段从国外进口，汉代琥珀制品的大量增多提示我们，应该从原料来源上探源求本。换言之，在汉代丝绸之路还未畅通之前，琥珀原料能进入中原的数量非常稀少，因此这一时期墓葬中出土的琥珀制品不仅数量少，而且品种也不多；汉代以后大量增加，则一定是在来源充足的情形之下，才有了工匠大量创作的可能。

那么，大量琥珀制品的来源是哪里呢？汉代文献给我们提供了一定的信息。

> 大秦国一名犁鞬，以在海西，亦云海西国。……以石为城郭，列置邮亭，皆垩塈之。有松柏诸木百草。人俗力田作，多种树、蚕桑。……所居城邑，周圜百余里。城中有五宫，相去各十里，宫室皆以水精为柱，食器亦然。……其人民皆长大平正，有类中国，故谓之大秦。土多金银奇宝，有夜光璧、明月珠、骇鸡犀、珊瑚、琥珀、琉璃、琅玕、朱丹、青碧。刺金缕绣，织成金缕罽、杂色绫。作黄金涂、火浣布。……其王常欲通使于汉，而安息欲以汉缯彩与之交市，故遮阂不得自达。至桓帝延熹九年(166 年)，大秦王安敦遣使自日南徼外献象牙、犀角、瑇瑁，始乃一通焉。①

《汉书·西域传》也记载中亚罽宾国产珊瑚、琥珀和玻璃(璧流离)：

> 罽宾国，王治循鲜城，去长安万二千二百里，不属都护。……罽宾地平

① [南朝]范晔：《后汉书》卷八十八《西域传》，北京：中华书局，1965 年，第 2919—2920 页。

温和，有目宿，杂草奇木，……其民巧，雕文刻镂，治宫室，织罽，刺文绣，好治食。有金银铜锡，以为器。市列，以金银为钱，文为骑马，幕为人面。出封牛、水牛、象、大狗、沐猴、孔爵、珠玑、珊瑚、虎珀、璧流离。①

汉代的罽宾国在今天的克什米尔地区，是古代游牧民族塞人所建的国家。实际上，中亚并不出产珊瑚和琥珀。珊瑚产自地中海波罗的海沿岸地区，所以《汉书》记载罽宾的珊瑚、琥珀，包括玻璃器，都来自古罗马人的海上贸易，罽宾是这个贸易线路上的重要中转站。

从世界范围内看，早在新石器时代中期，欧洲的琥珀贸易开始萌芽，尤以东波罗的海附近为盛。其产品被大量用于欧洲的琥珀贸易。青铜器时代（前1800到前500年），著名的古代琥珀之路正式形成，确立了连接欧洲北部波罗的海及南部地区的琥珀贸易通道。琥珀之路北起丹麦日德兰沿海或波兰的山姆蓝半岛，然后沿汉堡附近的易北河南下，至多瑙河，再经布瑞纳峡谷越阿尔卑斯山，抵达意大利北部城市阿圭雷亚，以及位于波河河谷谷口的商业城市，再从这些城市辗转运往意大利中部、南部，以及地中海沿岸的其他中心城市。

地中海地区希腊本土克里特岛的米诺斯文化以及迈锡尼文化遗存中，均出土有大量的琥珀饰珠，正说明了这条琥珀之路传入的途径。巴勒斯坦、埃及等地区琥珀制品的发现，也表明当时琥珀贸易的盛况。罗马铁器时代，欧洲大陆琥珀加工和使用中心从北欧、希腊转移至意大利。

1978年，苏联考古学家维克托·萨瑞阿尼迪在“大夏”国都西部100公里左右的蒂拉丘地发现了6个游牧部落墓葬，发掘出21618件黄金制品，数量甚至超过著名的埃及图坦卡蒙墓。蒂拉丘地在当地语意为“黄金之丘”，便从此扬名于世。根据墓中发现的罗马金币、安息银币和西汉昭明镜等，发掘者确认其年代约在公元前1世纪至公元1世纪，具体可能为公元25至50年。根据墓葬中

---

① [汉]班固：《汉书》卷九十六《西域传》，北京：中华书局，1962年，第3884—3886页。

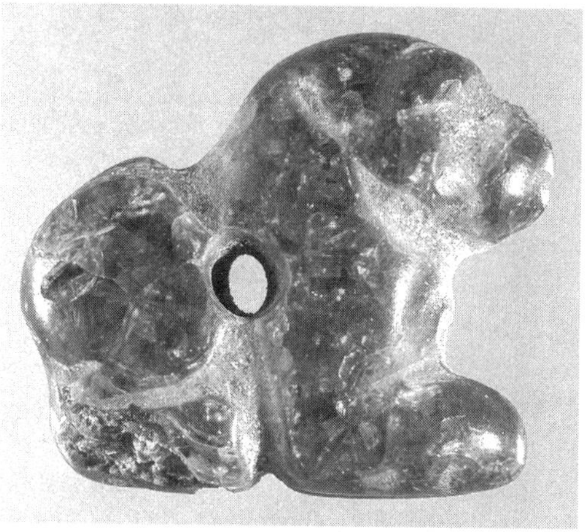

图 10 黄金之丘六号墓出土琥珀卧兽（图片采自《阿富汗黄金之丘考古报告集》，第 135 页）

出土的带铭文汉式连弧纹铜镜、钱币以及佛教艺术品[①]，我国学者推断其下限为公元 1 世纪末。

在“黄金之丘”六号墓也出土了一件卧兽形琥珀饰，与中国境内汉墓出土的狮形卧兽如出一辙（图 10）。有学者据此认为，这些狮形琥珀和连弧纹铜镜一样，都是从汉地传来的。

这其中有两层含义：一方面，是指狮形琥珀珠的构思布局来自外来文化，然后经过中国文化的改造，小小的狮形琥珀珠上体现了中外文化的和谐交融；另一方面，这些器物有可能辗转出境，形成一种文化上的交流。

黄金之丘遗址正处于古代陆上丝绸之路的重要位置，同时还通过南亚的陆路通道，与红海及波斯湾的海上贸易路线，与古罗马帝国和帕提亚帝国相关联。各种矿物宝石也通过这条贸易路线，来到这里。一些矿物宝石，可能还经由这条路线流向北方草原，或向东经过贸易传到汉帝国治下的新疆等地。不论是汉地传至此，还是本地之物，阿富汗黄金之丘都是陆上丝路重要的中转地。

从我国的地域分布看，琥珀的出土地主要集中在西南三省的云南、四川、贵州，沿海的广东、广西、江苏，北方的新疆、甘肃、青海、宁夏、内蒙古、陕西、河北等省也有分布，从中可以看到汉代由海、陆丝绸之路自域外进口包括琥珀在内的奇珍异宝的交通轨迹。中国境内出土的汉代琥珀坠饰，与来自域外的多面金珠、玛瑙、煤精、鸡血石、石榴石、水晶、玻璃等珠饰穿组成项链使用的情况，当与汉代的贸易有关。

琥珀作为成本非常高的奢侈品，在汉代传入中原后仅供皇室、贵族使用。

① 白云翔：《汉式铜镜在中亚的发现及其认识》，《文物》2010 年第 1 期，第 78—86 页。

这一点一直到南北朝时期仍然是这样的。

南朝梁萧绎的《金楼子》卷三《说蕃篇八》:

……每明帝有所诛杀,(王遥光)必先取其名。明帝大渐,托以后事。后主疑焉,常就王索宝物,王奉琥珀盘螭二枚,枚广五寸,炯然洞澈,无有瑕滓。后主怒云:"琥珀者,欲使虎来拍我也。"仍匍匐下地作羊行,遂动心疾,有时着衣袷而伏地。

可见琥珀在当时的珍贵与稀有。

目前国内考古发现中,见诸报道的三国时期出土琥珀的墓葬有两处:一是江苏南京市北郊郭家山东吴纪年墓,出土琥珀串珠5件[①];一是湖南常德东吴墓,出土两件琥珀饰,一件为珠饰,一件雕刻为瑞兽状[②]。这可能是因为到目前为止三国时期墓葬发掘的总体数量偏少,而且有的三国墓葬未能从汉、晋墓葬中甄别出来的缘故。

从地域分布来看,三国时期琥珀雕件的出土主要集中在南方地区,从这个意义上说,西朱村曹魏大墓出土的琥珀雕件,便成为北方地区出土琥珀雕件的为数不多的一例,而且极大可能是沿陆上丝绸之路传入的,因此它在国内三国时期出土的琥珀雕件研究方面具有十分重要的意义。

2. 西朱村大墓琥珀雕件与前室壁画骑兽造型的西方母题

发掘者称,此琥珀雕件与刻铭石牌"白画骑羊儿"相对应,但其中的"白画"似与这件琥珀雕件的指称不符。

众所周知,白画为美术术语,即白描的意思。唐代段成式《酉阳杂俎续集·寺塔记上》记载:"南中三门里东壁上,吴道玄白画地狱变;笔力劲怒,变状阴怪,睹之不觉毛戴,吴画中得意处。"[③]清代方薰《山静居画论》卷上:"世以水墨

---

① 南京市博物馆:《江苏南京市北郊郭家山东吴纪年墓》,《考古》1998年第2期,第21—26页。

② 周能:《湖南常德东吴墓》,《考古》1992年第7期,第667—671页。

③ [唐]段成式撰、方南生点校:《酉阳杂俎续集》卷五,北京:中华书局,1981年,第248页。

画为白描，古谓之白画。袁蒨有白画天女，东晋高僧像；展子虔有白画王世充像；宗少文有白画孔门弟子像。”

近日，有专家称，这里的“白画”可能是指采用了线刻工艺，造成白色的线条，而不是涂白色，因为古代雕刻也称作画。而大量出现的墨漆画就可能是用墨、漆绘制花纹图案的方法了。[①]但这样的转变应该指的是唐代石刻人物线刻，顺应石材特性，以刀代笔，以刻石代勾描而呈现的特有艺术样式，是唐“白画”的转译形式。[②]以此来解释“白画骑羊儿”似未能令人释然。

由此，刻铭石牌中的“白画骑羊儿”是无论如何也不能与此雕件画等号的，换言之，西朱村大墓出土的石牌上的“白画骑羊儿”的铭文，并不指向这一琥珀雕件，而极有可能是另有一件骑羊儿的白描画像，因墓葬盗掘严重已无从查找，而且从比例上看这件琥珀骑羊的形象或为一位成年人。

另外，更为重要的是，人骑卧兽身上的羽状花纹提示我们，它描绘的是带有翅膀的神兽，因此应将其归入汉代有翼神兽的范畴进行考察。

据此，琥珀雕件的原型应为有翼神兽，称其为“人骑翼兽”琥珀雕件更为恰当。

文化史常识告诉我们，在世界美术史上，这种刻画有翼膊的神兽——尤其是被刻画为鹰首、兽足的有翼神兽，被西方人称为“格里芬（griffen）”。这种艺术题材在中亚一带，被视为太阳的象征或日神的化身。这种带翼的、有各种动物原型组合在一起的美术题材，属于西域古国带有地域传统的文化遗产。

自两河流域的巴比伦到埃及乃至伊朗高原的波斯古代美术遗存中，不乏其例。如现藏于牛津阿什姆林博物馆的一件出土于埃及的公元前3000年的片岩雕版，其正反两面均以浮雕手法镌刻着包括狮子、牛、羊、羚羊、盘羊、鹿、长颈鹿、狗及鹰首翼兽、长吻怪兽等动物形象（图11）。其画面布局、构图意境，都给人留下了强烈的视觉冲击和艺术感染。

另外，属于公元前3000年晚期的伊朗席莫斯基王朝（Shimashki Dynasty）时代的鹫首英雄斧头上，有一尊“翼龙”的浮雕，也是当地对翼兽形象的图案化运用（图12）。

---

① 澎湃新闻：《洛阳西朱村曹魏大墓的墓主是谁？》，2019年5月17日报道。
② 李杰：《永泰公主墓石梓人物线刻的空间秩序》，《西北美术》2013年第2期，第1—40页。

图 11 牛津阿什姆林博物馆藏出土于埃及公元前 3000 年的片岩雕版上所见的翼兽(张乃翥先生提供)

图 12 公元前 3000 年晚期伊朗席莫斯基王朝时代生产的鹫首英雄斧头上所见翼龙浮雕(张乃翥先生提供)

在巴黎卢浮宫藏有西亚克沙巴城萨尔贡宫殿遗址出土的前 721—前 705 年高约 396 厘米的亚述翼兽数尊,翼兽牛身、人面,头顶着冠,肩膊生翼,雕饰诡异,气势宏伟,显示出亚述文化艺术特有的气质(图 13)。[①]

图 13 卢浮宫藏克沙巴城萨尔贡宫殿遗址亚述前 721—前 705 年的翼兽(张乃翥先生提供)

而梵蒂冈博物馆收藏的一组出土于地中海沿岸的古代格里芬雕刻,更为广大游人所称赞(图 14)。

1995 年,中、日尼雅联合考察队在新疆民丰尼雅遗址进行考古勘察与发掘。在清理的八座墓葬中,于编号 M3 和 M8 的墓中发掘到织有“王侯合昏千秋

① 劳伦斯·高文(Sir Lawrence Gowing)等编:《大英视觉艺术百科全书》(THE ENCYCLOPEDIA OF VISUAL ART),第一卷,中国台北:台湾大英百科股份有限公司,南宁:广西出版总社、广西美术出版社,1994 年,第 87 页。

万岁宜子孙”“世毋极锦宜二亲传子孙”及“安乐如意长寿无极”“安乐绣文大宜子孙”“大明光受右承福”“延年益寿长葆子孙”“五星出东方利中国” 等字样的丝锦遗物(图 15)[①]。这件“五星出东方利中国”织锦的绣花纹样中,有帕提亚风格的“格立芬(griffen)”翼兽图案。由此可见,中原和西域之间的互动与交流[②]。

图 14　梵蒂冈博物馆藏格里芬雕刻(张乃翥先生提供)

图 15　“五星出东方利中国”锦质护膊(图版采自林梅村《丝绸之路十五讲》,图 1)

如前文所述,琥珀翼兽在汉墓中也曾有发现,江苏徐州市由东汉墓出土一件,以红色琥珀圆雕而成,为蹲立状。[③]

值得特别提出的是,在西朱村曹魏大墓的前室砖壁处有残存的几处壁画,发掘者认为是宴饮、瑞兽及祥云等。其中一幅为人骑瑞兽,瑞兽残留前半身,头似鹿,身上有羽翼,骑乘者只留有头部,前额处头发高高扬起,迎风飘舞,似在骑行途中的样态(图 16)。这个带有羽翼的瑞兽,与琥珀雕件一样传递出时代的信息,应该放在一起做文化考察。

洛阳历年来的考古发现表明,汉代开始,有翼兽时有发现。

① 王炳华:《尼雅 95 一号墓地三号墓发掘报告》,《新疆文物》1999 年第 2 期,第 1—26 页;吕恩国:《尼雅 95 一号墓地四号墓发掘报告》,《新疆文物》1999 年第 2 期,第 27—32 页;李零:《“五星出东方利中国”织锦上的文字和动物图案》,《文物天地》1996 年第 6 期,第 26—30 页。

② 李零:《“五星出东方利中国”织锦上的文字和动物图案》,《文物天地》1996 年第 6 期,第 26—30 页。

③ 中国玉器全集编委会编:《中国玉器全集》7《江苏上海》,北京:科学出版社,2005 年,第 155—157 页。

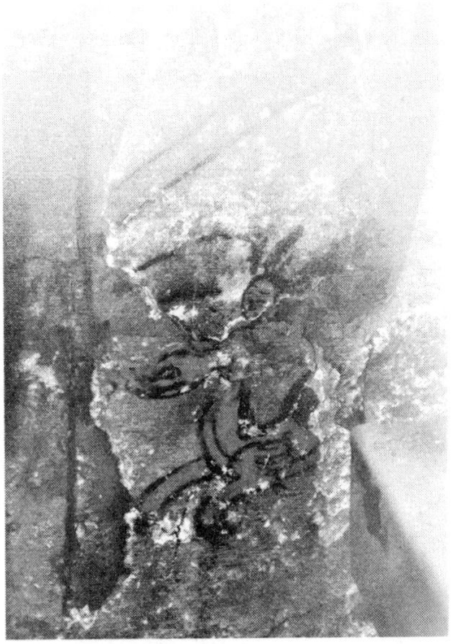

图 16　西朱村曹魏大墓前室砖壁处的人骑翼兽壁画残片(本人拍摄)

1955 年春夏之际，洛阳西郊孙旗屯一带修筑秦岭防洪渠时,于冲积土壤中发现一对石刻神兽;1963 年,于洛阳伊川彭婆镇东高屯村出土一件带翼神兽(见本书《洛阳象庄石象与东汉佛教东传的相关性研究》图 4、图 5)。考察它们的制作年代，大抵应在东汉的中晚期前后。

东汉时期洛阳地区雕刻的翼兽,近年亦有出土。2011 年夏秋,洛阳古旧市场于当地收集到新近出土的翼兽两躯。这两躯翼兽，其一连底座通高 175 厘米，身长 210 厘米,身宽 70 厘米(图 17–1)。其二连底座通高 176 厘米,身长 210 厘米,身宽 70 厘米(图 17–2)。两躯翼兽尺寸极其一致的构图定型,可见必为同一陵墓置于神道对称位置之上的一对同期作品。

如此看来,中原石刻艺术中所见的这些翼兽,无疑受到西域美术题材的影响。这与东汉以来中原、西域之间的文化交流有着密切的联系。

应该说西朱村琥珀雕件和骑兽壁画人物图作为珍贵的装饰品和图像,其

图 17–1　洛阳古旧市场藏翼兽东侧的一躯(图版由张乃翥先生提供)

图 17–2　洛阳古旧市场藏翼兽西侧的一躯(图版由张乃翥先生提供)

造型是借鉴同时代其他材质器型(形象)而来。进一步说,应该是西方有翼兽母题的中国化体现。

从目前国内出土文物看,“人物乘骑”是汉代艺术中的常见母题,乘骑者的身份主要是羽人或胡人。坐骑的动物种类主要有马、羊、鹿、狮子、麒麟、大象等,其使用场合与功能也有细微差别。骑马者主要是羽人。1966 年,汉元帝渭陵附近出土了一件人物骑马玉雕,奔马足踏流云,羽人背有双翅,双耳高过头顶,手执一灵芝,骑在马上作遨游状。林梅村教授认为这是经由斯基泰人传入的波斯马神形象①,与《史记》中对匈奴人的描述相合。

而以骑羊或鹿等作为雕刻对象,则具有中国传统文化意义,其中吉祥辟邪的寓意显著。

我们知道,在整个欧亚大陆范围内,羊都是人类文明发展进程中的重要参与者。从远古到近代的上万年间,羊的形象反复出现在旷野的岩画上。在古代埃及,阿蒙神就是羊头狮身的形象。古代斯基泰人把他们身穿羊皮衣裤、挤羊奶的形象镌刻或铸造在精美的黄金艺术品上,狼噬羊的场景更是斯基泰、匈奴、突厥与蒙古族等欧亚北部草原艺术中常见的图样。由此可见,在欧亚大陆,羊的人文意蕴深厚绵长。

而在这些表现形象中,无论是文献记载还是图像描绘,盘羊云卷龙腾似的巨大弯曲,上万年以来就是美术家们追逐的对象。盘羊是中亚山地特有的高山有蹄类动物,主要分布在亚洲的中部。在中国,盘羊主要分布在青藏高原、蒙新高原以及邻近地区的山地,是中国羊中的一个大家族,有十几个亚种。盘羊在中国野羊中长得最为高大威猛,有“亚洲巨野羊”的称号。

在西藏自治区的古格王国早期佛教石窟东嘎 1 号窟南壁,绘有一位身穿藏服的男人骑着公羊的画面(图 18);在犍陀罗雕像中,释迦王子拜师学书的造像有骑羊的图像;中国古代宫廷中也有“乘羊车”之设与使用。

---

① 林梅村:《松漠之间——考古新发现所见中外文化交流》,北京:生活·读书·新知三联书店,2007 年,第 53 页。

图 18　西藏自治区的古格王国早期佛教石窟东嘎 1 号窟南壁，绘有一位身穿藏服的男子骑着公羊的画面〔图版采自《曹魏美术的新视野——西朱村大墓出土琥珀童子骑羊像的意义探讨》，《南京艺术学院学报（美术与设计）》2018 年第 1 期，第 55—61 页〕

司马迁在《史记》中记载匈奴孩子的童年生活时说：

> 匈奴……逐水草迁徙，毋城郭常处耕田之业，然亦各有分地。毋文书，以言语为约束。儿能骑羊，引弓射鸟、鼠；少长，则射狐、兔：用为食。士力能弯弓，尽为甲骑。①

这段描述少数民族以羊为骑乘对象的生活场景，可以帮助我们直观地回溯古代草原的生活场景。

1972 年 11 月，山东临沂城南 8 公里的吴白庄汉墓出土三块人物骑羊画像石，现藏临沂市博物馆。其一，人物骑在一只奔跑的羊身上，一手前伸。从人物

① ［汉］司马迁：《史记》卷一百十《匈奴列传》，北京：中华书局，1959 年，第 2897 页。

头戴的尖帽判断,其身份应为胡人。[①]

从这些人物骑羊画像看,可知人物身份主要为胡人或羽人,童子身份不明显。

图 19 江苏邳州缪宇墓“福德羊”与“麒驎”画像石线描画〔图版采自朱浒《曹魏美术的新视野—西朱村大墓出土琥珀童子骑羊像的意义探讨》,《南京艺术学院学报(艺术与设计)》2018 年第 1 期,第 50 页〕

从汉画像中的胡人骑羊来看,更多表现为一种“祥瑞”思想。比如江苏邳州燕子埠缪宇墓中,有一块画像石的榜题就将“福德羊”与“麒驎”并列(图 19)[②],可见在时人心目中,它们是一类瑞祥动物。

至于有学者提出“此类骑羊人物中,不能排除受到当时流行的佛经与佛教观念的影响。这尊像究竟是曹魏宫廷佛教信徒依《太子瑞应本起经》文本而制作的佛教遗物,抑或是汉晋之间谶纬与祥瑞观念的自然延续”[③]的说法,我认为似有扩大牵强之嫌。不可否认,同一件艺术品在不同的宗教语境下存在多重意义,但同样应该重视的是,同一件艺术品在特定语境下的独特意味,这一点至关重要。

应该提及的是,这种西方母题在进入中原经过加工转化成为新的形象后,也不可避免地外流到西域,这便是文化交流的意义。

由此观之,西朱村大墓的琥珀雕件和骑鹿壁画人物,也具有相同的文化语境。尤为难得的是,这件琥珀雕件既是对东汉以来有翼兽形象的继承,又以中国传统吉祥的骑羊加以创新和改造,成为一件新的艺术品。此前,有收藏家对此雕件存疑,认为它与其他地区发现的造型和成色都不相同,甚至质疑它的真

① 临沂市博物馆编:《临沂汉画像石》,济南:山东美术出版社,2002 年,第 19 页。

② 南京博物院、邳县文化馆:《东汉彭城相缪宇墓》,《文物》1984 年第 8 期。

③ 朱浒:《曹魏美术的新视野——西朱村大墓出土琥珀童子骑羊像的意义探讨》,《南京艺术学院学报(艺术与设计)》2018 年第 1 期,第 49—55 页。

伪,其实在我看来,正是说明了它的与众不同之处。以此看来,西朱村曹魏大墓这件琥珀雕件和墓室壁画中的骑兽人物图也应具有辟邪的寓意。

既然明白了这件琥珀雕件的意义,那么它是如何使用的呢?查考史籍就会发现,早在西汉时期的文献中即有相关记载。

西汉人史游撰写的识字课本《急就篇》卷三中记载:

系臂琅玕虎魄龙,璧碧珠玑玫瑰瓮。颜师古注:"言以琥珀为韵,并取琅玕系着臂肘,取其媚好,且珍贵也。"①

这里的"琅玕"指的是像珠的美石或美玉。虎魄,即琥珀,亦作虎珀。这一句说的是,将琅玕系在臂肘上,佩戴用琥珀制作的龙。这样的打扮,华丽气派,还可以除凶灾而卫其身。

在新近公布的西朱村曹魏大墓出土的石牌上,铭文中有"珊瑚人车渠跳脱,缨,一具"。专家们注意到,这里的"跳脱",也是系臂的串饰,往往为琥珀、绿松石、黄金、水晶、煤精雕刻的狮子、辟邪串饰。这类串饰与丝绸之路有关,与伊朗有关。②

结合当时的风尚习俗及文献记载可知,这件琥珀骑翼兽雕件应是汉代以来系臂串饰中的一件,取辟邪之意。据此,前室壁画骑兽人物图与此寓意相同,是具有祥瑞的吉祥图案。

3. 石牌铭文中反映的其他与丝路相关的信息

我们注意到,2019 年 5 月 17 日,洛阳市文物考古研究院与郑州大学历史文化学院文化遗产保护中心联合召开的"西朱村曹魏大墓石牌文字专家讨论会"上,有专家提到墓中出土的石牌中还见有铭文"胡饼",它是烤馕、烧饼类。而中国饮食传统以蒸煮为主,烤饼、烤面包是西方传统。

① [汉]史游撰:《急就篇》,长沙:岳麓书院,1989 年,第 15 页。
② 澎湃新闻:《洛阳西朱村曹魏大墓的墓主是谁?》,2019 年 5 月 17 日报道。

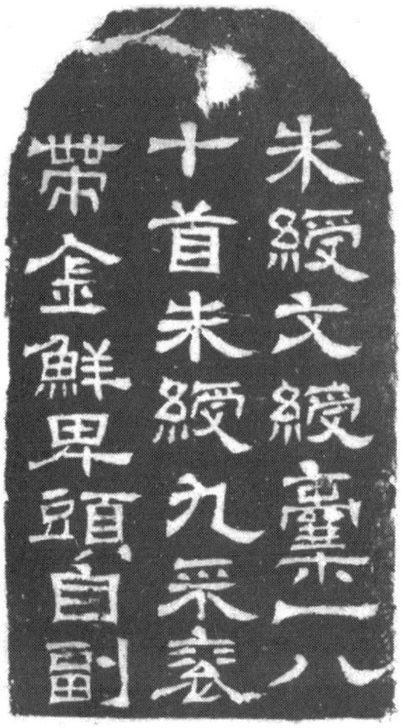

图 20　185 号石牌铭拓本
（洛阳市文物考古研究院供图）

蔡锦炎先生认为，签牌所记还有“九采衮带，金鲜卑头自副”（图 20）。“鲜卑头”，或作“犀比”“犀毗”，是少数民族用的黄金带钩。签牌记九采衮服的衣带，配有黄金制的“鲜卑头”（衣带钩）、玉琢的“鐍”（带扣），凸显华丽珍贵，只有帝王才配使用。①

铭文所记不少是来自丝绸之路的珍品，例如“海大斑螺四枚，丹绯[衣箱自副]”“海蓂二枚，丹绯衣，箱自副”“海终雷二枚，丹[绯]衣，箱自副”等，这里的“海”指从海外、外国传进来的（物品）。

此外，还有一块石牌铭文记为“碧寘”，即碧甸，乃绿松石的别名；另外一块石牌上还载有“于阗白玉四具，有扶鸡辟绞短铗一，衣、柙自副”，这里的于阗白玉即和田玉。于阗就是和田的古称，是古代丝绸之路上的重要一站，当地出产的玉石历代都被奉为珍品。这些都是重要的丝绸之路物品，是反映当时社会与西域交通畅达的重要历史遗物。

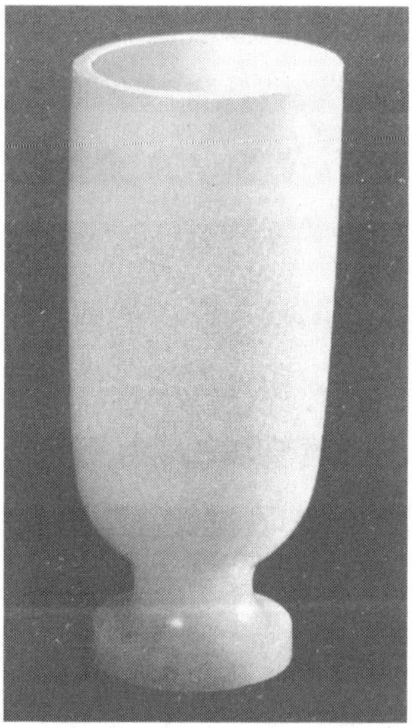

图 21　洛阳曹魏正始八年墓出土的白玉杯（图版采自洛阳市文物工作队编《洛阳出土文物集萃》图 59）

众所周知的洛阳曹魏正始八年（247 年）墓中出土的白玉杯，作为丝路来物，是这一时期洛阳与西域交通往来的历史证明。这件白玉杯口径 5.2 厘米，底径 4 厘米，通高 11.5 厘米，通体洁白，对光通透，有温润之感，通体光素无纹，曲线流畅优美（图 21）。②它由和田玉加工雕琢而成，是中原地区不多见的和田玉制品，是该时代难得的玉器珍品，造型上与三国时代推崇简朴之风的时代风尚相合。

① 澎湃新闻：《洛阳西朱村曹魏大墓的墓主是谁？》，2019 年 5 月 17 日报道。
② 洛阳市文物工作队编：《洛阳出土文物集萃》，北京：朝华出版社，1990 年，第 76 页。

尤为重要的是，随着西朱村大墓的发掘，有研究者认为，曹魏正始八年墓是与魏明帝高平陵相关的陪葬陵①，这件珍贵的西域来物，更可作为西朱村曹魏大墓出土琥珀雕件的文化证据，成为我们判断两墓中丝路要素的有力证明。

此外，石牌铭文中大量和海洋贝类相关的文字出现的频率也很高。通过这些物品可以看出，当时虽处三国乱世，陆上、海上丝绸之路都是畅通的。

二、西朱村曹魏大墓墓道朝向的丝路语汇

从调查和发掘情况看，西朱村 M1 曹魏大墓跟附近的 M2 大墓还存在一个奇特的关系，两座墓一座（M2）坐西向东，一座（M1）坐东向西，十分罕见地“背对背”。专家们在判定 M1 墓主身份时，对此不解故众说纷纭，这也为墓主的身份推定设置了很多障碍。

笔者认为，这恰恰是判断墓主人身份的有力标志和证据，M1 墓道朝西实则是指向郭皇后家乡的方位。

《三国志》记载，明元郭皇后，出身于河西大族，黄初元年（220 年），金城太守平定西平郡叛乱，临走时将郭氏带入皇宫，成为皇子曹叡的妾室。

明元郭皇后，西平人也，世河右大族。黄初中，本郡反叛，遂没入宫。明帝即位，甚见爱幸，拜为夫人。叔父立为骑都尉，从父芝为虎贲中郎将。帝疾困，遂立为皇后。齐王即位，尊后为皇太后，称永宁宫，追封谥太后父满为西都定侯，以立子建绍其爵。封太后母杜为郃阳君。芝迁散骑常侍、长水校尉〔魏略曰：诸郭之中，芝最壮直。先时自以他功封侯〕。立，宣德将军，皆封列侯。建兄德，出养甄氏。德及建俱为镇护将军，皆封列侯，并掌宿卫。值三主幼弱，宰辅统政，与夺大事，皆先咨启於太后而后施行。毌丘俭、锺会等作乱，咸假其命而以为辞焉。景元四年十二日崩，五年二月，葬高平陵西

① 韩国河：《洛阳西朱村曹魏墓考古发现及其学术价值》，《光明日报》2017 年 1 月 25 日，第 11 版。

〔晋诸公赞曰：建安叔始，有器局而强问，泰始中疾薨。子嘏嗣，为给事中〕。

评曰：魏后妃之家，虽云富贵，未有若衰汉乘非其据，宰割朝政者也。鉴往易轨，于斯为美。追观陈群之议，栈潜之论，適足以为百王之规典，垂宪范乎后叶矣。①

这短短的一段话，背后的历史颇耐人寻味，郭氏在曹魏两代历史上有着举足轻重的地位。我们不妨梳理一下其人生履历。

曹魏黄初七年（226年）五月十六日，曹丕病重，立儿子曹叡为皇太子。五月十七日，曹丕去世，曹叡继位，是为魏明帝。曹叡即位后，封贵嫔毛氏（明悼毛皇后）为皇后，郭氏受封夫人，但深得曹叡的宠幸，并任命她的伯父郭芝为虎贲中郎将，叔父郭立为骑都尉。景初二年（238年），曹叡立郭氏为皇后。

景初三年（239年）正月初一日，魏明帝病重，立养子齐王曹芳为太子，并命太尉司马懿和大将军曹爽辅佐朝政。当天，魏明帝去世，太子曹芳继位，尊皇后郭氏为皇太后，所居宫殿称永宁宫。并追谥皇太后郭氏的父亲郭满为西都定侯，以郭氏叔父郭立之子郭建承袭其爵位；封郭氏的母亲杜氏为郃阳君。郭氏的伯父郭芝调任散骑常侍、长水校尉，叔父郭立为宣德将军，皆封列侯。

曹魏正始八年（247年），大将军曹爽采纳何晏、邓飏、丁谧之计，软禁郭氏于永宁宫，郭氏和曹芳告别时相对哭泣。曹爽自此专权。

嘉平元年（249年），太傅司马懿以郭氏名义发动高平陵之变，诛杀曹爽，掌控朝政大权。

嘉平六年（254年），主政的司马师（司马懿长子）借郭氏的名义废黜曹芳并提出立曹据，但郭氏力主立魏明帝弟弟东海王曹霖之子曹髦为帝。曹芳被废后，郭氏历为曹髦、曹奂两朝皇太后。

---

① ［晋］陈寿撰、宋裴松之注，陈乃乾校点：《三国志》，北京：中华书局，1964年，第168—169页。

甘露五年(260年),主政的司马昭(司马懿次子,司马师之弟),借郭氏的名义追废遇弑的曹髦,并以普通百姓的礼节安葬。

景元四年(263年)十二月,郭氏去世。景元五年(264年)二月,上谥号为明元皇后,与魏明帝合葬于高平陵。

以上不厌其烦的列举是为了说明郭氏在曹魏末政坛的影响力,她不但生前作为两代皇太后,就连死后,毌丘俭、文钦举兵淮南也借其名,钟会在蜀地反叛亦称是奉其遗令。

再者,从郭氏的家族看,西平东汉建安中分金城郡置,隶属凉州。治所在西都(今青海西宁市),辖境相当今青海湟源、乐都间湟水流域地,属凉州刺史部,管辖西都、临羌、安夷和后新置的长宁县。

当我们以定制来判断墓葬朝向的时候,便不知不觉陷入固定模式,但在定制的背后,还有人文意态和宗教信仰等因素包含其中。试想一个在魏明帝在世时即得宠,并在其死后作为两代皇太后,在曹魏历史上举足轻重的人物,对于她的埋葬,一定是用了很高的规格,并充分考虑了其身前身后的各种因素而为。郭氏世代为河西大族,在中原生活多年,死后面向其家乡的方向,实为人之常情。

此种习俗在考古发现中也绝非独有,在洛阳唐代的考古发现中,有两座墓以违背常理的埋葬形式出现,其一是1955年在洛阳老城区北郊邙山岳家村发现的一座晚唐时期墓葬(M30)。该墓为土洞墓,墓道为长方竖井,朝向北,方向5度。墓室前窄后宽呈梯形,南北长2.3米,前宽1.3米,后宽1.6米。墓主尸骨共两具,位于墓室中央,西侧的一具保存较完整,呈头南足北,仰身直肢;东侧的一具非常零乱地置于偏东南处,似为迁葬。棺木不存,仅见棺钉26枚。随葬器物26件,均放在西侧人架的头部。计有瓷罐、陶盒、瓷盒、瓷胭脂盒及铜盒、铜镜各1件,蚌壳5个,最引人注目的是其中出土有17枚波斯萨珊王朝银币。①

另一座是1981年在洛阳南郊龙门东山发现的唐定远将军安菩与夫人何

① 赵国壁:《洛阳发现萨珊波斯朝银币》,《文物》1960年8、9期合刊,第94页。

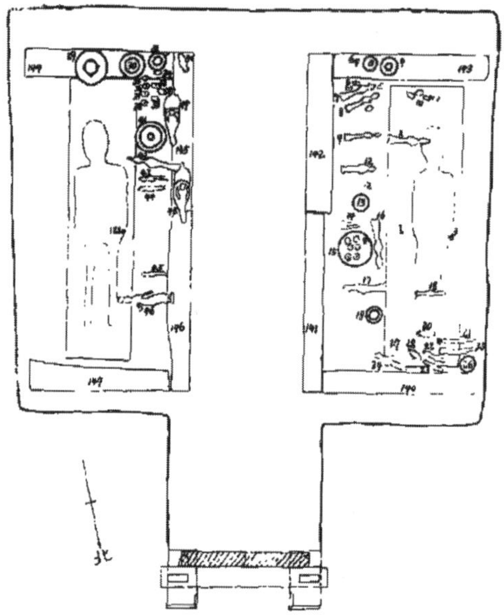

图 22 洛阳龙门唐安菩夫妇墓墓葬平面图（图片采自《洛阳龙门唐安菩夫妇墓》,《中原文物》1982 年第 3 期）

氏的合葬墓，该墓方向 168 度，其墓道口基本朝北，从现存遗迹可以确定，安菩夫妇二人头向皆朝南（图 22），[①]这在当时的中原文化墓葬中极其罕见。

有研究者认为，这两座墓存在的共性有二：第一，两者都是夫妻合葬，其中一方为迁葬。第二，两者的墓道皆向北。岳家村唐墓随葬有 17 枚萨珊银币，依据现在的研究成果，这些随葬的波斯银币并不是用于流通的，最有可能的意义是彰显其作为中亚粟特人身份的民族属性。因此这两座墓墓道向北的成因同墓主人的宗教信仰是分不开的。

从已经发掘的昭武九姓及其后裔贵族墓葬朝向来看，尽管它们都是朝南，但石重床、石堂却以东西向横置于墓室北侧，这种摆放也与汉地以南北向竖置于主墓室西侧的做法迥异，它使得放置其上的墓主人头向朝西。这一点，虞弘、史君、康业及安伽等墓皆不例外。[②]

与此相印证的是天水石马坪石棺床墓的墓向也是正北。该墓被证实其墓主人为昭武九姓的粟特人。[③]

另外，在洛阳当地的回族人中，至今还保留有墓道朝北的习俗，这些埋葬形式都具有表明其墓主身份和宗教信仰的象征意义。

据此，我们的考古工作者如果充分考虑其中的人文语汇，便不至于固步

① 洛阳市文物工作队:《洛阳龙门唐安菩夫妇墓》,《中原文物》1982 年第 3 期，第 21—41 页。
② 沈睿文:《重读安菩墓》,《故宫博物院院刊》2009 年第 4 期，第 6—21 页。
③ 天水市博物馆:《天水市发现隋唐屏风石棺床墓》,《考古》1992 年第 1 期，第 46—54 页。

自封,陷入无法自圆其说的泥潭。

我们注意到,在近日召开的讨论会上,发掘者认为“这座墓的墓主,极有可能是魏明帝曹叡极其宠爱,但未满周岁便夭折的女儿——平原懿公主曹淑”,对此,我们认为,如若如此,那么墓葬背后的人文因素更是需要多加考虑的内容之一。

三、东汉曹魏时期对敦煌的经营与丝路的畅通

西朱村曹魏大墓出土的琥珀雕件及其壁画中的有翼兽形象,还有诸多的丝路信息,作为与丝路密切相关的文化遗产,有其相应的时代背景。

中原王庭在东汉至曹魏时期对西域的开拓经营,使这一时期的丝绸之路畅通无阻,成为西来的经商者络绎不绝的有效保证。

史书记载:

莎车国,西经蒲犁、无雷至大月氏,东去洛阳万九百五十里。匈奴单于因王莽之乱掠有西域,唯莎车王延最强,不肯附属。元帝时,尝为侍子,长于京师,慕乐中国,亦复参其典法。常敕诸子,当世奉汉家,不可负也。天凤五年(18年),延死,谥忠武王,子康代立。

光武初,康率旁国拒匈奴,拥卫故都护吏士妻子千余口,檄书河西,问中国动静,自陈思慕汉家。建武五年(29年),河西大将军窦融乃承制立康为汉莎车建功怀德王、西域大都尉,五十五国皆属焉。九年(33年),康死,谥宣成王。弟贤代立,攻破拘弥、西夜国,皆杀其王,而立其兄康两子为拘弥、西夜王。十四年(38年),贤与鄯善王安并遣使诣阙贡献,于是西域始通。葱岭以东诸国皆属贤。十七年(41年),贤复遣使奉献,请都护。①

① [南朝]范晔:《后汉书》卷八八《西域传》,北京:中华书局,1965年,第2923页。

东汉外戚梁冀，父商，曾“献美人友通期于顺帝”[①]，唐人李贤等引《东观汉记》注“友通期”曰“支通期”者，可见其为月支来华的胡姬。

《后汉书》卷三四《梁冀传》记载：

> 梁冀曾“遣客出塞，交通外国，广求异物……远致汗血名马。又广开园囿，采土筑山，十里九坂，以象二崤。深林绝涧，有若自然。奇禽驯兽，飞走其间。……又多拓林苑，禁同王家。西至弘农，东界荥阳，南极鲁阳，北达河、淇。包含山薮，远带丘荒，周旋封域，殆将千里。又起菟苑于河南城西，经亘数十里，发属县卒徒，缮修楼观，数年乃成。移檄所在，调发生兔，刻其毛以为识。人有犯者，罪至刑死。尝有西域贾胡，不知禁忌，误杀一兔，转相告言，坐死者十余人”。[②]

从中透露出东汉时代洛阳地区域外胡人众多。

史载灵帝熹平四年（175 年），东汉王庭遣戊己校尉及西域长史合兵阻断于阗王安国对拘弥的侵犯。这是东汉最后一次维持西域政治秩序，以确保中外交通的稳定，显示出东汉帝国在丝路沿途的文治武功及其卓越成效。

曹魏时期，对丝路经营的不断加强，最主要的表现是在对敦煌的经营上。

《三国志·仓慈传》记载，227 年，魏明帝给敦煌派了一个新的太守，名叫仓慈，他用心经营治理丝路，创建了一个保证丝绸之路商人盈利的商业模式，此后的太守也都遵循这个模式，使敦煌继续保持丝路贸易的繁荣和畅通。

> 太和（227—232 年）中迁敦煌太守。郡在西陲，以丧乱隔绝，旷无太守二十岁，大姓雄张，遂以为俗。……常日西域杂胡欲来贡献，而诸豪族多逆断绝。既与贸迁，欺诈侮易，多不得分明。胡常怨望，慈皆劳之。欲之洛者，

---

① [南朝]范晔：《后汉书》卷三四《梁冀传》，北京：中华书局，1965 年，第 1180 页。
② [南朝]范晔：《后汉书》卷三四《梁冀传》，北京：中华书局，1965 年，第 1181—1182 页。

为封过所；欲从郡还者，官为平取，辄以府见物与共交市，使吏民护送道路，由是民夷翕然称其德惠。数年卒官，吏民悲感如丧亲戚，图画其形，思其遗像。及西域诸胡闻慈死，悉共会聚于戊己校尉及长史治下发哀。或有以刀画面，以明血诚。又为立祠，遥共祠之。①

仓慈对胡商的保护措施，大大促进了魏与西域诸国之间的商业发展。魏明帝时的凉州刺史徐邈，对当地人民和西域胡商也采取宽松措施：

徐邈字景山，燕国蓟人也。太祖平河朔，召为丞相军谋掾，试守奉高令，入为东曹议令史。魏国初建，为尚书郎。……明帝以凉州绝远，南接蜀寇，以邈为凉州刺史，使持节领护羌校尉。至，值诸葛亮出祁山，陇右三郡反，邈辄遣参军及金城太守等击南安贼，破之。河右少雨，常苦乏谷，邈上修武威、酒泉盐池以收虏谷，又广开水田，募贫民佃之，家家丰足，仓库盈溢。乃支度州界军用之余，以市金帛犬马，通供中国之费。以渐收敛民间私仗，藏之府库。然后率以仁义，立学明训，禁厚葬，断淫祀，进善黜恶，风化大行，百姓归心焉。西域流通，荒戎入贡，皆邈勋也。讨叛羌柯吾有功，封都亭侯，邑三百户，加建威将军。邈与羌、胡从事，不问小过；若犯大罪，先告部帅，使知，应死者乃斩以徇，是以信服畏威。赏赐皆散与将士，无入家者，妻子衣食不充；天子闻而嘉之，随时供给其家。弹邪绳枉，州界肃清。②

这一切表明，魏明帝时期，曹魏与西域诸国的政治、经济交往是逐渐加强的，呈现一派兴旺之态。

随着中原王朝对西域经营的推进，三国时代的中外交通遂有日复繁荣的气象。

① ［晋］陈寿：《三国志》卷一六《仓慈传》，北京：中华书局，1982年，第512—513页。
② ［晋］陈寿：《三国志》卷二七《徐邈志》，北京：中华书局，1982年，第739—740页。

史载:“魏兴,西域虽不能尽至,其大国龟兹、于阗、康居、乌孙、疏勒、月氏、鄯善、车师之属,无岁不奉朝贡,略如汉氏故事。”①

《三国志》注引《魏略·西戎传》记:

西域诸国,汉初开其道,时有三十六,后分为五十余。从建武以来,更相吞灭,于今有二十道。从敦煌玉门关入西域,前有二道,今有三道。从玉门关西出,经婼羌转西,越葱岭,经悬度,入大月氏,为南道。从玉门关西出,发都护井,回三陇沙北头,经居卢仓,从沙西井转西北,过龙堆,到故楼兰,转西诣龟兹,至葱岭,为中道。从玉门关西北出,经横坑,辟三陇沙及龙堆,出五船北,到车师界戊己校尉所治高昌,转西与中道合龟兹,为新道。……南道西行,且志国、小宛国、精绝国、楼兰国皆并属鄯善也。戎卢国、扜弥国、渠勒国、皮山国皆并属于阗国。罽宾国、大夏国、高附国、天竺国皆并属大月氏。临儿国,《浮屠经》云,其国王生浮屠。浮屠太子也。……中道西行尉梨国、危须国、山王国皆并属焉耆。姑墨国、温宿国、尉头国皆并属龟兹。桢中国、莎车国、竭石国、渠沙国、西夜国、依耐国、满犁国、亿若国、榆令国、捐毒国、休修国、琴国皆并属疏勒。自是以西,大宛、安息、条支、乌弋。乌弋一名排特。此四国次在西,本国也,无增损。前世谬以为条支在大秦西,今其实在东。前世又谬以为强于安息,今更役属之,号为安息西界。前世又谬以为弱水在条支西,今弱水在大秦西。前世又谬以为从条支西行二百余日,近日所入,今从大秦西近日所入。

北新道西行,至东且弥国、西且弥国、单桓国、毕陆国、蒲陆国、乌贪国,皆并属车师后部王。王治于赖城,魏赐其王壹多杂守魏侍中,号大都尉,受魏王印。转西北则乌孙、康居,本国无增损也。北乌伊别国,在康居北,又有柳国,又有岩国,又有奄蔡国,一名阿兰,皆与康居同俗。西与大秦、东南与康居接。其国多名貂,畜牧逐水草,临大泽,故时羁属康居,今不

① [晋]陈寿:《三国志》卷三〇《东夷传》,北京:中华书局,1982年,第840页。

属也。

呼得国在葱岭北、乌孙西北、康居东北,胜兵万余人,随畜牧,出好马,有貂。坚昆国在康居西北,胜兵三万人,随畜牧,亦多貂,有好马。丁令国在康居北,胜兵六万人,随畜牧,出名鼠皮,白昆子、青昆子皮。此上三国,坚昆中央,俱去匈奴单于庭安习水七千里,南去车师六国五千里,西南去康居界三千里,西去康居王治八千里……①

《魏略·西戎传》中对西域道里方位、风物制度有如此详尽的描述,足以表明当时人对西方社会的了解之甚。其中关于大秦国"又常利得中国丝,解以为胡绫,故数与安息诸国交市于海中"的叙述及其魏赐车师后部王"壹多杂守魏侍中,号大都尉,受魏王印"的记事,则直接透露了曹魏时期中原地区与西域诸国从事经济、政治交往的事实。

史载明帝太和三年(229 年)十二月,"癸卯,大月支王波调遣使奉献。以调为亲魏大月支王"②。

其后少帝景初三年(239 年)"二月,西域重译献火浣布。诏大将军(曹爽)、太尉(司马懿)临试以示百僚"③。

齐王正始四年(243 年),"冬十二月,倭国女王俾弥呼遣使奉献"④。

这一时期洛阳的考古发现也印证了史书记载的确实可信。1982 年,洛阳博物馆征集到一方出土于义马北郊的"魏匈奴率善仟长"铜印,这枚"魏匈奴率善仟长"官印出土于洛阳以西,正在洛阳通往西域的必经之路上,不难想象当时匈奴等五部胡人络绎往来中原的景况。

国内以往文物系列中所见 "魏率善胡仟长""魏率善胡佰长""魏率善胡邑长""魏匈奴率善佰长""魏率善氐仟长""魏率善氐佰长""魏率善羌仟长""魏率

① [晋]陈寿:《三国志·魏书》卷三〇注引鱼豢:《魏略·西戎传》,北京:中华书局,1982 年,第 858—863 页。
② [晋]陈寿:《三国志》卷三《明帝纪》,北京:中华书局,1982 年,第 97 页。
③ [晋]陈寿:《三国志》卷四《少帝纪》,北京:中华书局,1982 年,第 117 页。
④ [晋]陈寿:《三国志》卷四《少帝纪》,北京:中华书局,1982 年,第 120 页。

善羌佰长”“魏屠各率善仟长”“魏屠各率善佰长”“魏蛮夷率善仟长”“魏蛮夷率善邑长”等诸胡官印的出土，也都折射出当时汉胡政治联系之密切。[①]

前述洛阳曹魏正始八年墓出土的白玉杯，作为丝路来物，也是这一时期洛阳与西域交通往来的历史证明。

四、余论

西朱村曹魏大墓的发现，不仅是考古学上的重要发现，其仅存的文物也透露了曹魏时期丝路的重新兴盛和洛阳与西域的政治经济往来。琥珀这种来自地中海的材料，在汉代经由丝路商贸流入中原，成为皇室及贵族的珍贵装饰品。雕件的造型和同墓中残存的人骑鹿形象，也印证了取自西域流行的有翼兽造型，但骑兽形象以中国传统的羊和鹿取代，取吉祥辟邪之意，是中西文化交流的直接结果。

另外，西朱村大墓的墓道朝向不同于其他墓葬，而是选取了墓道西向，这与墓主元明郭皇后来自河西大族有关，体现了规制背后极大的人文意态，同时，也反证了墓主人极有可能是来自河右世家的明元郭皇后。

总之，西朱村曹魏大墓背后的未解之谜，为我们研究中西文化交流和丝路往来的人文情态提供了难得的实物资料，值得进一步深入探讨。

---

① 上海博物馆编：《上海博物馆藏印选》，上海：上海书画出版社，1979 年，第 74 页、75 页、76 页、77 页、80 页；又参见康殷、任兆凤：《印典》所录之图版，北京：国际文化出版公司，1993 年。

洛阳博物馆藏“晋归义胡王”金印与丝绸之路上的民族往来

洛阳博物馆藏有“晋归义胡王”金印一枚，通高 2.6 厘米，长、宽各 2.2 厘米；重 83.2 克，含金量 70%。印面呈正方形，阴刻白文篆书“晋归义胡王”五字，印钮作驼形。此印为 20 世纪 40 年代孟津商人在甘肃从古董商手中购得，1973 年交由洛阳博物馆收藏（图 1、图 2）。

对于这枚金印所载“胡王”的民族身份，不少学者认为系指当时北方的少数民族匈奴。且进一步分析认为，因这枚印章在甘肃得来，所指胡王应当为晋

图 1　洛阳博物馆藏 “晋归义胡王”金印（洛阳市文物局提供）

图 2　洛阳博物馆藏“晋归义胡王”金印印面（洛阳市文物局提供）

帝所封居住在凉州的匈奴首领。[①]

其实，洛阳发现汉魏时期的官印还有不少，仅在汉魏洛阳故城便一次性发现有六十余枚古代的官印。[②]

我们认为，这枚“晋归义胡王”金印以及其后发现的“胡王”金印所指的“胡王”，并非称雄漠北的匈奴可汗，而是指来自西域的粟特胡人的大首领。这枚金印即是西晋王朝（281—316年）颁发给西域粟特胡人王庭的印信。

由于国内西晋文物遗迹的匮乏，这件“涉胡”文物的历史价值就愈发显得珍贵。有鉴于此，我们有必要对这件珍贵文物的文化内涵及其时代背景做一初步的探讨。

一、魏晋以降“匈奴”与“胡”各有不同的指称

人们知道，“匈奴”与“胡”，在战国时代是各有分指的。“匈奴”的内涵指向十分明确，而“胡”则泛指漠北以西广大草原的游牧部落。自西汉初叶以来，史家竟将二者屡屡混淆，铸成误会。如《史记》即以“匈奴”指代战国的“诸胡”，这代表了西汉时人对二者认识的混沌。司马迁正是利用汉初时期人们的观念来解释旧史，同时这也恰恰反映了匈奴鲜卑化或东胡化的历史事实。

但东汉以来，政府对胡人和匈奴人的区分是十分清楚的，“胡”指西来的粟特人，而“匈奴”鲜有用“胡”来指代的例证。

全国各地的出土文物屡次证实，魏晋时期，“匈奴”与“胡”各有指称，并不能相互代替。

1982年，洛阳博物馆征集到一枚“魏匈奴率善仟长”铜印（图3）[③]，这不仅反映了曹魏时期匈奴势力南下与中原交好的史实，更从出土文物角度直接证实魏晋之际中原社会对“匈奴”民族身份的认定。全国出土并见于著录的同

① 贺官保、陈长安：《洛阳博物馆藏官印考》，《文物》1980年第12期，第56—60页。

② 赵安杰：《汉魏洛阳故城发现六十余枚汉代官印》，《文物》1984年第5期，第93页。

③ 苏健：《洛阳博物馆藏印拾零》，《中原文物》1993年第4期，第106—109页。

时期少数民族铜印中，有“魏乌丸率善伯长”“魏率善羌伯长”“魏率善氐邑长”“魏率善氐佰长”，还有“魏率善氐仟长”“魏率善羌仟长”“魏率善胡邑长”“魏率善胡仟长”“魏率善胡佰长”“魏乌丸率善佰长”“魏屠各率善仟长”“魏屠各率善佰长”“魏率善氐仟长”“魏蛮夷率善仟长”“魏蛮夷率善邑长”“魏匈奴率善佰长”等[①]，它们共同反映出曹魏政府与当时北方少数民族往来频繁的时代背景。

图 3　洛阳博物馆征集“魏匈奴率善仟长”铜印印文（图片采自《洛阳博物馆藏官印考》，《文物》1980 年第 12 期）

考古资料显示，迄今发现的西晋王室颁发给周边异族的印信，计有“晋归义胡侯”“晋率善胡仟长”“晋率善胡佰长”“晋支胡率善仟长”“晋匈奴率善佰长”“晋匈奴归义王”“晋鲜卑归义侯”“晋屠各率善佰长”“亲晋羌王”“晋归义羌王”“亲晋氐王”“晋归义氐王”“晋蛮夷王”“晋蛮夷归义王”“晋蛮夷归义侯”“晋蛮夷率善仟长”“晋蛮夷率善佰长”等（图 4），这些铜印均有出土实物可以印证。[②]

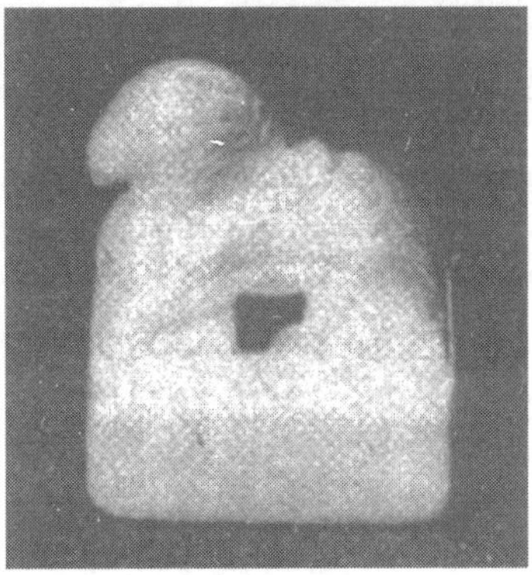

图 4　首都博物馆藏 “晋匈奴归义王”金印

上述这几组官印里，“匈奴”与“胡”都有分别的称谓，向我们昭示出从曹魏到西晋时期，中原政府对二者的区分是明确而清晰的。

① 郭沫若：《中国史稿》第三册及中国历史博物馆《简明中国历史图册》第五册；罗福颐主编：《故宫博物院藏古玺印选》，北京：文物出版社，1982 年。

② 上海博物馆编：《上海博物馆藏印选》，上海：上海书画出版社，1979 年第 77 页、80 页；姜东方：《“晋匈奴归义王”金印》，《文物》1988 年第 6 期，第 37 页；陕西省文管会、博物馆陈全方：《陕西出土的一批古代印章资料介绍》，《文物资料丛刊》1977 年第 1 期，第 192 页；《汉铜印丛》卷八，北京：中华书局，1962 年新一版第三册，第 14 页；康殷、任兆凤辑：《印典》中所辑汉晋官印各例，北京：国际文化出版公司，1993 年；张锡瑛：《中国古代印玺》，朱印图版“东汉魏晋少数民族官印”，北京：地质出版社，2002 年，第 38 页。

值得一书的是，“晋归义胡王”等印，出土遗物中已有一印多例的发现，可见西晋王朝对于西域绿洲同一胡人部落的印信颁发不止一次。

此外，迄今发现与诸“胡”有关的出土文物，都向人们透露出西域诸胡沟通中原地区的人文时态。

1996 年 8 月，山东滕州夏楼村晋元康九年墓出土了六件陶俑，内有胡俑两件，“头戴高冠，凹眼高鼻，有唇髭……”其中 M∶1 号俑，高 34 厘米，脚穿前部翘起的尖头鞋，背部刻一“胡”字。从其外貌形象和衣着装扮的人类学意象来看，具有明显的粟特胡人的特征（图 5）。①

图 4-1　首都博物馆藏“晋匈奴归义王”金印印文

图 4-2　晋匈奴率善佰长

图 4-3　亲晋羌王

图 4-4　晋鲜卑归义侯

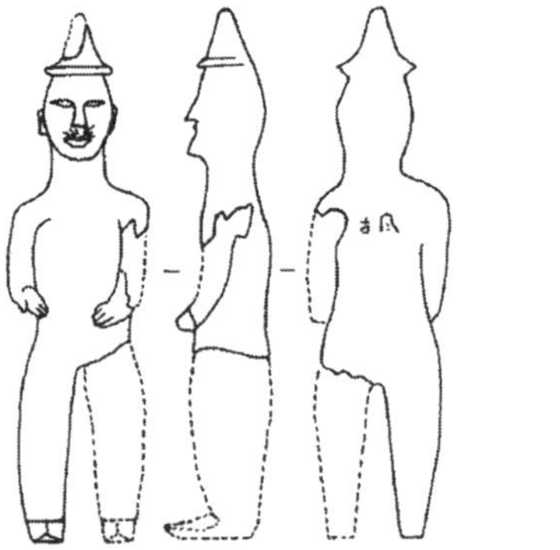

图 5　山东滕州夏楼村晋元康九年墓出土胡俑背部的“胡”字（图片采自《山东滕州市西晋元康九年墓》，《考古》1999 年第 12 期）

① 滕州市文化局、滕州市博物馆：《山东滕州市西晋元康九年墓》，《考古》1999 年第 12 期，第 38—44 页。

这一文物实例说明,往来丝绸之路上的具有高鼻深目人体形象的行者,应确指粟特诸胡一类兴贩从业者。

1907 年,英国探险家斯坦因在敦煌烽燧遗址中发掘到一组西晋末年(312 年前后)的粟特文书信。这些文书是移居凉州的粟特人写给故乡撒马尔罕贵人的书信。信中谈到,在东至洛阳、西到敦煌的广大地区都有粟特商团从事丝绸等物的长途贩运。[①]

1964 年,新疆吐鲁番阿斯塔那遗址延昌二十九年(589 年)唐绍伯墓出土了一件绣有"胡王"汉字的牵驼纹织锦(图 6)。[②]说明即使在隋末时期,在丝路绿洲沿线从事丝绸贸易的粟特兴贩仍向往着与本部"胡王"的经济贸易——由此可见,古代丝绸之路上的贸易往来,有着各行各业明显的行为针对性。

图 6 胡王织锦(图版采自《吐鲁番阿斯塔那——哈拉和卓古墓群发掘简报》,《文物》1973 年第 10 期)

至有唐一代,粟特人仍被视为胡人。史书中有突厥"其书字类胡,而不知年历,惟以草青为记"[③]的记载,即是有力的证据。

这里称突厥文字"类胡",从历史史实可知,此时匈奴已不复存在,此"胡"断没有指匈奴的可能,很显然,它是指与之关系密切的西来粟特人。

1889 年由俄国学者雅德林采夫在今蒙古国和硕柴达木湖畔发现的《阙特

① 荣进江:《北朝隋唐粟特人之迁徙及其聚落》,《中古中国与外来文明》,北京:生活·读书·新知三联书店,2001 年,第 54—55 页。

② 新疆维吾尔自治区博物馆:《吐鲁番阿斯塔那——哈拉和卓古墓群发掘简报》,《文物》1973 年第 10 期,第 7—27 页;新疆社会科学院考古研究所:《新疆考古三十年》,乌鲁木齐:新疆人民出版社,1983 年,第 87 页。

③ [北宋]乐史:《太平寰宇记》卷一九六《突厥下》,北京:中华书局,2007 年,第 3795 页。

勤碑》，石碑是第二突厥汗国的颉跌利施可汗之子毗伽可汗在公元732年，为纪念其亡弟阙特勤的功勋所建立的。阙特勤碑文是保存较好、字数最多的突厥文碑铭文献之一，碑文中说："阙特勤十六岁时，为了我叔可汗的国家，他完成了他的丰功伟绩：征伐六胡州。汉人的王都督（率领）五（万人马前来，我们交战了），阙特勤徒步出击。他俘获了手执武器的都督内弟，然后将全部俘虏及战利品献给了我。我们在那里歼灭了这支军队。"这里用的"六胡州"，在唐朝史籍中，"调露元年（679年）于灵州南界置鲁、丽、含、塞、依、契等六州，以处突厥降户，时人谓之'六胡州'"。[①] "六胡州"意指随突厥降唐的粟特胡人。

另外，有学者认为，在唐朝文献中常常出现的胡部、胡户、胡人、杂胡、兴胡、贾胡、胡王、胡将军、胡骑、胡马、胡服、胡锦、胡语、胡乐、胡曲、胡神、胡祝等，大多指粟特胡人。因为从中原人的角度，他们见到的、听到的北方少数民族的人和事，以粟特部最为众多，因此，以"胡"特指粟特人理所当然。[②]

由此，我们完全有理由相信，在中原人眼中，"胡"与"匈奴"各有特定的指称，由中原政府颁发的"胡"印中，"胡"也大多是西域粟特胡人之谓，这种称谓之别，从曹魏直至中唐以后依然如故。

二、西晋时期西域胡人、匈奴部落往来中原的文献例证

大量的文献记载表明，西晋王朝的初期，随着丝绸之路的拓展，大量西域胡人部落往来于中原，八方来仪、无远弗届，边藩归义之事不绝于史籍。

史载太康元年（280年），"八月，车师前部遣子入侍"[③]。

太康四年（283年），"八月，鄯善国遣子入侍，假其归义侯"[④]。

太康五年（284年）十二月庚午，"林邑、大秦国各遣使来献"[⑤]。

---

① ［唐］李吉甫撰：《元和郡县图志》卷四"关内道新宥州"，北京：中华书局，1983年，第106页。

② 荣新江：《何谓胡人——隋唐时期胡人族属的自认与他认》，载于《乾陵文化研究（四）丝路胡人与唐代文化交流学术讨论会论文集》，西安：三秦出版社，2008年，第3—9页。

③ ［唐］房玄龄等：《晋书》卷三《武帝纪》，北京：中华书局，1974年，第72页。

④ ［唐］房玄龄等：《晋书》卷三《武帝纪》，北京：中华书局，1974年，第75页。

⑤ ［唐］房玄龄等：《晋书》卷三《武帝纪》，北京：中华书局，1974年，第75页。

太康六年(285 年)冬十月,“龟兹、焉耆国遣子入侍”[①]。

太康八年(287 年)十二月,“南夷扶南、西域康居国各遣使来献”[②]。

“武帝太康(280—289 年)中,(焉耆)王龙安遣子入侍。”[③]

康居国“泰始(265—274 年)中,其王那鼻遣使上封事,并献善马”[④]。

对于来华的西域各部,西晋政府往往以印信颁赐,予以册封,见诸上述印章中不同类别的官名便可见一斑。

此时,晋与匈奴也多有交好,文献中对此也有相应的记载,史载:“泰始元年(265 年)冬十二月丙寅,设坛于南郊,百僚在位及匈奴南单于四夷会者数万人。”[⑤]

上述西晋时期文献中对于匈奴与胡的区分,印证了我们对二者族别的基本判定。

三、从出土文物和历史文献看“晋归义胡王”金印的人文背景

与“晋归义胡王”金印折射西晋时期西域粟特胡人与中原交好的史迹相印证,洛阳地区出土的其他一些文物实例亦向我们展示了西晋时期中西频繁交流的社会情态。

1931 年,洛阳汉魏故城遗址中发现了西晋咸宁四年(278 年)所立的辟雍碑。该碑高 3.32 米,宽 1.1 米,系用一整体石块所凿成。碑首有蟠龙伏绕,正面碑额隶书“大晋龙兴皇帝三临辟雍皇太子又再莅之盛德隆熙之碑”共 23 字。碑文隶书 30 行,行满 55 字,记载了晋武帝司马炎及皇太子司马衷亲临辟雍视察的事迹。

碑文中记载:

戎夏既泰,九域无事,以儒术久替,古典未隆,乃兴道教,以熙帝载。廓

① [唐]房玄龄等:《晋书》卷三《武帝纪》,北京:中华书局,1974 年,第 76 页。
② [唐]房玄龄等:《晋书》卷三《武帝纪》,北京:中华书局,1974 年,第 78 页。
③ [唐]房玄龄等:《晋书》卷九七《四夷传》,北京:中华书局,1974 年,第 2542 页。
④ [唐]房玄龄等:《晋书》卷九七《康居国传》,北京:中华书局,1974 年,第 2544 页。
⑤ [唐]房玄龄等:《晋书》卷三《武帝纪》,北京:中华书局,1974 年,第 50 页。

图 7 西晋辟雍碑拓片(郭宏涛先生提供)

开太学,广延群生,天下鳞萃,远方慕训,东越于海,西及流沙,并时集至,万有余人。

碑阴分十排依次刻出太学学官、博士、助教、礼生、弟子等的职衔、籍贯、姓名,共四百余人。他们来自西晋全国 15 个州 70 余县。其中有“散生西域朱乔生建、散生西域王迈世光、散生西域隗景大卿……散生敦煌马训子道”的题名,表明其分别来自西域交河地区和敦煌等地(图 7、图 8)。①

清代嘉庆年间,在洛阳一口古井中发现了一件西晋初年的韩寿墓表残石。墓表呈圆柱体,用青灰色碳酸岩制作,残高 1.13 米、直径 0.33 米。底平,顶有榫头。通体纵刻 24 条凹槽,中部偏上处为一外凸的方形石面,面高 48 厘米、残宽 32 厘米,内刻“晋故散骑常侍骠骑将军南阳堵阳韩府君墓神道”共 20 个字,单个字迹长 9 厘米左右,字形略呈长方形。面下与柱顶各刻二周绳索纹。

图 8 西晋辟雍碑(正面碑首)(洛阳市文物局提供)

这件圆柱因其两端残破而未见柱础,从其顶部有榫头这一点来考察,原件应由多节拼成。这件墓表最为

① 余嘉锡:《晋辟雍碑考证》,载于《余嘉锡论学杂著》,第 133 页,北京:中华书局,1963 年;张乃翥:《〈三临辟雍碑〉与晋武之文教视野》,载于《中外关系史:新史料与新问题》,北京:科学出版社,2004 年,第 163—171 页。

重要的建筑学特征，是其柱身表面从上到下分段镌刻的 16 和 24 条纵向沟槽（图 9）。

迄今为止，这件墓表的造型在洛阳出土文物中独树一帜，绝无仅有，带有鲜明的希腊罗马柱式的特征。

征诸文献史料，我们知道韩寿卒于惠帝元康（291—299 年）初，其墓表造型带有浓郁的西域建筑风格，表明西晋时期的洛阳，因中外文化交流的畅达，饱受胡风湮染的历史事实，这从以下两例新出土文物的信息背景中可以窥见一斑。

图 9　洛阳出土西晋韩寿墓表（洛阳博物馆提供）

西安大唐西市博物馆近年收藏洛阳出土的《大唐故处士安公康夫人墓志并序》石刻，记载墓主康敦“夫人讳敦，其先康居国人也，晋泰始年中（265—274 年）奉表献真珠宝物，因留子孙，遂为河南洛阳人焉”[①]。这是西晋初年粟特康国胡人向中原王朝进贡珠宝而留寓洛阳的实例，其子孙遂得占籍为洛阳人。又从其丈夫的姓氏，可以判断其是原籍布哈拉绿洲的安国人。

考古发掘出土的西晋胡俑更形象地反映了西晋时期胡人络绎东来的史实。

2003 年冬，文物部门在洛阳偃师县西侧首阳山南麓发掘了一座永康元年（300 年）的西晋墓。墓中出土陶俑、陶房、陶磨、陶碗、陶碓、陶牛、陶鸡、陶狗、陶车轮、陶空柱盘、陶灯、陶盾及铜质饰件等诸多陪葬明器外，另有楔形铭文砖一件，镌刻墓铭 3 行 17 字：“永康元年二月廿一日，安文明妻支伯姬丧。”[②]（图 10）

从刻铭砖透露墓主的姓氏信息，我们认为墓主夫妇来自安国粟特胡人与月氏胡人的家庭。它们无疑从一个侧面透露了中原王朝西域胡人部落频繁往

---

① 毛阳光、余扶危：《洛阳流散唐代墓志汇编》（上下册），北京：国家图书馆出版社，2013 年，图 37。

② 洛阳市第二文物工作队、偃师商城博物馆：《河南偃师西晋支伯姬墓发掘简报》，《文物》2009 年第 3 期，第 36—40 页。

图 10　偃师西晋支伯姬墓出土铭文砖拓片（图片采自《河南偃师西晋支伯姬墓发掘简报》，《文物》2009 年第 3 期）

来并相互影响的真实情景。

西晋时期，更有许多西域或天竺的高僧来到洛阳，我们从史籍记载中遴选一二，以兹显示丝路兴盛年代中外社会在意识形态领域内相互沟通的历程。

永嘉四年（310 年），天竺僧人“佛图澄者，西域人也，本姓帛氏。少出家，清真务学，诵经数百万言，善解文义。……自云再到罽宾受诲名师，西域咸称得道。以晋怀帝永嘉四年（310 年）来适洛阳，志弘大法。善诵神咒，能役使鬼物。……欲于洛阳立寺，值刘曜寇斥洛台，帝京扰乱，澄立寺之志遂不果。乃潜泽草野，以观时变。时石勒屯兵葛陂，专以杀戮为威，沙门遇害者甚众。澄悯念苍生，欲以道化勒，于是杖策到军门。……勒由此信服。……于是中州胡、晋略皆奉佛”①。

晋时又有胡沙门“犍陀勒者，本西域人，来至洛阳积年”，后于洛阳东南槃鵄山创复伽蓝，驻锡寺主，辄显灵异。②

别有沙门“耆域者，天竺人也。周流华戎，靡有常所，而倜傥神奇，任性忽俗。迹行不恒，时人莫之能测。自发天竺，至于扶南，经诸海滨；爰及交广，并有灵异。……以晋惠之末，至于洛阳。诸道人悉为作礼，域胡踞晏然，不动容色。……又叽诸众僧，谓衣服华丽，不应素法。见洛阳宫城云：‘仿佛似忉利天宫，但自然与之与人事不同耳。’域谓沙门耆阇蜜曰：‘匠此宫者从忉利天来，成便还天上矣。屋脊瓦下，应有千五百作器。’时咸云，昔闻此匠实以作器著瓦下。又云，宫成之

① ［南朝］慧皎：《高僧传》卷九《佛图澄传》，北京：中华书局，1992 年，第 345—357 页。
② ［南朝］慧皎：《高僧传》卷十《晋洛阳磐鵄山犍陀勒传》，北京：中华书局，1992 年，第 369 页。

后，寻被害焉。时衡阳太守南阳滕永文在洛，寄住满水寺。得病经年不差，两脚挛屈不能起行。域往看之，曰：‘君欲得病疾差不？’因取净水一杯，杨柳一枝，便以杨柳拂水，举手向永文而咒，如此者三。因以手搦永文两膝令起，即起行步如故。……洛阳兵乱，辞还天竺。洛中沙门竺法行者，高足僧也。时人方之乐令，因请域曰：‘上人既得道之僧，愿留一言，以为永诫。’域曰：‘可普会众人也。’众既集，域升高座曰：‘守口摄身意，慎莫犯众恶。修行一切善，如是得度世。’言讫便禅默。……于是辞去，数百人各请域中食，域皆许往。……既发，诸道人送至河南城。……既还西域，不知所终”①。

“《等目菩萨经》二卷……及《菩萨斋法》一卷等六十四部，凡一百一十六卷……晋武帝时沙门竺法护到西域得胡本还，自泰始(265—274 年)中至怀帝永嘉二年(308 年)以前译出。”②

纵观有晋一代，中原王朝上承汉魏余绪，因诸文功武治，与四方番夷接与频频，络绎交好，这从出土的超过汉魏总和的涉胡印信即可得到一定的说明。当其之时，洛阳作为晋室都城的所在地，留下了为数众多带有强烈时代特征的文化遗产。本文列述的一些涉及域外文明信息的历史遗迹，正从丝绸之路人文交流的微观视域，为我们展示当年洛阳与西域胡人缤纷多彩的民族往来与文化交融。

---

① [南朝]慧皎：《高僧传》卷九《晋洛阳耆域传》，北京：中华书局，1992 年，第 364—366 页。
② [南朝]僧祐：《出三藏记集》卷二，《大正藏》，第五十五册，中国台北：新文丰出版公司，1994 年，第 9 页。

洛阳地区两座鲜卑墓葬的文化学检讨

1986年、2007年，洛阳考古工作者分别在涧西区和吉利区发现了两座不属于中原传统葬制的墓葬，其族属及葬制具有典型的鲜卑风格。但因为缺乏深入挖掘，文物工作者对这两座墓所包含的文化特征及历史背景并未给予足够的重视，笔者意欲就此进行检讨，以期管窥草原民族在中原的活动足迹，从而为全方位复原草原丝绸之路提供一组带有地方区域色彩的文化素材。

一、涧西区十六国砖棺墓的时代、族属及历史背景

1986年12月，考古工作者在涧西轴承厂发掘出一座魏晋十六国时期的砖棺墓，这是洛阳地区仅有的经过科学发掘的十六国时期的墓葬。原报告称，墓葬南北向，棺作长方梯形，南宽北窄，用空心砖和小砖垒砌，空心砖上兼用小砖平铺垒砌。南北两端各用一块楔形大砖挡堵，墓顶用板瓦和小砖封盖。棺内仅存两根腿骨，呈黑色，似经火烧过。随葬器物中有小口平沿鼓腹的陶罐和银镯两件，出土钱币有货泉两枚、綖环钱四枚、五铢三枚（大型的两枚，小型的一枚），另有铜镯两件（图1）。[①]在发掘报告中，对墓葬的年代笼统地定为十六国时期。经过仔细比对，笔者认为其族属及历史背景等似有可书之处。

---

① 洛阳市第二文物工作队：《洛阳轴承厂十六国砖棺墓清理简报》，《中原文物》1987年第3期，第35—36页。

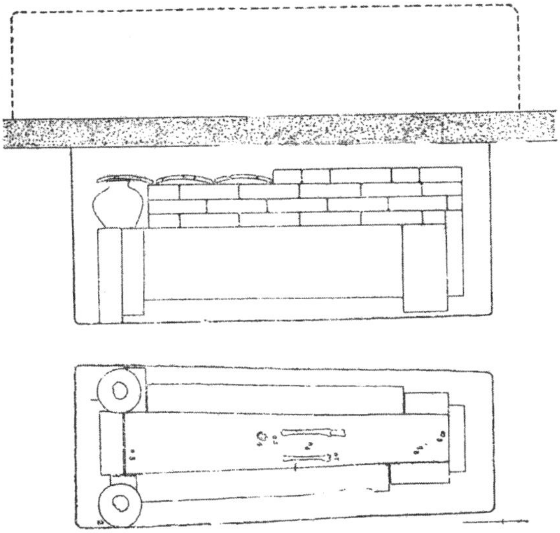

图 1 洛阳涧西十六国砖棺墓平剖面图(图片采自《洛阳轴承厂十六国砖棺墓清理简报》,《中原文物》1987 年第 3 期)

(一) 墓葬形制反映出的族属及时代特征

对比其他考古资料进一步证实,这不是中原地区的葬制,应是一座埋葬于汉地的鲜卑墓葬。

1. 棺木结构反映出鲜卑族特有的葬俗

这座十六国墓葬棺木前高宽后低窄,用小砖和空心砖砌成平顶,这些是鲜卑族的埋葬习俗。

史传鲜卑族起源于大兴安岭鲜卑山,考古发现表明,在鲜卑的拓跋和慕容二部都使用这种前宽后窄、前高后低的特殊葬具。

1987 年 7 月发现的拉布达林鲜卑墓群[①]是最接近其原始状态的葬俗反映。

内蒙古扎赉诺尔墓群,更集中反映了鲜卑汉代遗存中普遍存在这种葬制。

“M27 亦为竖井土坑墓,地表距墓口 50 厘米,墓口至墓底 3.1 米,墓室长方形,北大南小,北宽 1 米、南宽 0.8 米、长 2.1 米。”

“M24 地表土厚 20 厘米,墓口至墓底深 1.1 米、长 1.85 米、北宽 0.5 米、南宽 0.36 米。”

“M5 的棺盖长 1.94 米、一端宽 62 厘米、另一端宽 48 厘米。”

“M25 为竖井土坑墓,墓室为长方形……墓底长 1.9 米、北宽 0.54 米、南宽

① 程道宏:《伊敏河地区的鲜卑墓》,《内蒙古文物考古》1982 年第 2 期,第 18—23 页。

0.44 米，坑壁内砌一周土坯为框，土坯框内放着桦木棺，木棺结构与 M2 相同。”①

这些墓葬是拓跋鲜卑早期墓葬，其共同特点是：木棺呈前宽后窄、前高后低的梯形，近 90%的棺木有盖无底板，随葬器物置于头部位置。研究者称“其丧葬制度的古朴，葬具之简单，是鲜卑南迁之前，其狩猎、游牧经济形态的反映”②。

在属于慕容鲜卑的墓葬中，也普遍是这种情况。

如辽宁朝阳十二台 1 号墓(88M1)，墓圹长 4.95 米，前宽 3 米，后宽 2.5 米，里面的木棺亦呈前宽后窄的梯形；甜草沟 2 号墓，墓圹为梯形，内置的木棺亦是前宽后窄、前高后低的梯形棺。

朝阳县沟门子乡北庙村 1 号墓、2 号墓、前燕奉车都尉墓等均为梯形墓。

另外，居住在鲜卑区域的汉人也使用这种葬俗，如朝阳后燕崔遹墓，为土圹竖穴石椁墓，椁为狭长梯形。从石椁北部残存的木棺痕迹看，棺亦作前宽后窄的梯形。北燕冯素弗(北燕王冯跋之弟，其人为大司马，是鲜卑化的汉族官吏)葬具有石椁，亦呈前宽后窄、前高后低的梯形。③

宿白先生对内蒙古及东北地区的鲜卑考古遗迹进行梳理的分析表明，在鲜卑南下过程中，即在从东北札赉诺尔到内蒙古乌兰察布的迁徙过程中所遗留下来的历史遗迹都表现出这种独有的特点，在后来发现的鲜卑墓中，都能找到这种鲜卑人的棺制，在呼和浩特美岱村发现的北魏墓，仍保留着鲜卑的这种旧俗：木棺为前宽后窄的形制。④

在受到北燕文化影响的中原地区，也发现了这种鲜卑葬制的墓葬，如安阳孝民屯墓葬中普遍发现使用头宽脚窄的木棺，墓穴的宽端设龛，龛内陈放随葬的器物和殉葬的家畜。

从洛阳发现的这一鲜卑墓葬看，其前高后低的棺制是鲜卑葬制无疑，而且棺底无板而以土筑的状态看，应该是发生在鲜卑南下不久，与辽宁北票房身村

---

① 内蒙古文物工作队：《内蒙古扎赉诺尔古墓群发掘简报》，《考古》1961 年第 12 期；郑隆：《内蒙古扎赉诺尔墓群调查记》，《文物》1961 年第 9 期，第 16—18 页。

② 赵越：《拓跋鲜卑文化初探》，《内蒙古文物考古》1994 年第 1 期，第 11—16 页。

③ 黎瑶渤：《辽宁北票县西官营子北燕冯素弗墓》，《文物》1973 年第 3 期，第 2—19 页。

④ 宿白：《东北·内蒙古地区的鲜卑遗迹》(辑录之一)，《文物》1977 年第 5 期，第 42—54 页。

发现晋墓的时代相当。考古发现证实,在朝阳发现的慕容鲜卑墓葬中,有许多是以土筑底板。这是慕容鲜卑南下大凌河时期的遗存。①

2. 出土器物反映的时代特征与文化属性

众所周知,墓葬中具有断代指向意义的是陶器,这座墓葬出土的陶罐显示它独特的文化属性。

图 2　洛阳涧西十六国砖棺墓出土的陶罐(图片采自《洛阳轴承厂十六国砖棺墓清理简报》,《中原文物》1987 年第 3 期)

首先其陶罐口部逐渐缩小的趋势是西晋以来的特点。肩部饰三周倒人字纹是鲜卑及匈奴墓葬中普遍存在的。陶罐系瓷土烧制,呈粉白色,是东汉以来釉陶的特征,但未及上釉,显示了地位的低下或是时间仓促而就(图 2)。

检索考古发现这类平底罐,与之相近的有以下几处:

内蒙古科左中旗六家子鲜卑墓群中 85 号陶罐,这组墓葬的时代在东汉至西晋时期。②

1979 年,辽宁朝阳发掘了"燕建兴十年(395 年)昌黎太守清河武城崔遹"墓,在这座墓中出土了一件侈口、圆唇、短颈、广肩、鼓腹、大平底的陶罐。其肩部饰两道凹弦纹,中间划水波纹。高 17.8 厘米,口径 10.6 厘米。另一件侈口,方唇,短颐,广肩,圆腹,大平底。器底凹凸不平,似有拍印痕迹。高 1 米,口径 8.8 厘米。这是目前有确切纪年的后燕墓葬。③

另据研究表明,这类矮领罐在三燕地区出现的时间是自前燕时期开始,至

① 陈大为:《辽宁北票房身村晋墓发掘简报》,《考古》1960 年第 1 期,第 24—26 页。
② 张柏忠:《内蒙古科左中旗六家子鲜卑墓群》,《考古》1989 年第 5 期,第 430—438 页。
③ 陈大为:《辽宁朝阳后燕崔遹墓的发现》,《考古》1982 年第 3 期,第 270—274 页。

北燕时期成为主要器型。[①]

但同时仅随葬陶罐的做法也提示我们其匈奴文化属性的可能。据研究表明，绝大多数匈奴墓葬中随葬仅陶器，而且种类很少，以罐为主。这些陶罐也都是平底，肩部常常饰一两周弦纹或波纹，有的饰弦纹，中间夹波纹，颈部施磨光暗条纹。这种把磨光的暗条纹、弦纹和波纹图案结合起来装饰器表的做法形成了匈奴陶器的鲜明特点，使其明显区别于其他草原文化的陶器，是判定匈奴墓葬的标志性器物。[②]

公元3世纪，鲜卑人南下进入匈奴属地，一部分匈奴人留在原地加入鲜卑部落，因此在这一时期，鲜卑部落中还存在有匈奴因素。此时，东部鲜卑也得到了很大的发展，慕容鲜卑逐步形成了三燕文化。

钱币中货泉是王莽时期钱币，綖环钱是东汉晚期钱币，另外出土的三枚五铢钱中，小型钱币被发掘者推断"具有三国时期五铢钱的特点"。在辽宁朝阳地区发现的后燕墓中也出有货泉、綖环钱。但在其后的北燕墓中却再未出现这类钱币。

墓葬用砖有西汉时期流行的空心砖和汉魏时期的小砖、板瓦等，说明其年代应距离东汉不远，因此这座墓葬的年代应在公元3—4世纪。

3. 墓葬反映出慕容鲜卑族的"烧葬"习俗

据原报告称，"墓葬仅存的两根腿骨，有火烧的痕迹"[③]，报告者称可能存在二次葬的过程，它实为鲜卑族烧物葬的习俗。

乔梁先生在论及内蒙古科右中旗北玛尼吐墓群时，认为这批墓葬有以下特征："一百余座墓葬分布有序地构成公共墓地，墓葬均为长方形土坑竖穴墓，少数带有二层台或使用桦树皮为葬具，墓向多呈南北向，有一例火葬现象。"这批墓葬出土有大量木炭，骨头已被烧成灰烬。[④]

---

① 辽宁省文物考古研究所等:《辽宁北票喇嘛洞墓地1998年发掘报告》,《考古学报》2004年第2期,第236页。

② 单月英:《匈奴墓葬研究》,《考古学报》2009年第1期,第35—67页。

③ 洛阳市第二文物工作队:《洛阳轴承厂十六国砖棺墓清理简报》,《中原文物》1987年第3期,第35—36页。

④ 钱玉成、孟建仁:《科右中旗北玛尼吐鲜卑墓群》,载于《内蒙古文物考古文集》第1辑,第397—406页,北京:中国大百科全书出版社,1994年。

在被确定为慕容鲜卑的朝阳十二台砖厂 88M1 中，墓中出现有焚烧痕迹，研究者认为这是慕容鲜卑的葬俗。[①]

安阳孝民屯 154 号墓中,在头骨及脊椎骨下面发现有黑色灰烬。[②]

这种烧器的习俗源于游牧民族杀牲以殉的自然崇拜，被后世草原民族继承下来,成为一种文化传统和考古学属性。

《三国志·魏书》中说,北方乌桓:

贵兵死,敛尸有棺,始死则哭,葬则歌舞相送。肥养犬,以采绳缨牵,并取亡者所乘马、衣物、生时服饰,皆烧以送之。特属累犬,使护死者神灵归乎赤山。赤山在辽东西北数千里,如中国人以死之魂神归泰山也。至葬日,夜聚亲旧员坐,牵犬马历位,或歌哭者,掷肉与之。使二人口诵咒文,使死者魂神径至,历险阻,勿令横鬼遮护,达其赤山,然后杀犬马、衣物烧之。敬鬼神,祠天地日月星辰山川,及先大人有健名者,亦同祠以牛羊,祠毕皆烧之。饮食必先祭。

鲜卑的言语习俗与之相同。他们认为,人死后,灵魂不灭,必须以生前所用之物烧送之,才能顺利到达赤山。

《后汉书》因袭其说:“俗贵兵死,敛尸以棺,有哭泣之哀,至葬则歌舞相送。肥养一犬,以彩绳缨牵,并取死者所乘马衣物,皆烧而送之,言以属累犬,使护死者神灵归赤山。”这种习俗因其耗费巨大曾经一度引起朝廷的不满,“今国家营葬,费损巨亿,一日焚之,以为灰烬”[③]。

这种烧葬习俗在北魏入主中原后，被改革而在中原葬制中不复存在,因此从这座十六国墓葬反映的这一习俗也证明了墓葬的时代当在北魏入主中原之前。

---

① 辽宁省文物考古研究所等:《朝阳十二台子乡砖厂 88M1 发掘简报》,《文物》1997 年第 11 期,第 19—32 页。

② 中国社会科学院考古研究所安阳工作队:《安阳孝民屯晋墓发掘报告》,《考古》1983 年第 6 期,第 501—511 页。

③ [北齐]魏收:《魏书》卷四十八·列传第三十六《高允传》,北京:中华书局,1974 年,第 1075 页。

(二)墓葬反映的历史背景

鲜卑墓葬在洛阳的出现，反映了东汉晚期以来鲜卑人南下以及与中原地区的关系，尤其是慕容鲜卑形成三燕时期与中原的交集。

据史书记载，鲜卑起源于东北的东胡，在西汉时，“未常通中国焉”①，东汉“光武初，匈奴强盛，率鲜卑与乌桓寇抄北边，杀掠吏人，无有宁岁”②。

东汉建武二十五年(49年)，“鲜卑始通驿使”③，并由此开始了与中原的交往和自身的壮大。

曹魏正始五年(244年)九月，“鲜卑内附，置辽东属国，立昌黎县以居之”。④自此，东部鲜卑慕容部在东北地区的政治舞台上崭露头角。

西晋末东晋初，中原的战乱与动荡，慕容鲜卑始终与晋王室保持着朝贡关系；晋室南渡之后，仍然表现出对晋廷的臣服与忠心。

> (晋)惠帝旋洛阳，转(王)浚骠骑大将军、都督东夷河北诸军事，领幽州刺史，以燕国增博陵之封。怀帝即位，以浚为司空，领乌丸校尉，务勿尘为大单于。浚又表封务勿尘辽西郡公，其别部大飘滑及其弟渴末别部大屠瓮等皆为亲晋王。⑤

《晋书》卷四《孝惠帝纪》载：太安二年(303年)，“封鲜卑段勿尘为辽西公”。晋武帝太康十年(289年)，慕容部大人“帝嘉之，拜鲜卑都督”⑥。

随着慕容鲜卑势力强大，于337年建立前燕，并与东晋政权在中原展开争夺，其势力一度攻许昌、汝南、陈郡，徙上述三地万余户于幽州，遣镇南将军慕容尘屯许昌。七月，太宰慕容恪亲自领兵攻打洛阳，东晋洛阳守军战败逃离。

---

① [南朝]范晔：《后汉书》卷九十·列传第八十《乌桓鲜卑传》，北京：中华书局，1965年，第2985页。
② [南朝]范晔：《后汉书》卷九十·列传第八十《乌桓鲜卑传》，北京：中华书局，1965年，第2982页。
③ [南朝]范晔：《后汉书》卷九十·列传第八十《乌桓鲜卑传》，北京：中华书局，1965年，第2985页。
④ [南朝]陈寿：《三国志》卷四《魏书·三少帝纪》，北京：中华书局，1965年，第120页。
⑤ [唐]房玄龄：《晋书》卷三九·列传第九《王沈传》，北京：中华书局，1974年，第1147页。
⑥ [唐]房玄龄：《晋书》卷一百八·载记第八《慕容廆传》，北京：中华书局，1974年，第2804页。

慕容垂于太和四年(369 年)“乃散骑灭迹,傍南山复还邺,隐于赵之显原陵”[1],又杀白马以祭天。慕容令对慕容垂说:“太傅嫉贤疾能,构事以来,人尤愤恨。今邺城之中,莫知尊处,如婴儿之思母,夷、夏同之。若顺众心,袭其无备,取之如指掌耳。事定之后,革弊简能,大匡朝政,以辅主上,安国存家,功之大者也。今日之便,诚不可失,愿给骑数人,足以办之。”慕容垂说:“如汝之谋,事成诚为大福,不成悔之何及！不如西奔,可以万全。”[2]

384 年,慕容垂在荥阳(今河南荥阳)自称燕王,建立后燕。395 年,后燕被一分为二,开始衰落。407 年,被北燕所取代。

洛阳发现的这座十六国墓正是后燕时期的墓葬,是慕容鲜卑势力南下至此的历史遗存。

在这些与中原的朝贡与战争中,鲜卑人接受汉地文化并改造自身,但其固有的传统却始终未改变,因此,我们在感知这些传统习俗的同时,不禁感慨:流寓汉地的鲜卑人,正是以这种方式回望着故土,固守其心灵的家园!

二、吉利区墓葬的鲜卑葬俗及文化特征

2007 年 2 月,洛阳市吉利区发掘一座土洞墓,墓室平面呈长方形,东西长 3.3 米、南北宽 2.7 米。墓顶在生土壁上减地雕出仿木结构的屋顶形状,呈人字形两面坡状,中有梁柱贯通东西壁,通高 2.1 米,南北壁有椽柱承载人字形拱顶(图 3),人字形拱南北各 10 根,每根宽 0.12 米。东壁以土雕出人字形叉手。墓室东南壁距地表 1.3 米处有一长方形壁龛,东西长 0.5 米、高 0.18 米,进深 0.18 米[3]。

出土器物中发现铜鍑一件(C9M2503:2),残,合范铸成。直口稍敛,深筒腹,口平面呈大半圆形,口沿上有两个对称的竖耳,其中一耳残,耳呈半环形,口沿

---

① [北宋]司马光:《资治通鉴》卷第一百二·晋纪二十四《海西公传下》,北京:中华书局,1964 年,第 3222 页。

② [北宋]司马光:《资治通鉴》卷第一百二·晋纪二十四《海西公传下》,北京:中华书局,1964 年,第 3222 页。

③ 洛阳市文物工作队:《洛阳吉利区北魏墓发掘简报》,《文物》2015 年 4 期,第 39—43 页。

图 3 吉利区北魏墓墓室顶部仿木结构（洛阳市文物考古研究院提供）

图 4–1 吉利区北魏墓出土的铜鍑(高虎拍摄)

中部有一焊缝至腹底部，腹壁一面平直，中亦有一焊缝。圜底，小圈足，下为三块板形卷曲成足，其中一足缺失，留一小洞，底部正中有一长 4.4 厘米、宽 1.2 厘米的长方柱状横栏。近足底处有一直径 0.3 厘米的小洞，用一卵石填补。器壁外侧遍布烟炱痕迹。带耳通高 18.8 厘米、口径 15.4 厘米，圈足高 3.2 厘米(图 4–1、图 4–2)。

图 4–2 吉利区北魏墓出土的铜鍑底部(高虎拍摄)

（一）墓葬形制反映出的鲜卑特点

从墓葬形制上看，墓顶以土雕出屋脊檐柱的做法，与鲜卑石室有关。

众所周知，黄河上游或长城沿线被称为“华戎”分野所在，地理位置和民风所致，那里的建筑和墓葬多以石头垒砌，是黄河下游的农业民族文化所不具备的。

考古资料表明，早在商周时期，黄河上游的陕西清涧李家崖遗址就出土过石棺墓。其形制结构，葬具上盖有一块小石板，北端用一块小石棺竖立堵挡。[①]

在我国东北地区，内蒙古自治区宁城县南山根夏家店上层文化遗址中也

① 张映文、吕智荣:《陕西清涧县李家崖古城址发掘简报》,《考古与文物》1988 年第 1 期，第 47—56 页。

发现有石棺和石椁墓，其中 M10 系用九块形制较大、体积扁平的石板竖立而成。“上面覆盖石板五层，厚达 0.6 米。底部未铺石板。”M4 的葬具为石椁，在二层台的上下皆铺石块和石板①。同时，这种石椁墓，在长城沿线的山西忻州地区的原平市刘庄塔岗梁春秋时代的墓葬中也曾出土过。②

十六国时期的丧葬制度中，土圹石椁木棺一度极为流行，如辽宁北票北燕冯素弗夫妇墓、辽宁朝阳北燕墓群均为土圹石椁墓，这显然是鲜卑族葬俗的特色。

拓跋鲜卑在入主中原后，仍将此习俗带了过来。孝文迁都洛阳后，孝昌三年(527 年)葬于洛阳的宁懋墓，依然保持土圹石室的风格。

宁懋石室仿木结构，高约 1.5 米，用石材雕筑成一单檐悬山顶木构形式的房屋。进深二架椽，面阔三间，无门，下有基石。每间刻出人字拱二朵及檐柱等，山面刻蜀柱、叉手。③

在河南安阳西北大司空村曾发现一座同样随葬有青铜鍑的第 30 号墓，其墓葬以小砖券砌成人字坡状④。

吉利区这座墓葬土雕房屋的形式反映的正是鲜卑特有的石室。它与宁懋石室和安阳大司空村第 30 号墓一样，都是鲜卑墓葬在汉地的表现形式。

值得注意的是，吉利区这座墓葬中设有壁龛的做法，在考古资料中显示也多存在于慕容鲜卑的墓葬中。辽宁朝阳十二台 1 号墓(88M1)中设有头龛，内有牛腿骨和陶奁。安阳孝民屯前燕墓、北票冯素弗墓等也设有头龛或壁龛，内置陶器和牛骨。

这些头龛和壁龛的设置是慕容鲜卑游牧生活在葬俗上的体现，在吉利区这座北魏早期墓中也设有壁龛，但其中不见器物和牛骨，笔者认为这与当时鲜卑部落初涉汉地生产方式的适应性有关。

---

① 中国科学院考古研究所内蒙古考古工作队:《宁城南山根遗址发掘报告》,《考古学报》1975 年第 1 期,第 117—140 页。

② 李有成:《原平县刘庄塔岗梁东周墓》,《文物》1986 年第 11 期,第 21—26 页。

③ 黄明兰:《北魏画像石棺》,《考古》1980 年第 3 期,第 229—241 页。

④ 张静安:《河南安阳大司空村六朝墓的清理》,《考古通讯》1958 年第 7 期,第 54—55 页。

(二)铜鍑的时代特征

青铜鍑自西周到北魏早期,是匈奴、鲜卑等民族地区古代文化遗存中特有的一种器物,基本形制是一个圆腹容器下支一个喇叭形的高圈足,口沿上有两个对称的竖耳,既可立在地上,又便于悬挂。它最早被称为鄂尔多斯式青铜器,是因为早期的青铜鍑大多出自这一地区,后来大多称为北方系青铜器。随着田野考古工作的不断深入,这种青铜鍑发现得愈来愈多,其分布范围涉及长城内外及四川、甘肃、湖北、辽宁等广大地区。

这种器物,中原地区目前仅在河南安阳淇县①、巩县(今巩义市)芝田②及安阳大司空村六朝墓中③出土过。

1. 1958 年 3 月至 4 月,河南省文物工作队在河南安阳西北大司空村第 30 号墓发现一件青铜鍑,敛口、鼓腹、平底,口沿上有两环形立耳。同墓伴出的还有“长宜子孙”铜镜一枚、陶瓮一件、玛瑙珠八颗、银戒指、银镯及铁刀。另外在死者头部还发现零星的鎏金铜饰片。墓型为小砖券墓,墓顶系单砖平铺砌成屋顶形,东西两侧用平行砖砌成房坡状,上脊用两层砖交叉叠砌,再上层有平铺单行纵砖一层作为脊顶。墓四壁由地面向上用小砖平卧单砌十层即改为用残砖竖砌至墓顶。墓顶北端竖放两块卧砖,南端横放卧砖三块。

2. 1972 年 11 月,河南省巩县(今巩义市)芝田公社寨沟大队发现一批器物窖藏,其中一件铜鍑,敛口圆唇,口沿上置双立耳,削肩鼓腹平底,腹下有对称竖形铸缝两道,伴出器物有铜洗、塔形器等。

这两件器物的时代为东汉晚期至北魏早期。

3. 1978 年 3 月,河南安阳淇县杨晋庄公社出土一件铜双耳鍑,半环耳,直口,鼓腹,三板形足,口部残,有修复痕迹,外布烟炱,通高 18 厘米、口径 10.5 厘米。时代为北魏孝文帝改革前后。

到目前为止,河南发现的这四件青铜鍑可分为二型:河南安阳大司空村和

① 淇县文管所:《河南淇县出土一件北魏铜双耳釜》,《考古》1984 年第 3 期,第 227 页。
② 巩县文化馆:《河南巩县发现一批汉代铜器》,《考古》1974 年第 3 期,第 123—125 页。
③ 张静安:《河南安阳大司空村六朝墓的清理》,《考古通讯》1958 年第 7 期,第 54—55 页。

巩县(今巩义市)芝田公社出土的被认为是Ⅰ型,时代为东汉至北魏早期;河南安阳杨晋庄、吉利区吉涧村出土的铜鍑应是J型,时代为北魏早中期。

这次吉利区出土的青铜鍑与前几件不同的是其矮圈足下的三板形足卷曲成圆环状,而且其一面腹壁平直,应是适于悬挂而设置的特殊器型。其筒腹的特点不同于河南其他地区出土的以鼓腹为特点的铜鍑,表明它来自慕容鲜卑。[①] 对比研究者的研究结果,笔者认为这件铜鍑年代应在公元2—4世纪,至迟不过北魏早期。

(三)墓葬反映的鲜卑"毁器"和"烧物"葬俗

该墓葬几乎所有器物都出现了残缺,铜鍑残缺一足,陶盘口沿(图5)、陶壶口沿(图6)残缺等,这与鲜卑"毁器"葬俗有关。

图5 吉利区北魏墓出土的陶盘(高虎拍摄)

图6 吉利区北魏墓出土的陶壶(高虎拍摄)

有研究者称,"毁器"葬俗从新石器时代至辽金时期,普遍存在于东北民族地区,以东汉至十六国时期最盛。这种"毁器"习俗从最初毁坏的青铜兵器逐步蔓延至各种质地的器物。

1980年,吉林省考古工作者在发掘榆树老河深鲜卑墓群工作中,发现鲜卑墓葬129座,墓中"毁器"习俗明显者23例,毁器的内容从青铜兵器至陶豆等生活用器。[②]

① 朝阳市博物馆:《大凌河流域鲜卑文化双耳镂孔圈足釜及相关问题考》,《辽海文物学刊》1996年第1期,第26—33页。

② 吉林省文物工作队、长春市文管会、榆树县博物馆:《吉林榆树县老河深鲜卑墓群部分墓葬发掘简报》,《文物》1985年第2期,第68—82页。

1979年,集安县文管所清理的高句丽积石和封土洞石墓31座,墓内外殉葬的陶壶、陶罐、陶瓶等器物,无一件完整,均已被人为毁坏。[①]

1984年,集安县文管所在清理发掘上火龙禹山下128座封上和积石墓过程中,发现这一墓区多有在墓外东南或西南角处打碎大口罐的习俗。他们所毁器物,并不局限于陶器类的生活用具,有的将一些马具或兵器毁坏或折弯。[②]

1973年,吉林和龙县北大地的渤海墓葬清理发现了保存较完整的54座墓葬。在这些墓葬中,不见任何随葬品或有随葬品而无陶器者计41座,其余13座。

孙危先生认为:在目前发现的四百多座拓跋鲜卑和一百多座慕容鲜卑各个时期的墓葬中,几乎都存在毁器风俗,这表明在慕容鲜卑和拓跋鲜卑两部都存在这种葬俗。但拓跋鲜卑墓中,有九座墓在其填土或墓底,明显发现有陶器的残片,或被打掉陶壶、陶瓶颈口的现象。[③]拓跋鲜卑在陶器和青铜器中都存在"毁器"的现象,而慕容鲜卑则主要存在于陶器。两部在"毁器"种类上存在交流和影响。[④]但在吉利区这座墓葬中,毁器存在于铜鍑和陶罐、陶盘等多种类型中,似乎表明这种习俗在汉地的另一种演变。观察鲜卑"毁器"大多是在代表性的器物中,此墓中,铜鍑和小口陶罐是鲜卑墓葬的典型器物,陶盘则与汉地器物无差,表明鲜卑文化在与汉地文化的相互影响中,既保留自身特点,又融入汉地习俗。器物外侧布满烟炱与鲜卑"烧器"葬俗有关,与前述十六国墓葬不同,烧器表现在铜鍑这件器物上。

(四)关于墓葬文化语境的认识

自公元前1世纪到公元4世纪,尤其是西晋以来,东北塞外鲜卑部落大批内迁,到西晋后期,东北地区形成三个较大的鲜卑部落集团,与中原王朝保持着相对稳定的朝贡关系。

---

① 集安县文物管理所:《集安高句丽墓葬发掘简报》,《考古》1983年4期,第301—307页。

② 集安县文物保管所:《集安县上、下活龙村高句丽古墓清理简报》,《文物》1984年第1期,第63—69页。

③ 延边朝鲜族自治州博物馆、和龙县文化馆:《和龙北大渤海墓葬清理简报》,《东北考古与历史》第1辑,北京:文物出版社,1982年,第200—208页。

④ 孙危:《鲜卑毁器葬俗研究》,《边疆考古研究》第8辑,北京:科学出版社,2009年,第139—147页。

该墓所在的洛阳市吉利区,自东汉至北朝时期俱属河内郡,正处于黄河北岸多种文化因素交汇的地方,也是草原丝绸之路洛阳段的必经之地。这座墓葬中鲜卑文化元素仍然占主导地位的现象，反映了拓跋鲜卑从山西大同到河南洛阳迁徙过程中固有文化习俗尚且保持着相对原真的时态。

(此文发表于《石河子大学学报》2016 年第 2 期,此次收入稍做修改并配图版)

洛阳北魏元邵墓、杨机墓出土陶人物俑的文化学研究

一、元邵、杨机墓出土的北魏陶俑基本概况

1965年,洛阳博物馆在洛阳北郊发掘了北魏(386—534年)晚期的皇室贵族元邵墓,墓中出土彩绘陶俑达115件之多,其中有文吏俑、扶盾武士俑、铠马武士俑、骑马鼓吹俑、击鼓俑、侍俑、伎乐俑、舞俑、胡俑等各种形象生动、个性鲜明的人物造型。除此之外,该墓另有一些陶塑的马、骆驼、驴、牛、猪、镇墓兽及牛车等艺术形象,反映了墓主人以牛车为中心,出行时侍卫、部曲、奴婢、伎乐等前簇后拥的仪仗场面(图1)。①

尤其具有艺术审美价值的是,墓中那些身段袅娜有致的鼓吹乐舞俑与威武雄壮的铠马武士俑、按剑武士俑、双目圆睁的持盾俑、仪态严谨恭正的文吏俑、谦卑拘谨的奴仆俑等角色人物组合在一起,以富于生活情趣的群塑形象,再现了一幅贵族庄园生活的瑰丽图景,从而展示出北魏晚期中原地区拓跋贵族世俗生活的诸多场景。

不仅如此,元邵墓中与上述雕塑人物有着情景互动色彩的几躯胡人形象,更

① 洛阳博物馆:《洛阳北魏元邵墓》,《考古》1973年第4期,第218—243页。

图 1　北魏元邵墓出土的陶俑群(洛阳博物馆提供)

从丝绸之路人文交流的角度,为我们展现了一幅形态鲜活的世俗图画,为研究北魏时代中外文化交流和社会往来的全息场景提供了弥足珍贵的文物资料。

2005 年 4 月,洛阳博物馆征集到一批北魏文物,100 余件,包括陶俑、陶器皿、瓷器、石器等。这批精美的彩绘陶俑,数量大,组合清楚,制作精美,典型地反映出孝文帝迁都洛阳以后礼仪制度日趋严密、埋葬制度日趋规范。这无疑是洛阳北魏时期文物考古的又一次重要发现。该墓位于洛阳市西南 15 公里的丰李镇马窑村三道岭,从墓志考知其墓主人为葬于永熙二年(533 年)的北魏重臣杨机。该墓埋葬年代及文化内涵与元邵墓葬十分接近。其出土遗物是历年北魏墓葬最为丰富者[①],其中以牛车为中心排列的武士俑、男女侍俑、乐舞俑、骑马俑等构成规模宏大、气势恢宏的仪仗俑群,展现了北魏晚期贵族生活场景(图 2)。它们与元邵墓同一

图 2　洛阳北魏杨机墓陶俑群(本人拍摄)

① 洛阳博物馆:《洛阳北魏杨机墓出土文物》,《文物》2007 年第 11 期,第 56—69 页。

题材的群像造型媲美成双、争奇斗艳。

二、元邵、杨机墓陶俑折射的内迁鲜卑的民族风习

两墓出土的声势浩大的陶仪仗俑群,是北魏时期卤簿仪仗的真实体现。

文献记载,北魏在建都平城初期就建有卤簿仪仗之制。《魏书》卷184《礼志四》载:

> 太祖天兴二年(399年),命礼官捃采古事,制三驾卤簿,一曰大驾,……二曰法驾,……三曰小驾……又于"天赐二年(405年)初,改大驾鱼丽雁行,更为方阵卤簿"。①

20世纪50年代在西安草场坡发现一座土洞墓,出土遗物及模型明器158件,铜饰具13件,其中陶俑及鞍马、牛车等出行仪仗文物约120件。②学者们普遍认为此墓的年代在4世纪中叶,属后赵、前秦、后秦时期。出土的陶俑中有大量仪卫俑,如甲骑具装俑、甲胄步卒俑、箭箙俑、骑马鼓吹俑、步行仪仗俑、执鞭俑、男女侍俑等,胡族色彩浓厚,历史时代特点明显。③

北魏平城时期于墓葬壁画上出现过盛大的仪仗俑群。

在大同南郊沙岭北魏墓群的壁画墓M7北壁绘有盛大的车马出行图,前有导骑、骑马吹角的前部鼓吹,之后两侧各有一列执矛的仪仗步卒及执弓箭的甲胄步卒,中心部分前为鼓吹、百戏乐伎、扛幡持节的侍从列,后为主车,车后跟随后部鼓吹、从骑、甲骑具装;四壁上层及东、南壁绘有男女侍从及家居生活,亦即这两墓出土的三类俑群形象在壁画上均有表现。而M7的年代据考证为北

---

① [北齐]魏收:《魏书》卷184《礼志四》,北京:中华书局,1974年,第2813页。
② 陕西省文物管理委员会:《西安南郊草厂坡村北朝墓的发掘》,《考古》1959年第6期,第285—287页。
③ 苏哲:《西安草场坡1号墓的结构、仪卫俑组合及年代》,原载于《宿白先生八秩华诞纪念文集(上)》,北京:文物出版社,2002年,第188—191页。

魏太武帝太延元年，即公元 435 年，为迁都洛阳之前。①

据此可以看出，自西晋以来，北方各少数民族建立的政权在不同程度上学习和吸收了汉民族王朝的各项制度和文化习俗。

元邵墓、杨机墓的大型仪仗俑表现的正是北魏迁都后的卤簿仪仗制度。其仪仗陶俑的多数造型，在文化形态上都具有明显的鲜卑人风尚，是我们认识当年鲜卑文化可靠的视觉性史料。

甲骑具装俑：两墓出土了多件此类俑，元邵墓 8 件，杨机墓 4 件。元邵墓骑士头戴兜鍪，身穿铠甲，腿裹甲裙。战马则周身披铠，鞍辔齐全，唯露五官与尾、腿（图 3）。杨机墓的彩绘具装俑刻画精美，马俑以红色彩绘区分出马甲，骑马武士头戴尖顶风帽、颈部护围，身着窄袍、长靴袴褶，被刻画成北方鲜卑人的装束，一望之下，严冬塞外的冷峻扑面而来（图 4）。它们与 1953 年陕西西安草场坡出土的北魏甲骑具装俑相比，后者因是孝文帝改革以前的制品，制俑技术还似不太成熟（图 5）。

图 3　洛阳北魏元邵墓彩绘骑马盔甲武士俑（洛阳博物馆提供）

图 4　洛阳北魏杨机墓出土甲骑具装俑（图片采自《洛阳北魏杨机墓出土文物》，《文物》2007 年第 11 期）

图 5　1953 年西安草场坡出土的北魏陶骑马武士俑（本人拍摄）

① 大同市考古研究所：《山西大同沙岭北魏壁画墓发掘简报》，《文物》2006 年第 10 期，第 1—24 页。

这类武装俑出现于魏晋时期,“甲骑具装”即人甲和马甲的合称,是古代重装骑兵的防护装具。一套完整的具装马铠包括保护马头的“面帘”、保护马颈的“鸡颈”、保护马胸的“当胸”、保护马体的“马身甲”、保护马尻的“搭后”和保护马上战士后背的“寄生”。除了嘴巴、四肢和尾巴以外,战马的全身都有铠甲防护。武士铠甲由头部的兜帽和明光铠组成。重装骑兵具有快速的冲击力,对步兵具有极大的威胁,显示出极强的战斗力。中亚草原民族将甲骑具装和优良战马带入中原,使汉民族接受了这种先进的战争系统,加上中原发达的生产能力,使甲骑具装在北魏时期的数量激增。受到北方游牧民族骑兵的影响,北魏时期中原骑兵的骑术和马具进一步完善,发挥了巨大的战争作用,在战乱频仍的南北朝时期成为重要的兵种。

偃师寨后乡出土北魏甲骑具装俑,高 30.5 厘米,武士头戴大圆顶垂裙帽,身穿红色半袖小立领偏襟披风(图 6)。[①]

图 6　偃师寨后乡出土的北魏甲骑具装俑,高 30.5 厘米(图片采自《洛阳陶俑》,北京图书馆出版社,2005 年,第 128 页)

今南阳邓州市南朝时期画像砖上描绘的甲骑具装形象,可以为我们提供甲骑具装的完整信息(图 7)。

这类甲骑具装武士形象一直到唐代仍有出现,但已经充满了细腻的艺术情调,马具装备更趋完善。1971 年陕西乾县懿德太子墓出土的彩绘贴金骑马俑(图 8)[②],即是其中的典型代表。

① 俞凉亘、周立主编:《洛阳陶俑》,北京:北京图书馆出版社,2005 年,第 128 页。
② 陕西省博物馆、乾县文教局唐墓发掘组:《唐懿德太子墓发掘简报》,《文物》1972 年第 7 期,第 26—32 页。

图 7　今邓州市出土的南朝画像砖中的甲骑具装形象(图片来自网络)

图 8　1971 年陕西乾县懿德太子墓出土的彩绘贴金甲骑具装俑(图版采自《唐懿德太子墓发掘简报》,《文物》1972 年第 7 期)

鲜卑族拓跋部建立的北魏王朝，最初用骑兵作战，入主中原后仍保留着本民族的许多原有风俗。两墓中这类骑马武士俑的个体形象,与中原小冠、博袖、长衣传统的汉家人物形象刚柔交辉、相映成趣,生动地折射出塞北少数民族内徙以来汉化过程中对原有风习的因因相袭及其由此给中原大地带来的粗犷豪爽之气。

图 9　洛阳北魏元邵墓骑马鼓吹俑(图片采自俞凉亘、周立编《洛阳陶俑》, 北京图书馆出版社,2005 年,第 117 页)

骑马鼓吹俑群：元邵墓出土的 4 件骑马鼓吹俑,戴风帽,着裤褶,左衽宽袖袍;左手扶扁鼓,右手作击鼓状。马背铺红色障泥,佩有銮饰，马尾部系以深褐色革带。通高 24.8 厘米,马长 21 厘米。另一骑马鼓吹俑戴风帽,着裤褶,左衽宽袖袍,右手持筒状器(图 9)。站立击鼓俑 3 件,赤色风帽,上穿白色左衽短衫,下着长袴,腰系一鼓,高 18.5 厘米(图 10)。

鼓吹乐，是吹管乐与打击乐合奏的一种音乐艺术形式。骑马鼓吹是与铠甲马骑俑伴随出现的马上军乐队，起源于精骑善射的北方游牧民族。汉代《乐府诗集》中说：

> 横吹曲，其始亦谓之鼓吹，马上奏之，盖军中之乐也。北狄诸国，皆马上作乐，故自汉以来，北狄乐总归鼓吹署。①

其吹奏的乐器一般有长角、笳、笛、箫等吹管乐和鼓、钹等打击乐。这类军旅乐曲，音响洪亮、节奏鲜明、风格古朴、高亢威猛，比之先秦以来汉地流行的雅乐、丝竹器乐，具有明显的雄壮、粗犷、刚健、热烈的特色。鼓吹乐在北方草原上是以马上之乐的姿态，于“出入弋猎，旌旗鼓吹”的社会生活中，作为财力和权力的象征，宣扬其游牧场合威严雄壮的气势。鼓吹乐在汉代传入中原后，继续以其品格、风貌的独特而被汉地宫廷所采纳，甚至形成一种礼仪制度，进入朝堂演礼场合，成为宣扬威仪、标志身份之卤簿仪仗的组成部分。

图 10 洛阳北魏元邵墓骑马鼓吹俑（图片采自《洛阳陶俑》，北京图书馆出版社，2005 年，第 116 页）

元邵墓出土的骑马鼓吹俑无疑是模拟了当时社会生活的鼓吹乐俑，它将北魏贵族的生活场景完整地保存下来，为我们形象地展示了北魏时期仪仗队伍中鼓吹之乐的组合形式。这类骑马鼓吹俑一直到唐代仍然存在（图 11）②，与后者相

图 11 1981 年龙门东山安菩墓出土的骑马击鼓俑（洛阳市文物局提供）

① ［北宋］郭茂倩：《乐府诗集》卷第二十一《横吹曲辞》一，北京：中华书局，1998 年第 4 次印刷，第 309 页。

② 洛阳博物馆：《洛阳北魏元邵墓》，《考古》1973 年第 4 期，第 218—243 页。图版采自俞凉亘、周立主编：《洛阳陶俑》，北京：北京图书馆出版社，2005 年，第 116、117 页。

比，北魏时期骑马鼓吹俑的塞外遗风颇为浓重，显示了鲜卑入主中原不久的时代色彩。

男女乐舞俑：两墓出土为数不少的男女乐舞俑，分站立和坐式两种。杨机墓8件坐姿乐俑，计有击鼓俑、吹奏俑、弹琵琶俑以及弹奏俑等（图12）；元邵墓另有伎乐俑件。坐姿乐俑皆束发于顶，穿左衽短衫，衣袖宽博，坐而奏乐，乐器多已残失，其中吹排箫的一件较完整，高12.6厘米（图13）；另一件站立击鼓俑，从姿势推测应为击鼙鼓，左右手所持物已失（图14）。

从杨机墓弹琵琶女俑看，所持为四弦琵琶。汉代刘熙《释名·释乐器》："批杷本出于胡中，马上所鼓也。推手前曰批，引手却曰杷，象其鼓时，因以为名也。"[①]"批杷"就是琵琶，其形状为较小的圆形，适合马上竖抱演奏。其正式被称

图12　洛阳北魏杨机墓伎乐俑群（图片采自《洛阳北魏杨机墓出土文物》，《文物》2007年第11期）

图13　洛阳北魏元邵墓陶伎乐俑群（洛阳博物馆提供）

图14　洛阳北魏元邵墓击鼙鼓俑（图片采自《洛阳陶俑》，北京图书馆出版社，2005年）

① [汉]刘熙：《释名》卷第七《释乐器》第二十二，《丛书集成初编》，北京：中华书局，1985年，第107页。

为“琵琶”,大概是在魏晋时期。南北朝时从中亚地区传入一种曲项琵琶,其形状为曲颈向后弯曲近直角,梨形音箱,有四柱四弦,当时称作“胡琵琶”,演奏方式也改为横抱琵琶用拨子演奏。从杨机墓女俑怀抱的残破的琵琶的情况看,正符合曲颈琵琶柱头后曲的形状特点。

可与此相印证的是 1990 年偃师南蔡庄一座北魏晚期墓中出土的弹琵琶女俑,呈跪坐状,头戴小冠,身穿宽袖短袍,腰束带,双手横抱四弦琵琶,衣服及琵琶施红色彩绘(图 15)。[①]

图 15 偃师南蔡庄北魏墓出土的抱琵琶女俑(图片采自《洛阳陶俑》,北京图书馆出版社,2005 年,第 111 页)

史书记载:

> 北魏“自宣武以后,始爱胡声。洎于迁都,屈茨(龟兹)琵琶、五弦、箜篌、胡笛、胡鼓、铜钹、打沙罗、胡舞,铿锵镗鎝,洪心骇耳”[②]。

1973 年,山西省寿阳县库狄迴洛墓出土弹琵琶陶俑。库狄迴洛是魏齐易代之际(历经北魏、东魏、北齐三代)叱咤风云的鲜卑贵族人物,其墓中出土弹琵琶立俑两件,体态基本相同,均头戴红色束发小冠,上穿圆领窄口白色长袖衫,外罩交领阔袖红色短襦,袖口宽及膝处,上衣领口、袖口及下摆边缘饰有红色宽带纹;腰带多余部分于中间打结,反折于左侧腰间。下着宽脚及地白色长裤,两条裤带垂于腰前,足蹬圆头履。长眉细目,口涂朱色,怀抱镶黑边琵琶,左手

---

① 偃师商城博物馆:《河南偃师两座北魏墓发掘简报》,《考古》1993 年第 5 期。图版采自俞凉亘、周立主编:《洛阳陶俑》,北京:北京图书馆出版社,2005 年,第 111 页。

② [唐]杜佑:《通典》卷一四二《乐典·二》,北京:中华书局,1988 年,第 3614—3615 页。

图 16　1973 年山西寿阳县库狄迴洛墓出土的弹琵琶陶俑(观展时本人拍摄)

横持琵琶曲柄,右手抱琵琶琴身,用拨子弹奏。弹琵琶俑衣饰考究,神情端庄,形如一位五官端正、眉清目秀的青年乐手,在全神贯注地演奏。[①]它为我们诠释了北朝后期鲜卑贵族的琵琶弹奏样板(图 16)。

从元邵墓中出土的这类乐俑的情状考察,乐俑所持之乐器,有胡乐的鼓角笳笛、琵琶等,也有汉乐的瑟琴箫管。随着塞外民族的南迁,西北诸族的传统音乐开始输入中原。另一方面,中原地区陷于败落的贵族内眷,亦有辗转流离于胡狄族群中者。她们不少人沦为北方大族的音声伎人,从而将汉地音乐传至北方。这一时期洛阳所出男性乐俑,多短襦宽裤、束发于顶,所持乐器以胡乐为主,如长鼓、腰鼓、板、笛、角等,表现的是北方民间艺人合奏演出的景况。

与这些乐俑相伴,两墓同时出土有舞俑。杨机墓出土两件女舞俑,其中一件梳双髻、饰花钿,身着交领窄袖长裙,左腿站立,右腿屈膝侧身向左,左手提裙,右手扶膝,是正在进行某个舞蹈动作的瞬间凝固;另一件身穿交领窄袖长裙,左臂平举屈肘向下,右臂下垂,头微上扬,身体向右侧微微倾斜(图 17、图 18)。元邵墓女舞俑则右腿上扬,双手扶于右膝,微颔首(图 19)。舞俑均髻施黑彩,脸部圆润,红腮朱唇,裙施红彩。

这些舞俑姿态不一,动势各异,可以看出,陶艺匠人所着意刻画的乐俑瞬间动作,具有典型的画面定影的艺术用意。艺术家以炉火纯青的造型技艺,为我们勾画了一幅北朝多民族文化相融合的画卷。作为北朝文化中心城市的洛

① 王克林:《北齐库狄迴洛墓》,《考古学报》1979 年第 3 期,第 377—402 页。

图 17 洛阳北魏杨机墓出土的女舞俑 1（图片采自《洛阳北魏杨机墓出土文物》，《文物》2007 年第 11 期）

图 18 洛阳北魏杨机墓出土的女舞俑 2（图片采自《洛阳北魏杨机墓出土文物》，《文物》2007 年第 11 期）

图 19 洛阳北魏元邵墓出土的女舞俑（图片采自《洛阳陶俑》，北京图书馆出版社，2005 年，第 99 页）

阳，这里陆续出土了不少女舞俑，她们双鬟束发，长袖褶裙，动态轻盈，舞姿曼妙，展示出一派歌舞升平的景象。

男侍俑：两墓中出土多件男侍俑，是当时鲜卑皇室元氏及北魏仕人贵族生活的写照。其中的男侍俑，多头戴小冠或圆顶风帽等，穿左衽衫，下着裤，或穿左衽开口长袍，腰间束带，等等。有的作袖手拱立状，有的作手中持物状（图 20、21）。

另有孟津北陈村北魏王温墓出土的男侍俑，达 36 件之多，均头戴小冠，方额大耳，上着宽袖衫，腰束带，下着长裤，作侍立状。有的男侍俑，则头戴小毡帽，身着对襟长衣，腰束带，表现出一副社会下层贫民的外貌形象。[①]

文吏俑：一般头戴冠，身着袍衫，腰束带；或双手下垂，或拱袖而立，容貌秀雅，温良恭谨，具备北朝人像艺术的一般特征。其具体表现为：身材修长，穿圆

① 洛阳市文物工作队：《洛阳孟津北陈村北魏壁画墓》，《文物》1995 年第 8 期，第 26—35 页。

领、开领或斜领的衫或袍，外套裲裆，腰束带，下身穿大口裤，双手合拱，或一手置于胸前；另有一种头戴小冠，长袍及地，衣袖宽大，一副清秀超俗、潇洒不群的卿士风流状。如在偃师北魏元睿墓中出土的六件文吏俑，均为头戴小冠，上穿左衽宽袖长衫，下着束裤，足蹬靴，腰束带，双手拱于胸前的形象①。这里所谓的小冠，时人称为“平上帻”，是从汉代的巾帻流传下来的一种冠饰，但与汉代略有不同的是小冠多无梁，帻后加高，体积逐渐缩小至顶尖。这种小冠被上下各个阶层使用，并流行于南北不同的地区，甚至于孝文帝改服制以后，中原地区尚

图 20　洛阳北魏杨机墓男侍俑（图片采自《洛阳北魏杨机墓出土文物》，《文物》2007 年第 11 期）

图 21　洛阳北魏元邵墓男侍俑（洛阳博物馆提供）

图 22　洛阳北魏杨机墓文吏俑（图片采自《洛阳北魏杨机墓出土文物》，《文物》2007 年第 11 期）

① 中国社会科学院考古研究所河南二队：《河南偃师县杏园村的四座北魏墓》，《考古》1991 年第 9 期，第 818—831 页。

有使用的情况。文吏俑所穿的衫或袍，是北朝汉族男子的常见服饰，尤其是衫襦，在北朝一代十分流行(图22)。

僮仆俑：元邵墓、杨机墓中还有相当数量的僮仆俑，他们或役舂，或执箕，生动地传达出鲜卑贵族庄园式生活的劳动情节。其中男俑胸口敞开的服饰装扮，女俑画眉、涂胭脂的容貌修饰，反映出北朝时期自由放浪的社会风气（图23、24、25、26、27)。

事实上，由于少数民族入主中原，黄河流域不

图23　洛阳北魏杨机墓抱物俑(图片采自《洛阳北魏杨机墓出土文物》，《文物》2007年第11期)

图24　洛阳北魏杨机墓执盆俑(图片采自《洛阳北魏杨机墓出土文物》,《文物》2007年第11期)

图25　洛阳北魏元邵墓执箕俑（洛阳博物馆提供)

图26　洛阳北魏元邵墓执盆俑(图片采自《洛阳陶俑》,北京图书馆出版社,2005年,第96页)

图27　洛阳北魏元邵墓出土的抱婴俑(图片采自《洛阳陶俑》，北京图书馆出版社,2005年,第98页)

仅出现了极具北方游牧民族时尚的甲骑具装俑，而且北朝陶塑在继承汉地优秀传统的基础上，又吸收了佛教造型艺术的特点——人物俑或威武昂扬，或温文恭谨，或神气和悦，或秀骨清像，处处洋溢着佛家心怀向善的艺术追求。

值得一提的是，元邵等北魏士族墓葬中的仪仗俑群中，出现了为数众多的造型生动的骆驼俑、马俑和镇墓兽俑，从而为我们了解北朝时期人与动物的生态互动，提供了绝佳的视觉材料（图 28、图 29）。杨机墓出土的骏马鞍辔鲜明、挺立欲嘶、劲健异常，此神态的出现，应该与古代鲜卑等北方游牧民族对骏马的特殊喜爱有关（图 30）。

图 28　洛阳北魏杨机墓出土的陶骆驼（图片采自《洛阳北魏杨机墓出土文物》，《文物》2007 年第 11 期）

考古发掘表明，在北朝晚期的后周、西魏、东魏、北齐墓中都有这种铠甲骑马俑的出现。它真实地记录了当时北方少数民族内徙、汉化的进程，以及在人文领域给中原造型艺术带来的粗犷豪爽气息。

1983 年，宁夏固原南郊乡深沟村李贤夫妇合葬墓出土仪仗俑 42 件，可以

图 29　洛阳北魏杨机墓出土的陶驮马（图片采自《洛阳北魏杨机墓出土文物》，《文物》2007 年第 11 期）

图 30　洛阳北魏杨机墓出土的陶马俑（图片采自《洛阳北魏杨机墓出土文物》，《文物》2007 年第 11 期）

作为这种仪仗卤簿制度的延续。①

三、元、杨两墓陶俑群像体现出来的中原社会胡化风习

研究发现，元邵、杨机墓的陶俑形象，体现了多种民族文化因素相融的状况，这与北魏晚期中原地区的民族融合与中外文化交流的碰撞息息相关。

毋庸赘言的事实是，北魏皇权本身是由鲜卑拓跋部建立的政权，拓跋部统一北方后，为了得到尽可能多的社会阶层的认同，实行了一系列汉化政策，从而加速了黄河流域民族融合的进程。而内迁各族和汉族之间的融合，又极大地丰富了中原人民的物质生活和精神生活，如饮食和服饰中的胡饼和胡服、音乐方面的胡汉混合乐舞等，即是中外民族文化交流的结果。

在这一历史环境下，元邵、杨机墓随葬的陶塑中，即出现了大量的与少数民族文化表征密切相关的题材内容，如各式胡俑、陶骆驼，以及有关陶俑中所体现的胡服与胡乐等。

胡俑：由于北朝时期中原地区出现了鲜卑、匈奴、羯、氐、羌等少数民族与汉族的融合，所以在北朝陶俑中，少数民族的人物形象占有十分突出的地位。

反映在两墓中的胡人俑多高鼻深目、满头卷发，头戴瓜形小帽或小毡帽，圆领窄袖长衫，穿肥裤，蹬长靴，担任执事、侍役、僮仆、御夫或武士的角色（图31、图32）。

杨机墓22件武士俑皆为胡俑形象，可为我们对胡俑在北魏社会的行事做形象考察。

武士俑：铠甲武士俑一般头戴尖锥形盔，身穿圆领窄袖长衣，外罩铠甲；左臂曲举，手握拳，有孔眼；右手下垂贴体，握拳向上，原应持有武器（图33）。

另有扶盾和按剑两式。持盾武士俑形体高大，是其他俑的一倍以上，颀长威武、瞠目决眦、鼻梁高耸、嘴角下撇、面目狰狞，头戴护耳头盔，身穿有护颈的

---

① 韩兆民：《宁夏固原北周李贤夫妇墓发掘简报》，《文物》1985年第11期。第1—20页。

图 31 洛阳北魏元邵墓出土的彩绘男胡俑（图片采自《丝绸之路文物》，河南美术出版社，2011 年，第 3 页）

图 32 洛阳北魏元邵墓出土的彩绘陶蹲坐胡俑（洛阳市文物局提供）

图 33 洛阳北魏杨机墓出土的铠甲武士俑（图片采自《洛阳北魏杨机墓出土文物》，《文物》2007 年第 11 期）

明光铠，云肩式搭膊，下着护腿甲裙，右手握拳，左手按狮面、虎头长盾，全身甲胄包裹严密（图 34–1、图 34–2、图 35）。

明光铠是一种在胸背之处装有金属圆护的铠甲。圆护大多用铜铁等金属制成，打磨得十分光亮，犹如镜子。穿着它在太阳下作战，会反射出耀眼的“明光”，故而得名。这种铠甲在南北朝的后期开始普及，直到隋唐时期，仍为军队将官的主要装备。

扶剑武士俑头戴圆顶风帽，披长风衣，着缚裤，手持长剑，其张口決眦的神态让人望而生畏、不寒而栗（图 36）。

北魏胡俑群像，都呈现出高鼻深目的欧罗巴人

图 34–1 洛阳北魏杨机墓出土的持盾武士俑（图片采自《洛阳北魏杨机墓出土文物》，《文物》2007 年第 11 期）

图34–2 洛阳北魏杨机墓持盾武士俑(图片采自《洛阳北魏杨机墓出土文物》,《文物》2007年第11期)

图35 洛阳北魏元邵墓出土的持盾武士俑(本人拍摄)

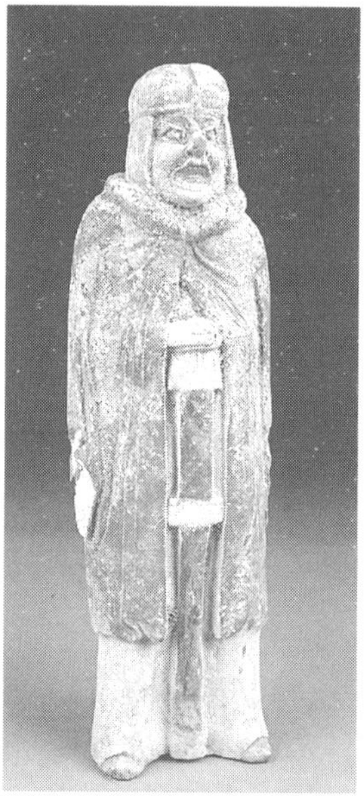

图36 洛阳北魏杨机墓出土的持剑武士俑(图片采自《洛阳北魏杨机墓出土文物》,《文物》2007年第11期)

种的特征。

对于考古发现中胡人在北魏时期多见于兵武的原因，文献给我们提供了明示。

《资治通鉴》一五七梁武帝大同三年(537年)九月条云:

> (高)欢每号令军士,常令丞相属代郡张华宣旨。其语鲜卑则曰:"汉民是汝奴,夫为汝耕,妇为汝织,输汝粟帛,令汝温饱,汝何为陵之?"其语华人则曰:"鲜卑是汝客,得汝一斛粟、一匹绢,为汝击贼,令汝安宁,汝何为疾之?"①

女侍俑:两墓出土女侍俑中大多呈上衣下裤式,即袴褶式衣着。其基本样

① [北宋]司马光编著、胡三省音注:《资治通鉴》卷一五七《梁纪》十三,北京:中华书局,1970年10月第4次印刷,第4482页。

图 37 洛阳北魏元邵墓出土的穿裤褶女侍俑(图片采自《洛阳陶俑》,北京图书馆出版社,2005 年,第 102 页)

图 38 洛阳北魏杨机墓出土的穿裤褶女侍俑(图片采自《洛阳北魏杨机墓出土文物》,《文物》2007 年第 11 期)

式为上着宽袖(或窄袖)长衣,下穿大口裤,两膝处各束一带(图 37、38)。

女侍俑所穿的裤褶是北方游牧民族的传统骑射服装,基本款式为上身穿齐膝大袖衣,下身穿肥管裤。穿大口裤行动不便,故用锦带将裤管缚住,又称缚裤。魏晋时期的冠帽是将汉代的帻后加高,体积逐渐缩小至顶,时称"平上帻"或"小冠"。如在这种冠帻上加以笼巾,即成"笼冠",是魏晋南北朝时期的主要冠饰,男女皆用。因以黑漆细纱制成,又称"漆纱笼冠"。戴笼冠或小冠、穿裤褶的装束是北朝侍从的常服。

三国两晋时期,裤褶服主要流行于少数民族地区,被视为异族服饰,不为时人接受。

《魏志·崔琰传》记载,魏文帝为皇太子时,穿了裤褶出去打猎,有人劝谏他说:

> 今邦国殄瘁,惠康未洽,士女企踵,所思者德。况公亲御戎马。上下劳惨,世子宜遵大路,慎以行正,思经国之高略,内鉴近戒,外扬远节,深惟储副,以身为宝,而猥袭虞旅之贱服,忽驰骛而陵险,志雉兔之小娱,忘社稷之为重,斯诚有识所以恻心也。唯世子燔翳捐褶,以塞众望,不令老臣获罪于天。[①]

① [晋]陈寿撰、裴松之注、陈乃乾校点:《三国志》卷十二《魏书》十二,北京:中华书局。1964 年,第 368 页。

到南北朝时期，袴褶则在汉族中也流行开来，汉族上层社会男女也都穿裤褶。

《宋书·帝纪》说，宋后废帝刘昱（473—476 年）“常着小裤褶，未尝服衣冠”[①]。

《南史·帝纪》则说：“（齐东昏侯）戎服急装缚袴，上着绛衫，以为常服，不变寒暑。”[②]

《梁书·陈伯之传》记载，褚緭写了一首诗以讽刺后魏人，诗曰：“帽上着笼冠，袴上着朱衣，不知是今是，不知非昔非。”[③]反映了时人的衣着时尚。

南北朝时期，时人的裤褶还用锦绣织成料、毛罽等来制作，配上脚踏长靿靴或短靿靴，既实用又时尚。偃师寨后出土的甲骑具装俑外罩褶衣（见图6）、杨机墓出土的穿裤褶女侍俑的褶衣，其色彩和质感即符合此种形象（见图 37）。

从北魏墓葬出土的女俑来看，身穿宽袖短衣、下着裙的襦裙式，是当时汉地妇女的主要服装。这种服装宽衣博带，体现的是一种宽博的风格，其特点是开领、衣袖宽大，腰间用帛带系扎，上穿宽袖短衫，下系及地长裙。裙褶规则地列于腰间或身后，衣纹稠密，衣袖宽垂至膝部以下。腰身紧束，身材修长，与同期石窟造像中的女性身态接近。

据此观之，北魏杨机墓中出土的女侍俑中也有一部分穿襦裙式的服装，但着窄袖上襦，是受胡服影响变化了的一种服饰。其特点是腰身紧窄，腹部略显前凸，与前述的宽衣博带形成鲜明的对比（图 39）。

图 39　洛阳北魏杨机墓出土的穿窄袖襦裙女侍俑（图片采自《洛阳北魏杨机墓出土文物》，《文物》2007 年第 11 期）

① [南朝]沈约：《宋书》卷九《本纪》第九，北京：中华书局，1974 年，第 189 页。
② [唐]李延寿：《南史》卷五《齐本纪》下，北京：中华书局，1975 年，第 151 页。
③ [唐]姚思廉撰：《梁书》卷二十，北京：中华书局，1973 年，第 315 页。

四、文献的回溯：元、杨墓葬陶俑与北魏民族融合的历史背景

元邵、杨机墓陶俑形象的文化定型，启发我们对相关时代的人文背景做一巡礼性回放，这无疑有助于我们对上述文物时态做出文化生态学视域的思考。

史载太武帝时期，北魏政府屡遣使者沟通西域。

太延元年(435年)，“遣使者二十辈使西域”[①]。

二年(436年)，“遣使六辈使西域”[②]。

三年(437年)，“遣散骑侍郎董琬、高明等多赍锦帛出鄯善，招抚九国，厚赐之。……琬过九国，北行至乌孙国。其王得魏赐，拜受甚悦。……琬于是自向破洛那，遣明使者舌。乌孙王为发导译，达二国，琬等宣诏慰赐之。已而琬、明东还，乌孙、破洛那之属遣使与琬俱来贡献者十有六国。自后相继而来，不间于岁，国使亦数十辈矣”[③]。

太平真君五年(444年)三月，“遣使者四辈使西域”[④]。

而西域各国对中原地区的贡使派遣，亦络绎连绵、不绝于途。文献中大量西域各国与北魏政权相互交往的实例可以为证。

正平元年(451年)正月，“破洛那、罽宾、迷密诸国各遣使朝献”[⑤]。

献文帝皇兴二年(468年)，北魏遣“使者韩羊皮使波斯，波斯王遣使献训象及珍物。经于阗，于阗中于王秋仁辄留之，假言虑有寇不达。羊皮言状，显祖怒，又遣羊皮奉诏责让之”[⑥]。

宣武帝景明三年(502年)，疏勒、罽宾、婆罗捺、乌苌、阿喻陀、罗婆、不仑、陀拔罗、弗波女提、斯罗、哒舍、伏耆奚那太、罗槃、乌稽、悉万斤、朱居槃、诃盘

---

① [南朝]魏收：《魏书》卷四下《世祖纪》，北京：中华书局，1974年，第85页。
② [南朝]魏收：《魏书》卷四下《世祖纪》，北京：中华书局，1974年，第87页。
③ [唐]李延寿：《北史》卷九七《西域传》，北京：中华书局，1974年，第3206页。
④ [南朝]魏收：《魏书》卷四下《世祖纪》，北京：中华书局，1974年，第105页。
⑤ [南朝]魏收：《魏书》卷四下《世祖纪》，北京：中华书局，1974年，第105页。
⑥ [南朝]魏收：《魏书》卷一〇二《西域传》，北京：中华书局，1974年，第2263页。

陀、拨斤、厌味、朱沴洛、南天竺、持沙那斯头诸国并遣使朝贡①。

正始四年(507年)九月甲子:

> 疏勒、车勒、阿驹、南天竺、婆罗等诸国遣使朝献。……冬十月丁巳,高丽、半社、悉万斤、可流伽、比沙、疏勒、于阗等诸国并遣使朝献。……戊辰,疏勒国遣使朝贡。②

> 永平元年(508年)"二月辛未,勿吉、南天竺国并遣使朝献……三月……己亥,斯罗、阿陀、比罗、阿夷义多、婆那伽、伽师达、于阗诸国并遣使朝献。秋七月辛卯,高车、契丹、汗畔、罽宾诸国并遣使朝献。……是岁,高昌国王麴嘉遣其兄子私署左卫将军孝亮奉表来朝,因求内徙,乞师迎接"。③

> 永平二年(509年)正月"丁亥,胡密、步就磨、忸密、槃是、悉万斤、辛豆(身毒)、那越、拔忸诸国并遣使朝献。壬辰,嚈哒、薄知国遣使来朝,贡白象一。乙未,高昌国遣使朝贡。……三月癸未,磨豆罗、阿曜社苏突阇、地伏罗诸国并遣使朝献。……十有二月,……叠伏罗、弗菩提、朝陀咤、波罗诸国并遣使朝献"。④

> 永平三年(510年)"九月壬寅,乌苌、伽秀沙尼诸国并遣使朝献。丙辰,高车别帅可略汗等率众一千七百内属。(十月)戊戌,高车、龟兹、难地、那竭、库莫奚等诸国并遣使朝献"。⑤

> 永平四年(511年)"三月癸卯,婆比幡弥、乌苌、比地、乾达诸国并遣

① [南朝]魏收:《魏书》卷八《世宗纪》,北京:中华书局,1974年,第195页。
② [南朝]魏收:《魏书》卷八《世宗纪》,北京:中华书局,1974年,第204—205页。
③ [南朝]魏收:《魏书》卷八《世宗纪》,北京:中华书局,1974年,第205—207页。
④ [南朝]魏收:《魏书》卷八《世宗纪》,北京:中华书局,1974年,第207—209页。
⑤ [南朝]魏收:《魏书》卷八《世宗纪》,北京:中华书局,1974年,第209—210页。

使朝献。……六月乙亥,乾达、阿婆罗、达舍、越伽使密、不流沙诸国并遣使朝献。……八月辛未,阿婆罗、达舍、越伽使密、不流沙等诸国并遣使朝献。……九月甲寅,……嚈哒、朱居槃、波罗、莫伽陀、移婆仆罗、俱萨罗、舍弥、罗槃陀等诸国并遣使朝献。……冬十月丁丑,婆比幡弥、乌苌、比地、乾达等诸国并遣使朝献。……十有一月……戊申,难地、伏罗国并遣使朝献”。①

延昌元年(512年)“戊申,疏勒国遣使朝献。……三月辛卯朔,渴槃陀国遣使朝献。……(十月)嚈哒、于阗、高昌及库莫奚诸国并遣使朝献”。②

二年(513年)八月“庚戌,嚈哒、于阗、槃陀及契丹、库莫奚诸国并遣使朝献”。③

三年(514年)“十有一月庚戌,南天竺、佐越、费实诸国并遣使朝献”。④

如此众多的史书记载,足以说明北魏时期中西文化交流之繁盛,如此,各种文化的碰撞与交流便在所难免,亦在情理之中。

值得特别提及的是,音乐史籍的记载,还为我们提供了文化领域多民族相互影响的例证。

如史载北魏:

自宣武以后,始爱胡声。洎于迁都,屈茨(龟兹)琵琶、五弦、箜篌、胡笛、胡鼓、铜钹、打沙罗、胡舞,铿锵镗鎝,洪心骇耳。抚筝新靡绝丽,歌响全

---

① [南朝]魏收:《魏书》卷八《世宗纪》,北京:中华书局,1974年,第210—211页。
② [南朝]魏收:《魏书》卷八《世宗纪》,北京:中华书局,1974年,第211—212页。
③ [南朝]魏收:《魏书》卷八《世宗纪》,北京:中华书局,1974年,第213页。
④ [南朝]魏收:《魏书》卷八《世宗纪》,北京:中华书局,1974年,第214页。

似吟哭，听之者无不悽怆，琵琶及当路琴瑟殆绝音。皆初声颇复闲缓，度曲转急躁。按此音所由，源出西域诸天诸佛韵调。娄罗胡语，直置难解，况复被之土木？是以感其声者，莫不奢淫躁竞，举止轻飚。或踊或跃，乍动乍息，蹻脚弹指，撼头弄目，情发于中，不能自止。论乐岂须钟鼓，但问风化浅深。虽此胡声，足败华俗。非唯人情感动，衣服亦随之以变。长衫戆帽，阔带小靴，自号惊紧，争入时代；妇女衣髻，亦尚危侧，不重从容，俱笑宽缓。……易俗移风，实在时政。①

这段带有叙事风格的文字，为我们描述了一个自由奔放而富有风情的时代：中原自上而下对胡部音声的偏爱喜好、情有独钟；西域胡人的络绎东来，则将琵琶、箜篌等胡乡乐器带入中原，它们带来了不同于内地的曲风和舞蹈，其乐段激荡多变、舞姿奔放摇曳，对中原世俗社会带来的心理冲击和审美享受可谓情感激烈，余音袅绕！由此观之，乐舞与服饰的胡化，正是这一时代民族融合的时代象征。

洛阳北魏元邵墓、杨机墓出土的陶俑中体现出浓厚的少数民族文化特征，尤其是鲜卑文化的特征；同时，随着北魏时期民族融合与文化交流的日益广阔，内迁各族和汉族的融合进一步加强，鲜卑人的物质生活和精神生活得到极大丰富。从两墓的实物例证可以看出，它们中的许多文化元素都与唐代有传承关系，从这个意义上说，北魏是具有开创精神的时代。深入地解析和研究两墓的文物内涵，为多视角、多层次了解北魏社会人文情态提供了绝好的资料。

① ［唐］杜佑：《通典》卷一四二《乐典·二》，北京：中华书局，1988 年，第 3614—3615 页。

洛阳出土《汝南王修治古塔铭》刻石与北魏的佛教文化交流

公元5世纪末,来自北方草原的拓跋鲜卑入主中原后,便掀起了一股自上而下的崇佛风潮,北魏成了一个前所未有的宗教浪潮风起云涌的时代。现今所能见到的文献及考古发掘的文物资料,都为我们灵动鲜活地讲述着一个异彩纷呈的时代,展示着那个时代多种文化交流蓬勃兴起的社会风貌。其中以《汝南王元悦修治古塔铭》为代表的一系列佛教文物最具史实风尚,备受关注。

一、北魏《汝南王修治古塔铭》刻石纪要

这块出土于洛阳汉魏故城南郊灵台遗址的北魏《汝南王修治古塔铭》刻石,高31厘米,宽47.5厘米,厚5.5厘米。内刊楷书铭文22行,行满17字。兹以行次顺序,录文如下:

侍中太尉公汝南王修治古塔,时年卅一造。/
夫非善莫能崇洪业,非恶无以坠苦津。要藉/
目兴以感杲,假修行而招缘,处迷每而悟空。/
居贰境以晓真,贪觉门以进神,希正路而耸/
思。慕善见之苦行,仰须达而舍财。信生情表,/

想起心里，虽少诞乾宫，长育坤庭，正应骄欲/
自恣，奢严任怀。何其志身，立诚猛已。而/
能弃有薄荣，专以贪无。磨诃大檀越清信士/
侍中太尉公汝南王元悦，敬修古塔，毁坏形/
像。更加功力在，令新使如初，妍本昔始。或/
随功德普治，丽尊仪容，严净等妙，令/
道俗众生者增善。以斯微因，仰资/
高祖孝文皇帝，愿灵飞十方，神出三界，面奉/
慈氏，闻法悟空。神超生死，逢师〔狮〕子吼，值龙花/
坐。次愿皇帝陛下、皇太后二圣钦明，/
治同三光，万岁无疆。下及蠕动蠢类，一切法/
界众生，永断五恶趣，常□六道形，速发菩提/
心，忽□法津荣。咸蒙慈愿故，普登正觉明，凝□/
世如空，安乐恒不倾，超越百非表，端坐涅槃/
城，湛尔苌满是，灵智坚固平。/
大魏正光五年闰月十日/
威例将军汝南王侍郎宋普管作(图1、图2)。

图1 《汝南王修治古塔铭》刻石(张乃翥先生提供)

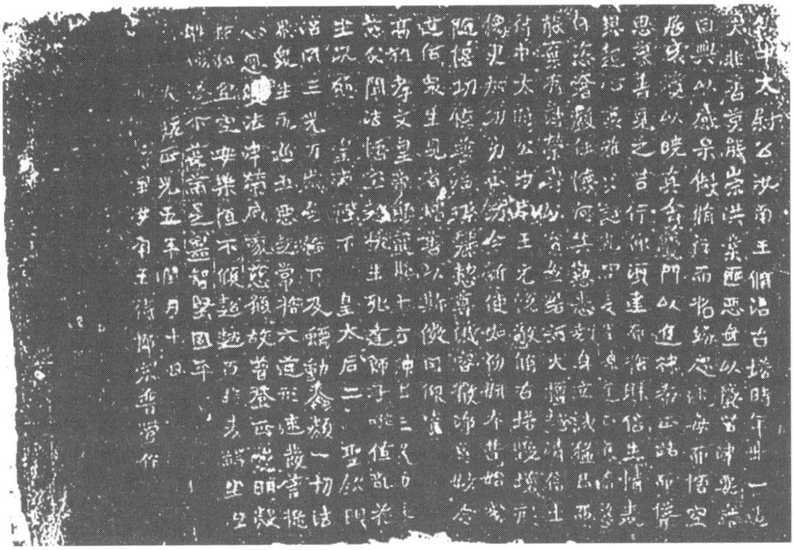

图 2 《汝南王修治古塔铭》拓片(张乃翥先生提供)

这件出土文物堪称北魏佛教石刻遗迹中的代表之作,在研究北魏政治、宗教、文化史方面有着弥足珍贵的史料价值。

从石刻铭文叙事中可知,时年 31 岁的北魏侍中、太尉公、汝南王元悦,于正光五年(524 年)闰月十日在灵台旧址修建佛塔一座。

其修塔缘由,如碑铭中所言,主要在于"非善莫能崇洪业,非恶无以坠苦津,要藉目兴以感杲,假修行而招缘,处迷每而悟空,居戒境以晓真。贪觉门以进神,希正路而耸思,慕善见之苦行,仰须达而舍财,信生情表,想起心里。……",此其一;"仰资高祖孝文皇帝,愿灵飞十方,神出三界,面奉慈氏,闻法悟空。神超生死,逢〔狮〕师子吼,值龙花坐。次愿皇帝陛下、皇太后二圣钦明,治同三光,万岁无疆",此其二。

简而言之,对佛法的痴迷和感念、祈愿父母长寿,成为汝南王毕其功于一役的终极动力和缘由。

二、元悦浮图铭刻石的时代背景

征诸史籍，我们知道作为本件铭主的“汝南王”，即北魏孝文帝元宏的第六子元悦，母罗氏，乳兄元怿。史载：“汝南王悦，好读佛经，览书史，为性不伦，倜傥难测。”①

有关元悦在灵台修治佛塔之遗事，古籍文献有相应的记事。北魏杨衒之《洛阳伽蓝记》卷三《城南·大统寺》条记载：

> 大统寺“寺东有灵台一所。基址虽颓，犹高五丈余，即是汉(光)武帝所立者。灵台东辟雍，是魏武所立者。至我正光(520—524 年)中，造明堂于辟雍之西南，上圆下方，八窗四闼，汝南王(元悦)复造砖浮图于灵台之上”。②

> 洛阳建阳里“时有隐士赵逸，云是晋武(晋武帝司马曜)时人，晋朝旧事，多所记录、正光初，来至京师，见(杜)子休宅，叹息曰：‘此宅中朝时太康寺也，时人未信，遂问寺之由绪。’逸云：‘龙骧将军王濬平吴之后，始立此寺。本有三层浮图，用砖为之。’指子休园中曰：‘此是故处。’子休掘而验之，果得砖数十万，兼有石铭曰：‘晋太康六年，岁次乙巳，九月甲戌朔，八月辛巳仪同三司襄阳侯王濬敬造。’”

> 又“步兵校尉李澄问曰：‘太尉府前砖浮图，形制甚古，犹未崩毁，未知早晚造？’逸云：‘晋义熙十二年，刘裕伐姚泓，军人所作。’汝南王闻而异之，拜为义父。因问：‘何所服饵，以致长年？’逸云：‘吾不闲养生，自然长

① [唐]李延寿撰：《北史》卷十九《孝文六王·汝南王悦传》，北京：中华书局，1974 年，第 718 页。
② [北魏]杨衒之著、范祥雍校注：《洛阳伽蓝记校注》卷三《城南》条，上海：上海古籍出版社，1978 年，第 140 页。

寿。郭璞(字景纯,晋时妙于阴阳算历者)尝为吾筮云,寿年五百岁,今始余半。"①

汝南王元悦拜隐士赵逸为义父,并将其视为奇人,为求长寿,也许即为汝南王修治古塔之真正原因。

元悦一生的信教业绩中,除了出资在大统寺东侧修建这座浮图外,亦曾修葺过洛阳的景乐尼寺。

史载:

景乐寺,太傅清河文献王(元)怿所立也。……有佛殿一所,象辇在焉,雕刻巧妙,冠绝一时。堂庑周环,曲房连接,轻条拂户,花蕊被庭。至于大斋,常设女乐。得往观者,以为至天堂。及文献王薨,寺禁稍宽,百姓出入,无复限碍。后汝南王悦复修之。悦是文献之弟,召诸音乐,逞伎寺内。奇禽怪兽,舞抃殿庭,飞空幻惑,世所未睹。异端奇术,总萃其中。剥驴投井,植枣种瓜,须臾之间,皆得食用。士女观者,目乱睛迷。②

古籍、文物如此记事,说明元悦的确为北魏王族中倾心佛教的一位上层人物。这与拓跋王朝自平成时代以来举国上下崇信佛教的国度特征有着显然的一致性。

如众所知,北魏故都平城西郊"雕饰奇伟"的云冈石窟,即是迁都以前拓跋王朝享誉世界的佛教功德遗迹。

而龙门石窟诸如古阳洞、宾阳洞、莲花洞、皇甫公窟、魏字洞、普泰洞等造像洞窟,亦为北魏上层社会遗留至今的文化遗产。在这其中如魏宣武帝元恪、长乐王丘穆陵亮、安定王元燮、广川王贺兰汗、北海王元详、齐郡王元祐、清河

① [北魏]杨衒之著、范祥雍校注:《洛阳伽蓝记校注》卷二《城东》条,上海:上海古籍出版社,1978年,第88—90页。

② [北魏]杨衒之著、范祥雍校注:《洛阳伽蓝记校注》卷一《城内》条,上海:上海古籍出版社,1978年,第52—53页。

王世子元善见及外戚太尉公皇甫度、陇西公姚尊、辅国将军杨大眼、夏州刺史赫连儒、司徒崔浩夫人李要光等上层显贵，都在龙门石窟留下了精美绝伦的佛教艺术遗迹。[①]其中宣武帝为其父母孝文帝和文昭皇太后所做功德而建的宾阳三洞，"从景明元年至正光四年(500—523年)六月以前，用工八十万二千三百六十六"[②]。其工程浩大艰巨，讫北魏末叶尚未竣工，可见这类佛教石刻工程耗费了几多资源。

与此同时，仅在洛阳地区，围绕龙门石窟而分布的卫星石窟，即有龙门西边的虎头寺石窟、鸦岭石窟，东边的水泉石窟、巩县(今巩义市)石窟，北边的万佛山石窟、西沃石窟、谢家庄石窟，南边的铺沟石窟等多处规模宏伟的石窟造像。

除此之外，遍布洛阳地区的佛教寺院，亦是北魏朝野佞信佛法的文化遗迹。唯其卓卓独迈于寰中，故有文墨称著于古今。

《洛阳伽蓝记》序北魏京都佛教繁盛有谓：

> 自顶日感梦，满月流光。阳门饰豪眉之像，夜台图绀发之形，尔来奔竞，其风遂广。至晋永嘉(307—312年)，(洛阳)唯有寺四十二所。逮皇魏受图，光宅嵩洛，笃信弥繁，法教愈盛。王侯贵臣弃象马如脱屣，庶士豪家舍资财若遗迹。于是昭提栉比，宝塔骈罗，争写天上之姿，竞摸山中之影；金刹与灵台比高，广殿共阿房等壮。岂直木衣绨绣、土被朱紫而已哉。……周室京城，表里凡有一千余寺。[③]

史载，当时洛阳城中最为著名的永宁寺：

> 熙平元年(516年)灵太后胡氏所立也。……外国所献经像，皆在此

① 张乃翥：《论龙门造像题记在北朝佛教研究中的史料价值》，《北朝研究》1993年第2期，第59—66页；《龙门石窟与北方民族文化》，《东方文化》1993年第1期，第69—86页；《从龙门造像铭记看北朝佛教续稿》，《东方文化》1997年第1期，第48—57页。

② [北齐]魏收：《魏书》卷一一四《释老志》，北京：中华书局，1974年，第3043页。

③ [北魏]杨衒之著、范祥雍校注：《洛阳伽蓝记校注·序》，上海：上海古籍出版社，1978年，第1页。

寺。……时有西域沙门菩提达摩者，波斯国胡人也。起自荒裔，来游中土，见金盘炫日，光照云表，宝铎含风，响出天外。歌咏赞叹，实是神功。自云："年一百五十岁，历涉诸国，靡不周遍。而此寺精丽，阎浮所无也。极佛境界，亦未有此。"口唱南无，合掌连日。①

20世纪80年代以来，中国文物部门对永宁寺及其中部九层木塔遗址曾经做过三次大规模的考古发掘与清理。在塔基周围废弃的堆积层中清理出大约两千多件彩绘泥塑的残件，主要有佛、菩萨、弟子、众僧、供养人、飞天、动物等艺术形象（图3、图4）。其题材构造之个性鲜明、意趣逼真，形神兼备、生动传神，展现出炉火纯青的造型技艺，具有无与伦比的艺术价值，是世界美术史上具有翘楚地位的文化遗产。

图3-1 洛阳北魏永宁寺遗址出土的陶塑人物（图版采自中国社会科学院考古研究所《洛阳北魏永宁寺——1979—1994年考古发掘报告》）

图3-2 洛阳北魏永宁寺遗址出土的陶塑人物（本人拍摄）

① ［北魏］杨衒之著、范祥雍校注：《洛阳伽蓝记校注》卷一《城内》条，上海：上海古籍出版社，1978年，第1—5页。

图 3-3　洛阳北魏永宁寺遗址出土的陶塑人物头像(本人拍摄)

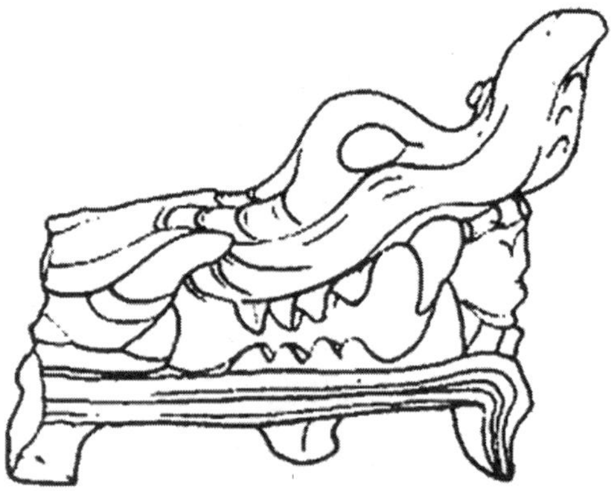

图 4　洛阳北魏永宁寺遗址出土的陶摩羯鱼线图(图片采自中国社会科学院考古研究所《洛阳北魏永宁寺——1979—1994 年考古发掘报告》,中国大百科全书出版社,1996 年)

> 景明寺,宣武皇帝所立也。……伽蓝之妙,最得称首。时世好崇福,四月七日,京师诸像皆来此寺。尚书祠曹录像凡有一千余躯。至八日节,以次入宣阳门,向阊阖宫前受皇帝散花。于时金花映日,宝盖浮云,幡幢若林,香烟似雾。梵乐法音,聒动天地。百戏腾骧,所在骈比。名僧德众,负锡为群;信徒法侣,持花成薮。车骑填咽,繁衍相倾。时有西域胡沙门见此,唱言佛国。①

这些历史遗迹不但显示出中外文化交流的事象多彩，更折射出北魏京都士庶各界佛教崇拜的极尽狂热。

查考北魏时代洛阳地区遗留下来的石刻佛教文化遗迹，以下两例值得向读者推荐：

1984 年 11 月,偃师县南蔡庄乡宋湾村收集到北魏正光四年(523 年)扫逆将军翟兴祖等人的造像碑。该碑高 1.12 米、宽 0.395 米、厚 0.11 米,呈长方形,青石灰岩质。此造像碑四面刻,今所见为碑阳及两侧拓本。造像乃背龛式,饰帷

---

① [北魏]杨衒之著、范祥雍校注:《洛阳伽蓝记》卷三《城南》条,上海:上海古籍出版社,1978 年,第 132—133 页。

幕，主尊微残，两侧二协饰弟子、二菩萨弟子，座下莲花宝瓶，二护法狮子，其次为造像题记，再次刻供养人，碑侧上部分刻思维禅定等，余皆减地线刻供养人。造像碑前、后、左、右均有造像，造像形式分高浮雕和浅线刻两种，造像内容分佛龛、佛传故事和施主肖像，正面中间为造像记，主要叙述翟兴祖等人发愿造像之内容。据考证，当是洛中宝明寺的遗物(图5)。①

图5 北魏翟兴祖造像碑（图片采自《北魏正光四年翟兴祖等人的造像碑》，《中原文物》1985年2期）

洛阳近代还出土过一通北魏石刻造像碑，该碑大理石质地，平趺、螭首，通高126厘米，宽68厘米，厚18厘米。②

这件造像碑碑首的中央，雕刻一龛善跏趺坐姿的弥勒和胁持菩萨共三尊人物形象，龛旁有“弥勒主赵庆知”的题名。由此可见，该碑是在家信士赵庆知因尊奉《弥勒下生经》而做出的功德布施行为，这在北魏时代的洛阳，是具有普遍代表性的宗教事态。

该碑碑身自上而下排列着三层情节单元，分别表现出三个相对独立的叙事画面：

第一层：中央刊释迦、多宝二佛并坐，其经典依据乃北魏时代极其流行的《妙法莲华经》。

上述画面的右侧，雕出一幅释迦牟尼菩提树下悟道成佛的画面，图中释迦

① 李献奇：《北魏正光四年翟兴祖等人的造像碑》，《中原文物》1985年第2期，第21—26页。
② 洛阳古代艺术馆：《洛阳魏唐造像碑摭说》，《文物》1984年第5期，第44—53页。

图6 洛阳出土的北魏造像碑（图片采自《北魏正光四年翟兴祖等人的造像碑》,《中原文物》1985年2期）

牟尼瘦骨嶙峋、胸肋暴露,生动传神地表达出当年这位悉达多太子于菩提树下弃绝饮食、冥想世理的修行境界。

第二层:碑面中央雕刻一幅众比丘环绕供养窣堵波的画面。窣堵波左右刊刻坐于花鬘斗帐下的文殊师利菩萨与卧于歇山顶殿堂内的维摩诘居士滔滔论辩的场面。其经典依据为当时流行的《维摩诘所说经》。

第三层:画面展示了众伎乐天人凌空翔集于自地下涌现而出的佛陀(图6)。

这一造像碑的人物刻画及装饰浮雕,从艺术风格上考察,具有北魏中原雕刻委婉精丽、秀骨清像的审美特征,从中可以看出佛教艺术中国化的意境取向。

至此,众多纷繁的出土文物向我们展示出了一幅立体画卷,从中可以看出,当年元悦之一再斥资于佛教建筑的"修治",实乃北魏朝野上下佞佛如痴时代环境所使然。

三、元悦浮图铭与北魏时代的中外文化交流

不仅如此,在我们回味元悦塔铭叙事缘由的过程中,我们尚且可以发现这一石刻文献的语境取向有着十分值得探讨的价值。

元氏在塔铭中自称"磨诃大檀越、清信士",说明他当时修建此塔时的身份为在家信佛者。值得分析的是,其所称谓"磨诃大檀越"者,则反映出当年汉地信众兼采天竺梵语的语境势态,这是中国与西域各国——乃至西域各国之间——常有的文化现象。

考察丝绸之路文化交流的史例，我们知道"磨诃大檀越"者，即是汉语"大施主"的意思。这里之"磨诃"，亦称"摩诃"，乃梵语"maha"的汉字音译，意译曰"大"。《大智度论》三曰："摩诃，秦言大，或多，或胜。"这里将"磨诃(摩诃)"与汉语"大"字重复粘合，实际上是有意强调这一词语有其佛教语源的权威含义。实际上，古代不仅汉语佛教表达盛况之际使用梵汉重叠的"磨诃大……"语言结构，另如播行汉地的火祆教门，在称谓其"大首领"时，亦有"摩诃大萨宝"之称。

早年洛阳邙山出土大业十一年（615年）翟突娑墓志，志文述其家资源流有谓：

"君讳突娑，字薄贺比多，并州太原人也。父娑，摩诃大萨宝、薄贺比多。日月以见勋效，右改宣惠尉。……"(图7)[①]

图7　洛阳出土的翟突娑墓志(图版采自赵万里:《汉魏南北朝墓志集萃》,图版四八四。)

另如洛阳出土的咸亨四年（673年）《唐故处士康君(元敬)墓志》有云：

君讳元敬，字留师，相州安阳人也。原夫吹律命氏，其先肇自康居毕万之后。因从孝文，遂居于邺。祖乐，魏骠骑大将军，又迁徐州诸军事。父仵相，齐九州岛摩诃大萨宝，寻改授龙骧将军。皆以忠勤奉主，操等松筠；委质称臣，心贞琨玉。故得弈叶传芳，崇其遐远。缨绂递袭，详诸图史。……(图8)。[②]

---

① 赵万里:《汉魏南北朝墓志集释》,北京:科学出版社,1956年,图版四八四。

② 洛阳市文物工作队编:《洛阳出土历代墓志辑绳》,北京:中国社会科学出版社,1991年,图版三三〇。

图 8　洛阳出土的康元敬墓志（图版采自《洛阳出土历代墓志辑绳，图版三三〇）

其他考古资料中所见《唐安万通砖志铭》一件，记其高祖安但北魏初年曾经官至“摩诃萨宝”之例证，亦能再次印证中古时期中外人文交流中这类文化现象的存在。[①]

又按“檀越”一词，系梵文 dana-pati、巴利文 dana-pati、藏文 sbyin-bdag，义指“施主”，即施与僧众衣食，或出资举行法会等予信众之人。汉语音译“陀那钵底”“陀那婆”。梵汉兼举，则时常称作“檀越施主”“檀越主”“檀那主”“檀主”等。

《大般涅槃经》卷十一云：“宁以热铁周匝缠身，终不敢以破戒之身受于信心檀越衣服。”[②]

唐义净《南海寄归内法传》卷一《受斋轨则》条下释之注云：

> 梵云“陀那钵底”，译为施主。“陀那”是施，“钵底”是主。而云“檀越”者，本非正译。略去“那”字，取上“陀”音转名为“檀”，更加“越”字。意道由行檀舍，自可越渡贫穷。妙释虽然，终乖正本。旧云“达嚫”者，讹也。[③]

由此可见，这种译语交融的现象，正是中古时期汉地佛教文化中常见的事

① 贺梓城：《唐王朝与边疆民族和邻国的友好关系》引文，《文博》1984 年创刊号，第 56—60 页。

② ［后秦］佛陀耶舍共竺佛念译：《长阿含经》卷十九第四分《世记经·龙鸟品》第五，《大正藏》第 12 册，中国台北：新文丰出版公司，1983 年，第 433a 页。

③ ［后秦］佛陀耶舍共竺佛念译：《长阿含经》卷十九第四分《世记经·龙鸟品》第五，《大正藏》第 54 册，中国台北：新文丰出版公司，1983 年，第 211b 页。

情，反映了那个时代中外语言使用中彼此兼容的文化时态。这一事实的本身，反映出当时印度佛教文化对汉地社会各界观念形态的深层影响。这由当年洛阳寺院裹挟诸多西域文明浸染华夏的幽踪潜辉可以窥见一斑。

菩提寺，西域胡人所立也，在慕义里。①

法云寺，西域乌场国胡沙门昙摩罗所立也。……摩罗聪慧利根，学穷释氏。至中国，即晓魏言隶书。凡闻见，无不通解。是以道俗贵贱，同归仰之。作祇洹寺一所，工制甚精。佛殿僧房，皆为胡饰，丹素炫彩，金玉垂辉。摹写真容，似丈六之见鹿苑；神光壮丽，若金刚之在双林。伽蓝之内，花果蔚茂，芳草蔓合，嘉木被庭。京师沙门好胡法者，皆就摩罗受持之，戒行真苦，难可揄扬。秘咒神验，阎浮所无。咒枯树能生枝叶，咒人变为驴马，见之莫不忻怖。西域所赍舍利骨及佛牙、经像，皆在此寺。②

至今，当把元悦在汉魏灵台遗址上"修治"佛塔这一行为置于北魏如此之盛的佛教崇拜的时空潮流下进行思考的时候，我们不难理解这种来自社会上层的功德行为，从根本上折射了我国中古时代因丝绸之路的畅通无碍，汉地各界均以各自的能力赋予，跻身于这一人文交往的流波之中的时代映像。

---

① ［北魏］杨衒之著、范祥雍校注：《洛阳伽蓝记》卷三《城南》条，上海：上海古籍出版社，1978年，第173页。

② ［北魏］杨衒之著、范祥雍校注：《洛阳伽蓝记》卷四《城西》条，上海：上海古籍出版社，1978年，第201页。

洛河古沉船与隋唐大运河的东都漕运

2013 年 9 月，文物工作者在洛阳东面的偃师市 207 国道洛河桥北附近的洛河滩里发现一艘古代沉船，船体长 17 米，宽 3~4 米。据船体容量计算，其载重量在 30 吨左右，这是洛阳市洛河故道首次发现的保存较好的沉船。通过考古发掘确定，这是一艘明清以前的古代沉船。有关专家在现场研究认为：这艘沉船的船体保存较为完好，结构清晰，从结构形态上看，为内陆漕运河道中的货船。这一古沉船的发现，对了解古代船体结构、建造工艺，木料的选择，以及内陆运河内船体与海洋船体结构对比性研究，都有重要的意义（图 1、图 2）。

图 1　河南偃师洛河滩里发现的木质古沉船发掘现场（本人拍摄）

从环境地理学意义上考察，这一沉船遗址位于隋唐大运河起点段——隋唐洛阳城漕渠河道内，地处汉魏时期“堰洛通漕”的漕运故道，往上追溯 16 公里，便是隋唐时代大运河的地点。同时，沉船的发现证明了在洛阳盆地内内陆人工漕运渠道的存在，对于查考运河的开凿及对后代社会的政治、经济、军

图2 汉唐漕运与沉船位置图(图片采自《偃师市义井村沉船遗址发掘与相关水系调查》,洛阳市文物考古研究院编:《考古年报2013》)

事、文化的影响,都具有重大意义。

隋唐洛阳城的城市布局,自隋代宇文恺的设计、规划开始,便将漕运纳入城市的建设体系。历经唐代三百年将其功用不断地扩大,使大运河起点的交通业绩臻于极盛。

李唐王朝利用东都水系的漕运,既有利于确保都城内部含嘉仓国库的粮食储备,更利于东都城内濒临洛河两岸的北市、南市、西市三个国际贸易市场的沟通,以便最大限度地维持封建国家对这些跨地域贸易财税的征收。研究表明,李唐国家在东都地区的城市运作,自始至终是围绕这一水系网络而展开的。

一、隋唐东都漕渠之所在

隋唐时期,承汉魏洛阳地区丰富的水系资源,城内进行了重新修建与沟通,成为一座拥有丰富水系网络、交通便利的都城。文献对此有过确切的记载。

史载隋炀帝即位后营建东都洛阳和开凿大运河:立宫阙,通漕渠,开仓城,建里坊和市场。

唐代对此更是有过之而无不及,史载“显庆五年(660年)五月一日,修洛水月堰。旧都城洛水天津之东,有中桥及利涉桥以通行李”[①]。

> 上元二年(675年),司农卿韦机,始移中桥。自立德坊西南置于安众坊之左,南当长夏门街。都人甚以为便。因废利涉桥,所省万计。然每年洛水泛溢,必漂损桥梁,倦于缮葺。内使李昭德始创意,令所司改用石脚,锐其前以分水势,自是无漂损之患。[②]

东都城下如此丰富的水利资源,对城市日常运作具有重要的市政价值。

> 大足元年(701年)六月九日,于东都立德坊南穿新潭,安置诸州租船。[③]

> 开元二年(714年)闰二月,陕郡刺史李杰除河南少尹,充水陆运使。至三年九月,毕构为河南尹,不带水陆运使。至天宝三载(744年)十一月,李齐物除河南尹,又带水陆运使。贞元十年(794年)二月,河南尹齐抗,充河南水陆运使。至元和六年(811年)十月,敕河南水陆运使宜停。[④]

> 开元二年,河南尹李杰为水运使,大兴漕事。[⑤]

由以上史料之记事,我们可以看到东都漕运向来为李唐国家所重视。洛阳逐渐成为全国的工商业和漕运中心,呈现出“天下之舟船所集,常万余艘,填满河路,商旅贸易,车马填塞”[⑥]的繁荣景象,奠定了洛阳繁荣发展的雄厚的物质基础。

而贯通洛城内外的漕渠入口,便位于洛阳城东伊、洛河下游濒临偃师的夹河滩一带。这里原野开阔、水流缓慢,处于极为便利的地理位置,非常适于江河

---

① [宋]王溥:《唐会要》卷八六《桥梁》,北京:中华书局,1955年,第1577页。
② [宋]王溥:《唐会要》卷八六《桥梁》,北京:中华书局,1955年,第1577页。
③ [宋]王溥:《唐会要》卷八七《漕运》,北京:中华书局,1955年,第1596页。
④ [宋]王溥:《唐会要》卷八七《河南水陆运使》,北京:中华书局,1955年,第1601—1602页。
⑤ [宋]王溥:《唐会要》卷八七《转运盐铁总叙》,北京:中华书局,1955年,第1587页。
⑥ [清]徐松辑、高敏点校:《河南志·唐城阙古迹志》,北京:中华书局,1994年,第142页。

船舶的停靠、进退。关于偃师辟有漕渠入口的史实，在洛阳出土的唐代石刻文物中，即有资料证实。

《洛阳出土历代墓志辑绳》中的唐崔涣墓志，载其夫人卢氏元和三年（808年）七月之前卒殁，“即殡于偃师县漕口之北”①。

2014年，考古人员根据文献记载，借由古沉船发掘而对洛阳漕运水系进行了考古勘探，在如今洛河南堤南侧的偃师佃庄和河头一线东侧找到了“堰洛通漕”遗址，堤堰东西长530米左右，南北宽420米，堰西为引洛渠，堤北为排洪渠，洛河水大时可以往东泄洪。这一工程建成后，洛河与阳渠合二为一②，从而证实了墓志对漕渠记载的无误与可信（图3）。

图3 唐代漕渠与新潭位置图（图片采自《偃师市义井村沉船遗址发掘与相关水系调查》，洛阳市文物考古研究院编：《考古年报2013》）

二、东都地区漕运的开发及其对国家储粮体系的影响

史书中关于运河的纪事不绝于缕，证实了李唐王朝对东都漕运倾注了大量心血。

开元二十一年（733年）八月，侍中裴耀卿充江南淮南转运使。二十二年九月，太府少卿萧炅充江淮处置转运使。天宝二年（743年）四月，陕郡太守韦坚加兼勾当缘河及江淮转运使。四载八月，杨钊除殿中侍御史，充

① 洛阳市文物工作队：《洛阳出土历代墓志辑绳》，北京：中国社会科学出版社，1991年，第663页。
② 张如意：《偃师市义井村沉船遗址发掘与相关水系调查》，引自洛阳市文物考古研究院编：《考古年报2013》（内部资料），第11—14页。

> 水陆转运使。乾元元年(758 年)三月,第五琦除度支郎中,充诸色转运使。二年十二月,兵部侍郎吕諲充勾当转运使。元年建子月,户部侍郎元载充江淮转运使。宝应元年(762 年)六月二十八日,户部侍郎刘晏充勾当转运使。广德二年(764 年)正月,户部侍郎第五琦充诸道转运使。永泰元年(765 年)正月,刘晏充东畿淮南浙江东西湖南山南东道转运使,第五琦充畿关内河东剑南山南西道转运使。大历四年(769 年)三月,刘晏除吏部尚书兼御史大夫,充东都河南江淮山南东道转运使。建中二年(781 年)十一月,度支郎中杜佑兼御史中丞江淮水陆运使。三年十二月二十日,包佶除左庶子,充汴东水陆运使。崔纵除右庶子,充汴西水陆运使。贞元元年(785 年)三月,元琇加御史大夫,充诸道水陆运使。其年七月,尚书右仆射韩滉充江淮转运使。五年二月,中书侍郎窦参充诸道转运使。八年三月,张滂除侍郎,充诸道转运使。十年十月,润州刺史王纬兼诸道转运使。十五年十二月,以浙西观察使李锜充诸道转运使。永贞元年(805 年),以司空平章事杜佑再兼诸道转运使。元和元年(806 年)四月,兵部侍郎李巽充诸道转运使。三年六月,刑部尚书李鄘充诸道转运使。五年十二月,卢坦除刑部侍郎,充诸道转运使。六年四月,刑部侍郎王播充诸道转运使。十四年五月,刑部侍郎柳公绰充诸道转运使。长庆元年(821 年)二月,王播复为刑部尚书,充诸道转运使。四年四月,王涯为户部侍郎,充诸道转运使。宝历元年(825 年)正月,王播为淮南节度,又充诸道转运使……①

从开元二十一年到天宝元年近百年的时间里,唐朝政府不断委派转运使,负责运河转运事宜,有关诸道水运的详细纪实,反映了高宗武周时期——尤其是安史之乱后李唐王朝为确保河运事务畅通而采取的有效措施。

正是在诸多政策的推动之下,运河在这一时期处于极为畅通之势,隋唐时期,大量的粮食、丝绸等从全国各地运往东都洛阳。考古勘探调查、发掘证实,

① [宋]王溥:《唐会要》卷八七《转运使》,北京:中华书局,1955 年,第 1599—1600 页。

图 4　含嘉仓 160 号窖（洛阳市文物考古研究院藏资料照片）

图 5　含嘉仓 52 号窖工作照（洛阳市文物考古研究院藏资料照片）

含嘉仓有大型仓窖 287 个，总面积达 43 万平方米（图 4、图 5）。唐玄宗天宝八年（749 年），含嘉仓储粮达 58 万余石，几乎是当时全国大型官仓粮的一半。据含嘉仓遗址出土的刻铭砖记载，这里贮存的粮食主要是从苏州、楚州、冀州、邢州、德州、滁州、沧州、魏州等江南和华北地区运来的租粟与租米，是通过通济渠和永济渠运至洛阳的（图 6、图 7、图 8、图 9）。漕运船只由黄河入洛河，在今偃师境内入漕渠后逶迤西行，在今洛阳市区入瀍河北上，抵达含嘉仓城内东南部。此外，洛阳城内的粮仓还有常平仓、子罗仓

图 6　含嘉仓出土的刻铭砖（洛阳市文物考古研究院藏资料照片）

图 7　含嘉仓窖 50 出土的刻铭砖（洛阳市文物考古研究院藏资料照片）

图 8　含嘉仓刻铭砖(洛阳市文物局拍摄)

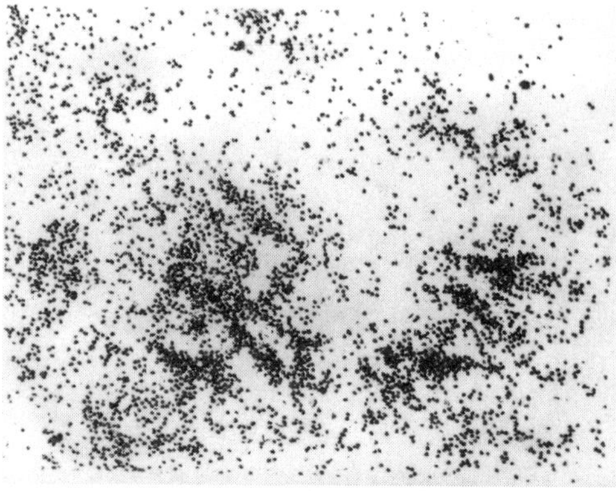

图 9　含嘉仓出土的炭化谷物（洛阳市文物考古研究院藏资料照片）

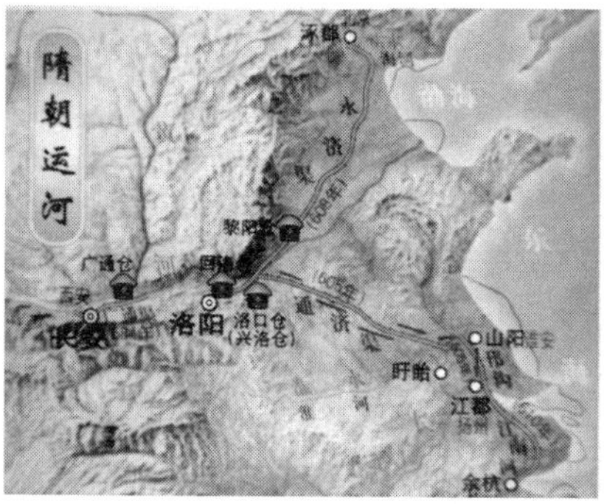

图 10　隋唐时期仓窖分布与运河示意图

图 11　回洛仓仓窖遗址(洛阳市文物考古研究院提供)

等,城外还有回洛仓、洛口仓等。这些仓储全部沿河而建,从而形成东都独有的国家仓储体系(图 10、图 11)。

三、东都南北二市与大运河、丝绸之路的连接

关于洛城围绕南市开发“运渠”“分渠”的记事,清人徐松的记载中有方位的复原。当时洛北“漕渠”,系“大业二年(606 年)土工监丞任洪则开,名通远渠。自宫城南承福门外分洛水,东至偃师入洛。又连洛水湍浅之处,名‘千步’‘陂

渚'两碛。东至洛口,通大船入通远市"[1]。

> 时建春门北,仁风坊,有"南运渠",自城东流,至外郭之东南隅。屈〔曲〕而北流,经永通、建春门外。又屈〔曲〕而西流,入城经此坊之南。又经从善坊南,分为二流,屈〔曲〕至临阛坊南而合。至南市北,有福先寺水碓。又北流,经延福、富教、训善坊之西入洛。[2]

早在隋代建城之初,便将市场建于运河之畔。《大业杂记》载:

> 大同市,周围四里;通远市周围六里,"其内郡国舟船舳舻万计",市南临洛水;丰都市,周围八里,开有十二道门,市内有一百二十行。这些市,重楼延阁,互相临映,招致商旅,珍奇山积。

至唐代,这三市分别改为南市、北市和西市,西市不久即废,从而形成南、北二市的格局。

"显庆二年(657年)十二月十九日,洛州置北市,隶太府寺。"[3]

"天授三年(692年)四月十六日,神都置西市,寻废。至长安四年(704年)十一月二十二日,又置。至开元十三年(725年)六月二十三日,又废。其口、马移入北市。"[4]

> 天宝元年(742年)二月,广东都天津桥、中桥,石脚两眼,以便水势。移斗门自承福(坊)东南,抵毓财坊南百步。[5]

---

① [清]徐松辑、高敏点校:《河南志·隋城阙古迹》,北京:中华书局,1994年,第116页。
② [清]徐松辑、高敏点校:《河南志·唐城阙古迹》,北京:中华书局,1994年,第146页。
③ [宋]王溥:《唐会要》卷八六《市》,北京:中华书局,1955年,第1581页。
④ [宋]王溥:《唐会要》卷八六《市》,北京:中华书局,1955年,第1581页。
⑤ [宋]王溥:《唐会要》卷八六《桥梁》,北京:中华书局,1955年,第1577页。

八载(749 年)二月,先是东京商人李秀升,于南市北,架洛水造石桥,南北二百步,募人施财巨万计。自五年(746 年)创其始,至是而毕。①

十载(751 年)十一月,河南尹裴回请税本府户钱。自龙门东山抵天津桥东,造石堰以御水势,从之。②

上述文献显示给我们的信息是,唐时曾不遗余力地进行水利工程的修缮,由此可以看出洛都漕运与城内三座商业市场的地理关联。而漕运更加突出商业需要,便利洛水两岸市场交通往来。

史料记载,武则天大足元年(701 年),在洛阳立德坊南营建新潭,于是“天下舟船所集,常万余艘,填河路”,是时呈现出“半天下之财富,并山泽之百货,悉由此路而进”③的繁忙景象,以至洛河之上“漕船往来,千里不绝”。新潭之北为立德坊,立德坊之北为清化坊,新潭之东为归义、铜驼、景行三坊,新潭之西北为北市。这样,以新潭为中心的五坊一市,成为当时最重要的商业物流中心和国际文化交流中心。

考古调查证实,当时的新潭遗址位于今老城区文峰塔一带。④2014 年,文物工作者为配合洛阳老城的拆迁重建,在此进行考古发掘,发现有大量唐代的淤土层,从而印证了新潭的位置。⑤

事实证明,衔接丝绸之路和大运河的便利的水陆运输条件,确立了洛阳联结东西方交通的重要枢纽地位。洛阳也因此成为大运河的中心和海上丝绸之路的起点,东汉至隋唐以洛阳为中心的大运河体系从而形成。各地的瓷器、茶叶、丝绸、麦米等物资通过快速、便捷的大运河汇集于洛阳,商旅大贾们带着这些物资从洛阳出发,开始了漫长的丝路之旅。

---

① [宋]王溥:《唐会要》卷八六《桥梁》,北京:中华书局,1955 年,第 1577 页。
② [宋]王溥:《唐会要》卷八六《桥梁》,北京:中华书局,1955 年,第 1578 页。
③ [元]脱脱:《宋史》卷九十三《河渠》上,北京:中华书局,1977 年,第 2321 页。
④ 方莉、程沛岩、方孝廉:《唐东都洛阳城新潭踏查记》,《河洛春秋》2006 年第 2 期,第 20—25 页。
⑤ 据 2014 年 10 月 16 日洛阳网报道。

四、唐代诗文叙事中关于洛阳城南漕运的地理景观

由于唐初以来国家对东都洛水漕运水系的规模化经营，自上阳宫以东的洛水沿岸遂成为都下一处风情独特、人文荟萃的城市地理资源。尤其在李唐王朝锐意经略江南诸州的官员调遣中，日渐形成一种仕人漕上往还的交通景观，这由有唐一代南下仕人讽咏不绝的泛漕诗文可以考见。

如苏颋《杂曲歌辞·长相思》诗曰：

君不见天津桥下东流水，东望龙门北朝市。杨柳青青宛地垂，桃红李白花参差。花参差，柳堪结，此时忆君心断绝。①

李憕《同望幸新亭赐钱公宴》：

感梦通玄化，覃恩降紫宸。赐钱开汉府。分帛醉尧人。地隔朝宗庆，亭临卜洛新。行看广云雨，二月次东巡。②

孙逖《进船泛洛水应制（一作薛眘惑诗）》：

禁园纡睿览，仙棹叶时游。洛北风花树，江南彩画舟。芳生兰蕙草，春入凤凰楼。兴尽离宫暮，烟光起夕流。③

储光羲《洛潭送人觐省》：

---

① ［清］彭定求等编：《全唐诗》卷二五，北京：中华书局，1960 年，第二册，第 340 页。
② ［清］彭定求等编：《全唐诗》卷一一五，北京：中华书局，1960 年，第四册，第 1176 页。
③ ［清］彭定求等编：《全唐诗》卷一一八，北京：中华书局，1960 年，第四册，第 1188 页（按：一说此即“五凤楼”）。

清洛带芝田，东流入大川。舟轻水复急，别望杳如仙。细草生春岸，明霞散早天。送君唯一曲，当是白华篇。①

储光羲《洛中送人还江东》：

洛城春雨霁，相送下江乡。树绿天津道，山明伊水阳。孤舟从此去，客思一何长。直望清波里，唯余落日光。②

韩翃《东城水亭宴李侍御副使》：

东门留客处，沽酒用钱刀。秋水床下急，斜晖林外高。金羁络騕褭，玉匣闭豪曹。去日随戎幕，东风见伯劳。③

刘复《出东城》：

步出东城门，独行已彷徨。伊洛泛清流，密林含朝阳。芳景虽可瞩，忧怀在中肠。人生几何时，苒苒随流光。愿得心所亲，尊酒坐高堂。一为浮沉隔，会合殊未央。双戏水中凫，和鸣自翱翔。我无此羽翼，安可以比方。④

刘禹锡《酬李相公喜归乡国自巩县夜泛洛水见寄》：

巩树烟月上，清光含碧流。且无三已色，犹泛五湖舟。鹏息风还起，凤归林正秋。虽攀小山桂，此地不淹留。⑤

① [清]彭定求等编：《全唐诗》卷一三九，北京：中华书局，1960 年，第四册，第 1414 页。
② [清]彭定求等编：《全唐诗》卷一三九，北京：中华书局，1960 年，第四册，第 1413 页。
③ [清]彭定求等编：《全唐诗》卷二四四，北京：中华书局，1960 年，第八册，第 2744—2745 页。
④ [清]彭定求等编：《全唐诗》卷三〇五，北京：中华书局，1960 年，第十册，第 3468 页。
⑤ [清]彭定求等编：《全唐诗》卷三五八，北京：中华书局，1960 年，第十一册，第 4040 页。

同人《三月三日与乐天及河南李尹奉陪裴令公泛洛禊饮各赋十二韵》：

洛下今修禊，群贤胜会稽。盛筵陪玉铉，通籍尽金闺。波上神仙妓，岸傍桃李蹊。水嬉如鹭振，歌响杂莺啼。历览风光好，沿洄意思迷。棹歌能俪曲，墨客竞分题。翠幄连云起，香车向道齐。人夸绫步障，马惜锦障泥。尘暗宫墙外，霞明苑树西。舟形随鹢转，桥影与虹低。川色晴犹远，乌声暮欲栖。唯馀踏青伴，待月魏王堤。①

同人《尉迟郎中见示，自南迁牵复，却至洛城东旧居之作，因以和之》：

曾遭飞语十年谪，新受恩光万里还。朝服不妨游洛浦，郊园依旧看嵩山。竹含天籁清商乐，水绕庭台碧玉环。留作功成退身地，如今只是暂时闲。②

这首诗从诗文角度展示出唐人自当时巩县溯水漕河直达洛都东郊的史实。孟郊《旅次洛城东水亭》：

水竹色相洗，碧花动轩楹。自然逍遥风，荡涤浮竞情。霜落叶声燥，景寒人语清。我来招隐亭，衣上尘暂轻。③

李敬方《汴河直进船》：

汴水通淮利最多，生人为害亦相和。东南四十三州地，取尽脂膏是此河。④

① [清]彭定求等编：《全唐诗》卷三六二，北京：中华书局，1960 年，第十一册，第 4092 页。
② [清]彭定求等编：《全唐诗》卷三五九，北京：中华书局，1960 年，第十一册，第 4054 页。
③ [清]彭定求等编：《全唐诗》卷三七六，北京：中华书局，1960 年，第十一册，第 4219 页。
④ [清]彭定求等编：《全唐诗》卷五〇八，北京：中华书局，1960 年，第十五册，第 5776 页。

杜牧《中秋日拜起居表晨渡天津桥即事十六韵,献居守相国崔公兼呈工部刘公》:

碧树康庄内,清川巩洛间。坛分中岳顶,城缭大河湾。广殿含凉静,深宫积翠闲。楼齐云漠漠,桥束水潺潺。过雨柽枝润,迎霜柿叶殷。紫鳞冲晚浪,白鸟背秋山。月拜西归表,晨趋北向班,鸳鸿随半仗,貔虎护重关。玉帐才容足,金樽暂解颜。迹留伤堕屦,恩在乐衔环。南省兰先握,东堂桂早攀。龙门君夭矫,莺谷我绵蛮。分薄嵇心懒,哀多庾鬓斑。人惭公干卧,频送子牟还。自睹宸居壮,谁忧国步艰。只应时与醉,因病纵疏顽。①

许棠《早发洛中》:

半夜发清洛,不知过石桥。云增中岳大,树隐上阳遥。堑黑初沉月,河明欲认潮。孤村人尚梦,无处暂停桡。②

如此众多令人酬唱不绝的泛漕诗篇,或歌颂洛水两岸之桃红柳绿、莺歌燕舞,或吟咏其清洛禊饮、棹歌俪曲,或演绎其岸风水雾、水陆通途的情感交织。

五、洛阳地区丰富的水文资源及汉魏以来水资源的公共利用

如果我们将洛都畿下的漕事水运置于中国水利史的视域里加以考察的话,能够看到这一水利工程在东方地理资源利用上继承、发扬“中国传统”的建设理念。

---

① [清]彭定求等编:《全唐诗》卷五二六,北京:中华书局,1960年,第十六册,第6026—6027页。
② [清]彭定求等编:《全唐诗》卷六〇三,北京:中华书局,1960年,第十八册,第6963页。

《汉书》记载先秦时代中国的水运交通史例有谓：

(春秋时代)荥阳下引河东南为鸿沟，以通宋、郑、陈、蔡、曹、卫，与济、汝、淮、泗会。于楚，西方则通渠汉川、云梦之际，东方则通沟江淮之间。于吴，则通渠三江、五湖。于齐，则通淄济之间。于蜀，则蜀守李冰凿离堆，避沫水之害，穿二江成都中。此渠皆可舟行，有余则用溉，百姓飨其利。[①]

至汉武帝元光年(前134—前129年)后：

时郑当时为大司农，言"异时关东漕粟从渭上，度六月罢，而渭水道九百余里，时有难处。引渭穿渠起长安，旁南山下，至河三百余里，径，易遭，度可令三月罢；而渠下民田万余顷，又可得以溉。此损漕省卒，而益肥关中之地，得谷"。上以为然，令齐人水工徐伯表，发卒数万人穿漕渠，三岁而通。以漕，大便利。其后漕稍多，而渠下之民颇得以溉矣。[②]

不仅如此，我们从《汉书》在《地理志》之外专门设置《沟洫志》这一点来看，无疑说明两汉时期国人对水文赋存及其利用有着特别的资源意识，这就为我们研究两汉时期的水运业绩提供了认识依据。

考古发现证实，洛阳自汉代以来便具有丰富的水资源城市化利用。

2007年春，洛阳市文物工作队在配合铁路专线建设考古发掘时，于洛阳市城南洛龙区关林镇辛庄村，发现一处大型水利灌渠，探明其长度八百余米。

水渠截面呈"U"字形，上部宽3.5米，下部宽1.0米，深2.3米。同时发掘的还有汉代的烧窑3座和墓葬128座。从钻探情况看，灌渠在探方平面内呈东西走向，长800米。根据出土的遗迹、遗物分析，该灌渠的年代应为汉代或者更早

① [汉]班固：《汉书》卷二九《沟洫志》，北京：中华书局，1962年，第1677页。
② [汉]班固：《汉书》卷二九《沟洫志》，北京：中华书局，1962年，第1679页。

一些，距今至少两千余年。文物工作者认为，这种截面呈“U”字形的水渠既能起到加固渠岸的作用，又能最大限度地防止水土流失，建造方法科学合理。①

这一处具有一定长度的水渠的考古发现说明，至少在汉代，洛南地区具有丰沛的水源和水量，当时的居民在此拦截来自洛河上游的河水并利用它来灌溉农田。

正是基于如此丰富的水资源，唐代洛阳在河道上建立了许多水利设施，有通济渠、通津渠、分洛堰、甘泉渠等，对此都有详细的文献记载。

> 通济渠，自苑内支分谷、洛水，流经都城通济坊之南，故以名渠焉。过(城内西南隅)通济坊，又东北流经西市……过官药园、延庆坊之东入洛水。
>
> 通津渠，隋大业元年(605年)开，于午桥庄(在长夏门南五里)西南二十里分洛堰引洛水。又于(午桥庄)正南十八里龙门堰引伊水，以大石为杠，互受二水。洛水一支西北流，名“千步碛渠”。又东北距河南县三里，名“通津渠”。由厚载门入都城，经天街北、天津桥南入于洛。伊水分二支，西支正北入城，经归德(坊)之西，折而东流，又北经正俗(坊)、永丰(坊)之西，又折而东南流，经修善(坊)、嘉善(坊)南，合于东支。东支东北(翥按：原书“东南”，误。)入城，经兴教坊西，又折而东流，经宣教(坊)、集贤(坊)之南，又折而北，经履道(坊)之西，以周其北，又东经永通(坊)之北，又折而北经利仁(坊)、归仁(坊)、怀仁(坊)之东，以入于运渠。②
>
> 分洛堰，在厚载门外十八里。令每葺堰，分洛水以入都城。③

《元河南志》“甘泉渠”条：

① 新华社记者单纯刚郑州2007年2月25日专电报道。

② [清]徐松撰、方严点校：《两京城坊考》卷五《东京·外郭城·洛渠条》，北京：中华书局，1985年，第179—180页。

③ [清]徐松辑、高敏点校：《河南志·唐城阙古迹》，北京：中华书局，1994年，第144页。

自建国门(唐定鼎门)南二里,疏洛入伊。渠上有通仙桥五道,时人亦谓之“五桥”。其渠又过长夏门外。①

(天宝)十载(751年)十一月,河南尹裴回请税本府户钱。自龙门东山抵天津桥东,造石堰以御水势,从之。②

与文献记载相佐证的是,2003年,洛阳市的文物工作者在配合洛阳新区建设施工中,发现一处隋唐时期的建筑,暂定名为“隋唐水利设施”。该遗址位于定鼎门西南约一公里处的新区政和路、永泰街交叉路口东南隅。由已经揭露出的地下遗存考察,该建筑的基石砌块坐落于古河道鹅卵石冲积形成的地表上,深距现今地面1.5米左右。经实地测量,基石暴露部分,东西走向的直线基石满外通宽11米,其南北弧面外切最宽处相距17.6米,东西纵长30.8米(图12)。

图12　隋唐洛阳城定鼎门南水利设施现场(丁武伟拍摄)

而据近年洛阳邙山出土的天宝三年(744年)许惟新墓志中所记,新亭在“鼎门之外”的地理位置恰与之吻合。这也从一个侧面说明了洛阳城南丰沛的水资源以及时人对其的巧妙利用。

由于水量充足,遭遇灾害天气,便会发生水患。当时的城南地区就曾发生过多次河水暴涨毁坏屋舍的事件,略举一二文献记载以兹说明。

① [清]徐松辑、高敏点校:《河南志·隋城阙古迹》,北京:中华书局,1994年,第116页。
② [宋]王溥:《唐会要》卷八六《桥梁》,北京:中华书局,1955年,第1578页。

> (开元)十年(722年)二月四日,伊水泛涨,毁都城南龙门天竺、奉先寺,坏罗郭东南角,平地水深六尺以上,入漕河,水次屋舍树木荡尽。[①]

唐代政府也曾经对城南的伊洛河进行利用和治理。

史载，隋唐时期设立了掌管全国水运的机构——都水监。从武周时期开始,都水监就设在新潭之滨的立德坊。

《元河南志》载:

> 立德坊,在宣仁门外街南,唐有王本立宅,后为都水监、吏部选院。

史载贞元元年(785年)后,河南尹崔纵曾“引伊、洛水以通里闬,都中灌溉济不逮为十一二,人甚安之”[②]。

这些文献资料表明,洛阳城南的水资源与时人的社会生活休戚相关,而历代与水相伴、倚水而用的行为一刻也未曾停息。

在文化遗产普遍受到国际社会高度重视的今天，作为丝绸之路东方起点城市的隋唐东都洛阳，更有大运河文化遗存为国际社会纳入世界文化遗产的名录。一座连接着丝绸之路和大运河的“双遗”城市,历史上曾以其得天独厚的文化魅力享誉东方,今天也将以人们对其的重新认识而展现出新的面貌。凡此层出不穷、弥足珍贵的文化遗存的再认识与再揭示,更让人们感受到这座东方故都文化资源的厚重和深远。

① [五代]刘昫:《旧唐书》卷三七《五行志》,北京:中华书局,1975年,第1357页。
② [五代]刘昫:《旧唐书》卷一〇八《崔涣传附崔纵传》,北京:中华书局,1975年,第3282页。

洛阳天堂遗址出土的“摩羯鱼”刻石与东西方文化交流

20世纪70年代，洛阳考古工作者在发掘隋唐东都宫城遗址的过程中，清理出了一件雕饰诡异的石刻艺术作品。这件艺术石刻残长88厘米、高49.5厘米、宽48厘米，系一青灰色石灰岩质地的立体圆雕。在艺术形态刻画定型上，其整体面貌为一悠游搏击的水生动物形象。该头像双目炯炯，熠熠生辉，张口弹舌、獠牙上卷，令人生畏。其上颌前端似长鼻卷起，下颌宽阔浑厚，遍缀卷须；口内长舌翻转，吮一小鱼。从视觉美学角度考察，这件出土于唐代宫殿遗址的艺术品雕刻，题材新颖、造型别致、刀法娴熟、技艺精湛，在隋唐东都遗址以往出土的所有石刻文物中，属于一件极具传神魅力的唐代艺术杰作。唯其出土之际业已后身残缺，以致令人无以窥见其全貌(图1–1、图1–2)。

图1–1　洛阳天堂遗址出土的摩羯鱼刻石侧视(张乃翥先生提供)

图1–2　洛阳天堂遗址出土的摩羯鱼刻石正视(本人拍摄)

一、洛阳天堂遗址出土“摩羯鱼”刻石的形象来源

这件石刻具有域外美术特质的突出特征——其主体形态所见的上颌翻卷、口衔鱼类，明显含有情节性的文化寓意，这与以往洛阳隋唐考古面世的石刻遗物形成了鲜明的对比。

根据张乃翥先生的初步研究，这件形态诡异的石刻文物，实乃南亚次大陆佛教文化中风靡一时的“摩羯鱼”造像。[①]

由文化学考察得知，摩羯鱼在印度梵语中被称为“摩伽罗（Makara）”，意即“鲸鱼、巨鳌”，亦“谓鱼之王也”。

摩伽罗，简称“摩羯”，原本是印度神话中水神的坐骑，所以有鱼的身体。而西方世间所谓“美人鱼”者，其实亦来自“摩羯”。又为十二宫之一，称摩羯宫。佛教经典以其比喻菩萨以爱念缚诸众生，不及圆满成佛，终不放弃。又因“摩羯以肉济人”，利益群生，后来遂成为佛教的圣物。

有关“摩羯鱼”的叙事性概念，僧慧琳《一切经音义》卷四〇释云：“摩羯者，梵语也。海中大鱼，吞噬一切。”而佛经更有这一南亚名物绘声绘色的故事性叙述。

东晋时期游方汉地的罽宾三藏瞿昙僧伽提婆所译《中阿含经》卷三四《商人求财经》中，对摩羯鱼故事曾有如下叙述：

> 往昔时阎浮洲中诸商人等，皆共集会在贾客堂而作是念：我等宁可乘海装船入大海中取财宝来以供家用……我等宁可各各备办浮海之具，谓羖羊皮囊大瓠押侠筏……便入大海，彼在海中为摩羯鱼王破坏其船。[②]

①张乃翥：《从洛阳出土文物看武周政治的国际文化情采》，原载于《唐研究》第八卷，北京：北京大学出版社，2002年，第205—224页；张乃翥：《记洛阳新出土的两件唐代石刻》，《河南科技大学学报》，2005年第3期，第20—22页；张乃翥、张成渝：《洛阳与丝绸之路》，北京：国家图书馆出版社，2009年，第154—160页。

②《中阿含经》卷三四《商人求财经》，《频伽精舍校刊大藏经》昃帙第六册，第67页。

图 2　中印度桑奇佛塔牌楼上的“摩羯鱼”(图片采自《洛阳与丝绸之路》,国家图书馆出版社,2009 年,图 81)

图 3　南印度阿马拉瓦蒂大塔遗址出土的石灰石支柱浮雕上的摩羯鱼(大英博物馆收藏)

近代考古调查发现，远在公元前 2 世纪至公元 1 世纪前后的中印度桑奇佛塔石雕栏楣装饰图案中,即有这类动物形象的刻画(图 2)。另在南印度时代与此接近的阿马拉瓦提佛塔栏楣雕刻中,也有摩羯鱼艺术形象的出现(图 3)。阿旃陀石窟 5 世纪前后的佛教雕刻中，亦不乏此类美术形象的展示（图 4、图 5)。[①]在丝绸之路沿线的北印度地区,亦有与摩羯鱼故事相关的文物古迹。

图 4　阿旃陀石窟第 2 号窟的摩羯鱼造像

以上这类摩羯鱼造像多由鳄鱼形象发展而来,从而形成南亚佛教艺术中极为常见的文化母体。

对此,6 世纪中叶北魏宋云《西域行记》曾有简略的记载:

(云等)至辛头大河,河西岸有如来作摩羯大鱼从河而出。十二年中以

① 图 4、图 5 之影本,系张乃翥先生 2015 年 5 月拍摄于印度,特此谢忱。

图5 阿旃陀26窟摩羯鱼

肉济人处起塔为记，石上犹有鱼鳞纹。[1]

与这类水上遭遇摩羯鱼故事相类似，公元7世纪中叶洛阳籍赴印高僧玄奘在《大唐西域记》一书中对天竺摩揭陀国相关文物遗迹中的因缘故事另有细致的记叙：

> 菩提树垣西北不远有窣堵坡谓郁金香，高四十余尺，漕矩吒国商主之所建也。昔漕矩吒国有大商主，宗事天神，祠求福利，轻蔑佛法，不信因果。其后将诸商侣贸迁有无，泛舟南海，遭风失路，波涛飘浪。时经三岁，资粮罄竭，糊口不充。同舟之人朝不谋夕，勠力同志，念所事天，心虑已劳，冥功不济。俄见大山，崇崖峻岭，两日联晖，重明照朗。时诸商侣更相慰曰："我曹有福，遇此大山，宜于中止，得自安乐。"商主曰："非山也，乃摩羯鱼耳。崇崖峻岭，须鬣也；两日联晖，眼光也。"言声未静，舟帆飘凑。于是商主告诸侣曰："我闻观自在菩萨于诸危厄，能施安乐。宜各至诚，称其名字。"随即同声归命称念。崇山既隐，两日亦没。俄见沙门威仪庠序，杖锡凌空而来拯溺，不逾时而至本国矣。因即信心贞固，求福不回，建窣堵坡，式修供养，以郁金香泥而周涂上下。[2]

不仅如此，如果我们从文化实例上加以追溯，可以看出，广袤的西域丝绸之路的沿线，伴随着佛教东传，摩羯鱼的形象便不断出现于各地文化遗址中。

① ［北魏］杨衒之：《洛阳伽蓝记》卷五《城北》条，上海：上海古籍出版社，1982年，第326页。
② 季羡林等：《大唐西域记校注》卷八《摩揭陀国上》，北京：中华书局，1985年，第681—682页。

古代印度佛教史迹中诸如此类的摩羯鱼掌故，反映出次大陆佛教社会对摩羯鱼在信仰教化思想引导中形意价值有着普遍的认识。循此而推绎，不难发现，洛阳天堂遗址中出土的这件“摩羯鱼”刻石，从文物实例角度反映出天堂建筑与外来佛教文化之间存在有某种观念形态的联系。[①]

随着佛教文化传入中国，摩羯鱼作为一种信仰意识崇拜物，也因丝绸之路的文化交流传播于东方。

今阿富汗首都喀布尔北60公里的伯格拉姆(Begram)遗址，在伯格拉姆2号工地10号房址内9号凳镶嵌的象牙饰板上，就雕刻有摩羯追逐鲇鱼(图6)的形象[②]，它与印度阿马拉瓦蒂摩羯纹构图非常相像(图7)。伯格拉姆即《大唐西域记》中贵霜王国夏都迦毕试，地处中国、印度和安息之间，是当时中西交通的重要枢纽。

图6　阿富汗伯格拉姆贵霜时期遗址象牙饰板上的摩羯鱼纹饰(图片采自岑蕊《摩羯纹考略》，《文物》1983年第10期)

图7　印度阿马拉瓦蒂摩羯纹(图片采自《摩羯纹考略》，《文物》1983年第10期)

另外，值得注意的是，地处撒马尔罕与喀什之间的片治肯特，在遗址的2号寺院南墙上就装饰着摩羯纹，摩羯的眼、颈上均有皱褶，张口露齿并卷舌，作吞吃两条小鱼状。其构图旨趣与伯格拉姆2号工地10号房址内用象牙雕刻的摩羯追逐鲇鱼的纹饰相同。[③]片治肯特地处伯格拉姆与中国新疆之间，为6—8世纪粟特人的活动范围，那里的粟特人对摩羯纹的东渐起到中介作用。

① 张乃翥：《从洛阳出土文物看武周政治的国际文化情采》，《唐研究》第八卷，北京：北京大学出版社，2002年，第205—224页。

② 岑蕊：《摩羯纹考略》，《文物》1983年第10期，第79页。

③ Belenitski,A.M.,L’art de Piand jikent a la lumere dernieres fouilles.Arts Asiatiques, Tome XXI,1971,PP.3—4。

就我国而言，曹植的《洛神赋》一文中载有“腾文鱼以警乘，鸣玉鸾以偕逝。六龙亻严其齐首，载云车之容裔。鲸鲵踊而夹毂，水禽翔而为卫”。句中的“文鱼”在《山海经·西山经》中出现过：

秦器之山，观水出焉，西流注于流沙。是多文鳐鱼，状如鲤鱼，鱼身而鸟翼，苍文而白首，赤喙，常行西海，游于东海，以夜飞。其音如鸾鸡，其味酸甘，食之已狂，见则天下大穰。①

大画家顾恺之根据《洛神赋》所作的传世名画《洛神赋图》中对“摩羯”的形象描绘是迄今所能见到的最早的文物实例（图 8）。长有双翅的鲤鱼，正是魏晋时摩羯鱼的造型。

图 8　顾恺之《洛神赋图》中的摩羯鱼形象（宋摹本，现藏北京故宫博物院）（图片采自王飞《摩羯纹饰的中国化进程及演变规律——以考古发现之文物为例》，内蒙古大学 2013 年硕士论文，图 1.1）

其后在北魏的石窟中也发现有摩羯纹饰；莫高窟北周 296 窟的西王母（帝释天妃），图中也有卷鼻巨齿，双翅鱼尾的鱼形摩羯（图 9）。

① 袁珂校注：《山海经校注》卷二西山经，上海：上海古籍出版社，1991 年，第 44 页。

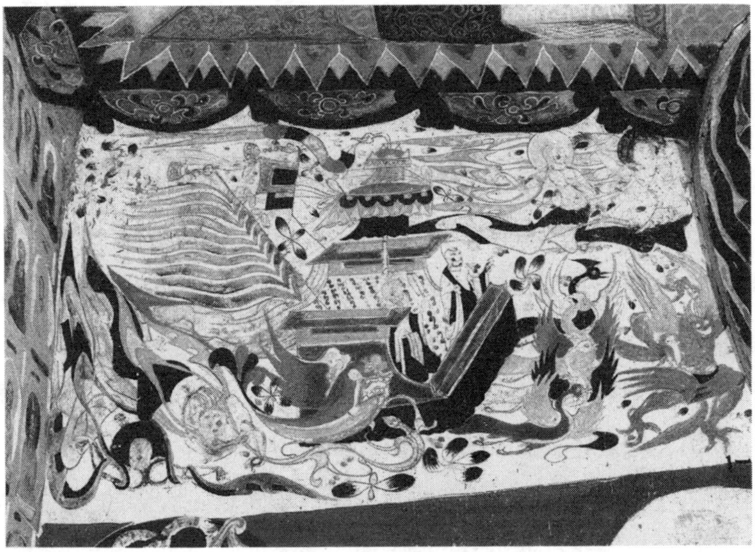

图 9　敦煌莫高窟第 296 窟西王母像中长有双翅的摩羯鱼形象(图版取自《中国美术全集　中国敦煌壁画全集　敦煌北周》,第 127 页)

审视已出土的考古材料,迄今为止人们发现我国最早的摩羯鱼文物形象,当推 1964 年陕西省三原县陵前乡双盛村出土的隋开皇二年(582 年)李和墓石椁顶盖线刻图画中的遗例(图 10)。①

图 10　陕西三原隋李和墓石椁盖上的摩羯鱼纹(图片采自《陕西省三原县双盛村隋李和墓清理简报》,《文物》1966 年第 1 期)

在藏族绘画史一千多年的发展历程中,摩羯鱼的身影也层出不穷。它们后来又与汉地的蟠龙结合而为"长鼻龙",且多见于寺院金顶的四角。②

① 陕西省文物管理委员会:《陕西省三原县双盛村隋李和墓清理简报》,《文物》1966 年第 1 期,第 27—33 页。

② 康·格桑益希:《阿里古格佛教壁画溯源》,《民族艺术研究》,2004 年第 4 期,第 35—46 页。

二、天堂遗址出土摩羯鱼刻石与武则天的“转轮王”政教思想

征诸文献史料的记事，我们判断洛阳唐宫遗址出土的这件摩羯鱼石刻造像，与武则天建鼎神都期间推行“转轮王”信仰的政教运筹有着密切的联系。

西域佛教史研究表明，“摩伽罗”文化遗迹在南亚次大陆的出现，是由于当地王朝统治者推行佛教“转轮王”信仰的产物。

据佛教典籍记载，西域史上第一位以转轮王名义建造转轮王佛寺的人物，即贵霜王朝第一代君主丘就却大王(Kujūla Kadphises Ⅰ，? —约75年)。依照新加坡大学古正美教授的判断，可知这位开辟了转轮王大寺的贵霜君主，正是佛教史上那位建立众多弘法圣柱的阿育王。①

佛教内典涉及阿育王于转轮王大寺中设置无遮大会的叙事，以《善见律毗婆沙》卷一的记载最富有世俗化渲染：

> (其时)统臣入白王(阿育王)言：“八万四千国起八万四千寺塔皆悉已成。”王答言：“善哉！”王语一大臣：“可打鼓宣令，寺塔已成，七日之后当大供布施，国中一切内外人民悉受八戒，身心清净。”过七日已，庄严拟赴王命，如天帝释诸王围绕，阿育王国土亦复如是庄严。人民游观，无有厌足，人民悉入寺舍。②

由于贵霜帝国的民族构成和国内阶级关系的复杂，各民族之间在文化传统、宗教信仰等方面存在着巨大的差异。如何消弭国内各界利益失衡引发的社会冲突，成为丘就却维护君权的当务之急。因此，丘就却在委派王室成员为各

---

① 古正美：《贵霜佛教政治传统与大乘佛教》，《允晨丛刊》40，中国台北：允晨文化实业股份有限公司，1993年。

② [南朝]僧伽跋陀罗译：《善见律毗婆沙》卷一，《频伽精舍校刊大藏经》，寒帙第八册，南京，1913年，第6—7页。

地区的统治者的同时,对文化传统、宗教信仰采取兼容并蓄的宽容政策。丘就却成功地协调各民(部)族之间的关系,为贵霜王国的进一步发展奠定了基础。

上述史料提醒我们,远在纪元初的中亚地区,统治者便以“无遮大会”“大供布施”的形式,对国内信众实施教化,期以用此佛门“平等、共享”之理念,赢得举国各界的政治支持。

既然西域史上如此行之有效的“转轮王”事业得到了广大国人的由衷信服,那么坐拥东都政坛、急于建制称朔且又笼络了一大批包括菩提流志、康法藏、宝思惟在内的西胡梵僧的武则天,自然不会无视对这一域外经验的借鉴。

天堂是武则天安放佛像之地,关于武则天利用佛教神学之事态,内典外学,史载不绝。其中显示武则天与东都天堂特殊礼制性质的有关史料,则尤其值得人们从中古政教演绎史角度给予发掘性考量。

《旧唐书》:“时则天又于明堂后造天堂,以安佛像,高百余尺。始起建构,为大风振[震]倒。俄又重营,其功未毕。证圣元年正月丙申夜,佛堂灾,延烧明堂,至曙,二堂并尽。寻时又无云而雷,起自西北。则天欲责躬避正殿。宰相姚璹曰:‘此实人火,非是天灾。至如成周宣榭,卜代逾长;汉武建章,盛德弥永。今明堂是布政之所,非宗祀也。’则天乃御端门观酺宴,下诏令文武九品已上各上封事,极言无有所隐。”①

《新唐书》:“诏毁乾元殿为明堂,以浮屠薛怀义为使督作……又度明堂后为天堂,鸿丽岩奥次之。堂成,拜左威卫大将军、梁国公。”②

《通典》:“初为明堂,于堂后又为天堂五级,至三级则俯视明堂矣。未就,并为天火所焚。至重造,制度卑狭于前。为天堂以安大像,铸大仪以配之。天堂既焚,钟复鼻绝。至中宗,欲成武太后志,乃断像令短,建圣善寺阁

① [五代]刘昫:《旧唐书》卷二十二《礼仪志》二,北京:中华书局,1975年,第865页。
② [宋]欧阳修:《新唐书》卷七十六《列传》一,北京:中华书局,1975年,第3479—3480页。

以居之。”①

《隋唐嘉话》:“武后初为明堂,明堂后又为天堂五级,则俯视明堂矣。未就,并为天火所焚。今明堂制度卑狭于前,犹三百余尺。武后为天堂以安大像,铸大仪以配之。天堂既焚,钟复鼻绝。至中宗欲成武后志,乃斫像令短,建圣善寺阁以居之。”②

《两京新记》:“次南曰永平坊,东门之宣化尼寺。隋开皇五年,周昌乐公主及驸马都尉尉迟安舍宅立。寺门金刚,上人雍法雅所制,颇有灵迹,有一尼常倾心供养。武太后移住东都,至坊北隅,一牛住不行,牵成益重,其尼拜咒便动。至都,置于天堂供养。后天堂灾,因是烬灭。”③

《资治通鉴·唐纪二十》:“又于明堂北起天堂五级以贮大像;至三级,则俯视明堂矣。僧怀义以功拜左威卫大将军、梁国公。”④

历史文献对武则天“加号”及“亲享明堂”的“赐酺”活动也有频密的记事,而它们俱与武则天的佛事活动相关。

长寿二年(693年):

春一月,亲享明堂。……秋九月,上加“金轮圣神皇帝”号,大赦天下,大酺七日。⑤

长寿三年(694年):

① [唐]杜祐撰、王文锦等点校:《通典》卷四十四,北京:中华书局,1988年,第1228页。
② [唐]刘餗撰:《隋唐嘉话》下,北京:中华书局,1979年,第37—38页。
③ [唐]韦述、杜宝撰,辛德勇辑校:《两京新记辑校》卷三,西安:三秦出版社,2006年,第53页。
④ [宋]司马光撰:《资治通鉴》卷二百四《唐纪》二十,北京:中华书局,1976年,第6455页。
⑤ [五代]刘昫:《旧唐书》卷六《则天皇后纪》,北京:中华书局,1975年,第123页。

五月，上加尊号为“越古金轮圣神皇帝”，大赦天下，改元为延载，大酺七日。[①]

证圣元年(695年)：

春一月，上加尊号曰“慈氏(弥勒)越古金轮圣神皇帝”，大赦天下，改元，大酺七日。……春二月，上去慈氏越古尊号。秋九月，亲祀南郊，加尊号天册金轮圣神皇帝，大赦天下，改元为天册万岁……大酺九日。[②]

可以考见当年武则天历次明堂之行事，与宣扬佛教转轮王信仰的政治用意保持着内在的关系，实际已折射出武则天借助这一礼制建筑推行转轮王信仰的政治用意。结合武氏以“金轮(转轮)”“慈氏(弥勒)”这类佛教概念为自己添加尊号的行为，其在明堂之内连篇累牍、日甚一日的“赐酺”，无疑有着效法西域历史上以无遮大会宣示转轮王功德的动机。

至此我们可以发现，洛阳天堂遗址这件具有浓郁域外文化特征的石刻文物，恰恰反映了武周时期封建女皇武则天通过转轮王信仰的宣传，在日益巩固民众对其“君权神授”的政治信仰。

除此之外，一些历史文献记事有关唐代东都人文旧事中所包含的佛教文化元素，也值得我们关注。

《旧唐书》载曰：

河南府，隋河南郡。……(天授)三年(692年)，置来庭县。

……永昌元年(689年)，改河南(县)为合宫县。神龙元年(705年)，复为河南县，废永昌县。三年(707年)复为合宫县。景龙元年(707年)，复为

① [五代]刘昫：《旧唐书》卷六《则天皇后纪》，北京：中华书局，1975年，第123页。
② [五代]刘昫：《旧唐书》卷六《则天皇后纪》，北京：中华书局，1975年，第124页。

河南县。①

唐志所载在东都设立的"合宫县",是采用当年汉地流行的佛典来命名的,其中含有引用西方梵经概念创置东都行政区划的意味。

北凉县无谶汉译马鸣菩萨《佛所行赞》卷二《合宫忧悲品》,叙佛母瞿昙弥等悲悼太子出家入道的情节,有着如下感人肺腑的描绘:

> 大爱瞿昙弥,闻太子不还,竦身自投地,四体悉伤坏,犹如狂风摧,金色芭蕉树。又闻子出家,长叹增悲感……念子心悲痛,闷绝而躄地;侍人扶令起,为拭其目泪。其余诸夫人,忧苦四体垂,内感心惨结,不动如画人。时耶输陀罗,深责车匿言:"生往我所钦,今为在何所?人马三共行,今唯二来归。我心极惶怖,战栗不自安;终是不正人,不昵非善友!……汝今应大喜,作恶已果成……假名为良朋,内实怀怨结。今此胜王家,一旦悉破坏!"……父王失太子,昼夜心悲恋,斋戒求天神,愿令子速还。②

武后晚年之所以于东都设置以"合宫"为县名的行政区划,其中必定含有借助佛经信仰唤起"母子情深"伦理观念以达到社会化效应的政治目的。因为在武则天看来,这对消弭以李显为代表的李唐王族敌视武后称制的社会时态将会起到一定的润滑作用——封建政治斗争之利用西域宗教信仰揶揄社会舆论于股掌,合宫县治的反复生灭消长,可谓一例耐人寻味的历史故事。西域文化之延入东方政治社会的上层建筑或意识形态,由此一县行政区划之设置,可以管窥纤毫于一豹。

这种以宫廷礼制建筑结缘佛法的政治传统,甚至影响到武周之后李唐王朝的思想行为。据天堂遗址考古发掘报道披露,与这件摩羯鱼石刻同期出土的

---

① [五代]刘昫:《旧唐书》卷三八《地理志一》,北京:中华书局,1975 年,第 1422 页。

② 马鸣菩萨撰、昙无谶译:《佛所行赞》卷二《合宫忧悲品》,《频伽精舍校刊大藏经》,藏帙,第七册,1913 年,第 73 页。

文化遗物中，另有一件为中宗皇帝发愿造像的鎏金银牌饰，其上记曰：“维大唐神龙元年（705 年）岁次乙巳四月庚戌朔八日丁巳，奉为皇帝、皇后敬造释迦牟尼佛一铺，用此功德，滋助皇帝、皇后圣化无穷，永究供养。”①

由此可见，摩羯鱼刻石在洛阳的出土，不仅从文化内涵上揭示了武周皇权极具宗教色彩的政治特征，同时也在文物品类上更加丰富地显示出盛唐时代中西文化交流光彩夺目的风景。如果人们善于透过一些寂寥无声的文化遗物去审视 7 世纪末叶中原地区这些业已沉睡的历史信息，则不难发现，武周女性皇权的建立，一方面得力于东都社会诸多人文因素的推挽与促成，另一方面，武周女权之所以能够走向历史的顶峰，其社会舞台的背后包含着一个尤为广阔的国际背景——国际文化资源的开发利用，正是这位则天女皇成功登极的重要政治策略。②

三、出土文物中的“摩羯鱼”形象

正是在上述社会历史背景下，在佛教被大力推崇的东都，摩羯鱼形象频频出现在时人的生活用具上，成为一种时代风尚。

我们从考古发现中略举一二，便可体会其中的意味。

1991 年，考古工作者在洛阳南部的伊川县鸦岭乡杜沟村发掘了一座唐墓，从出土墓志考知，墓主人为唐齐国太夫人吴氏，亦即中唐著名藩镇豪士王士珍的夫人。此墓出土的金银器物中有一件四曲双鱼纹长杯，呈椭圆形，杯口部四曲呈花瓣形，同时由于四曲而使器物向内凸起数条棱，内壁不是光滑的平面；其腹部较浅，底部为摩羯鱼围绕中心宝珠的装饰图案（图 11）。③

---

① 造像录文见方孝廉：《四十年来洛阳隋唐以降的考古发现与研究》，《洛阳考古四十年》，北京：科学出版社，1996 年，第 41 页。

② 张乃翥：《从洛阳出土文物看武周政治的国际文化情采》，《唐研究》第八卷，北京：北京大学出版社，2002 年，第 205—224 页。

③ 洛阳市第二文物工作队：《伊川鸦岭唐齐国太夫人墓》，《文物》1995 年第 11 期，第 24—44 页。

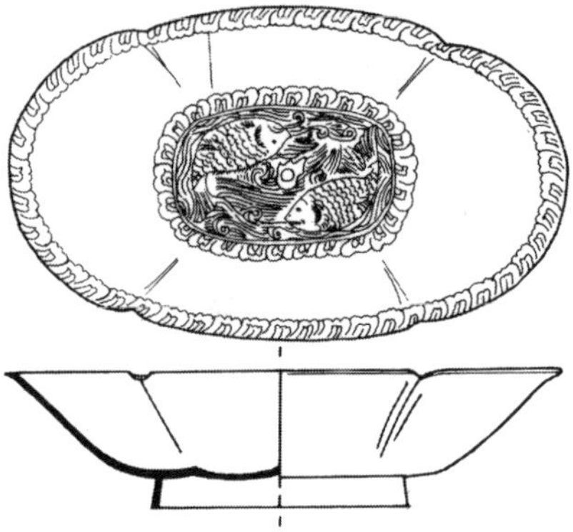

图 11 伊川唐齐国太夫人墓出土的摩羯纹四曲长杯线图(图片采自《伊川鸦岭唐齐国太夫人墓》,《文物》1995 年 11 期)

图 12 白居易履道坊遗址出土的绿釉菱形印花盘中的摩羯纹(图版采自《中国社会科学院考古研究所考古博物馆洛阳分馆》, 第 92 页。)

白居易故居履道坊出土了一件绿釉盘,整体呈菱花形,底部摩羯鱼围绕火焰珠,摩羯鱼除了长鼻翻卷、身生双翼外,其余形态与鱼形已无差异。其构图更与上述几件器物如出一辙(图 12)。①

图 13 偃师杏园唐墓 M5036:25 瓷质四曲长杯及其底部的摩羯纹(图片采自偃师杏园唐墓》,第 125 页。)

洛阳偃师杏园唐墓 M5036:25 瓷质四曲长杯及其底部的摩羯纹也有类似的摩羯形象,与此可以相互印证(图 13)。②

另外,1983 年,西安市太乙路出土了一件唐代摩羯纹金杯,高 3.5 厘米,杯口最大径 13.1 厘米,最小径 7 厘米,重 174 克,现藏于陕西省历史博物馆。金杯的外形为四曲、浅腹、圈足。杯内底中心锤揲出凸起的摩羯戏宝珠纹,底部錾刻细密的水

① 中国社会科学院考古研究所洛阳唐城队:《洛阳唐东都履道坊白居易故居发掘简报》,《考古》,1994 年第 8 期,第 692—701 页。

② 中国社会科学院考古研究所编:《偃师杏园唐墓》,北京:科学出版社,2001 年,第 125 页。

波纹(图 14)。

内蒙古赤峰市喀喇沁旗哈达沟窖藏出土的双摩羯纹银盘内底，年代被定为辽代，但有浓厚的唐代风格，图案呈现的摩羯形象凶猛，口露利齿，头有单角分叉(图 15)。[①]

1982 年，江苏丹徒丁卯桥唐代窖藏出土唐代银盘(现藏镇江市博物馆)，高 7.3 厘米，重 1.15 厘米，口径 34.5 厘米，浅腹，平底。内底心锤摩羯一对，龙首鱼身，龙首前方各有一颗火焰宝珠，间饰游鱼、莲荷。腹内壁錾刻飞鸟卷草纹一周，沿面饰瑞兽缠枝莲。外底刻铭记“力士”两字(图 16)。[②]

中国文化遗产盘点表明，摩羯鱼在我国转轮王信仰崇拜中的文

图 14　西安太乙路出土的摩羯纹四曲长杯(图版采自赵青《摩羯纹金杯—多元文化互通的佳作》，文物天地 2018 年第 8 期)

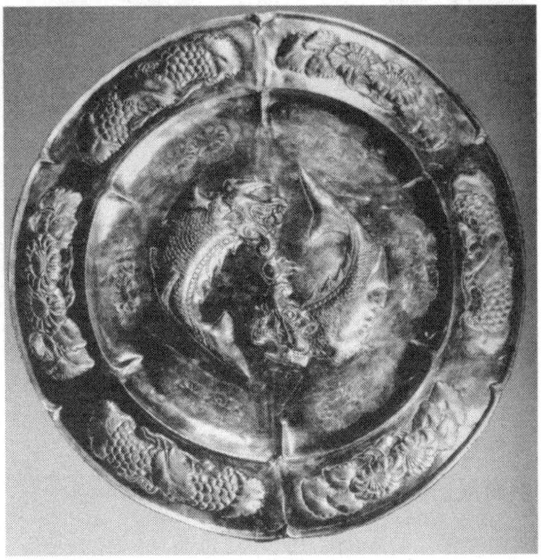

图 15　内蒙古喀喇沁旗出土的双摩羯纹银盘(图版采自齐东方《唐代金银器研究》，彩版 17)

图 16　江苏丹徒丁卯桥出土的唐代摩羯纹银盘内部底纹(图版采自《唐代金银器研究》，彩版 20)

① 齐东方著：《唐代金银器研究》，北京：中国社会科学出版社，1999 年，彩版 17。
② 齐东方著：《唐代金银器研究》，北京：中国社会科学出版社，1999 年，彩版 20。

化传承,隋唐至元,摩羯鱼题材多被刻画为装饰纹样,其中1985年内蒙古斯布格图村西北发现的辽陈国公主墓,出土有玉质的摩羯鱼,与故宫所藏辽代同质摩羯鱼有很多相似之处,是难得的辽代艺术珍品(图17)。①

直至元代建立“中都”,在帝国首都建筑遗迹中亦有持续的显示。今张北县白城子遗址出土的汉白玉摩羯鱼刻石,即是这一历史动态的确切印证(图18)——这一历史文物在漠北汗国中京遗址中出现,再次昭示出人类历史经验的可复制性,这是治史者应该设意记取的理性伦理。

图17 辽陈国公主墓出土的摩羯鱼玉佩件(图片采自《辽陈国公主驸马合葬墓发掘简报》,《文物》1987年第11期)

图18 张北县白城子遗址元中都的摩羯鱼石刻(张乃翥先生提供)

四、结语

综上所述,这件摩羯鱼刻石于东都天堂遗址的出土,从物质遗产视域揭示了天堂与武则天利用佛教神学构建武周皇权这一政治运筹之间的内在联系,为我们进一步认识其政权的外来意义和理解武周时期东都的社会背景都具有重要意义。

(本文发表于《洛阳理工学院学报》2017年第3期,收入此书时稍做修改)

① 孙建华、张郁:《辽陈国公主驸马合葬墓发掘简报》,《文物》1987年第11期,第4—24页。

洛阳伊川唐齐国太夫人墓出土金银器中的域外艺术因素

1991 年,考古工作者在洛阳南部的伊川县鸦岭乡杜沟村发掘了一座唐墓,从出土墓志考知,墓主人为唐齐国太夫人吴氏,亦即中唐著名藩镇豪士王士珍的夫人。这座墓中出土器物达 1659 件,其中金银器 21 件、金银饰 300 件,是洛阳地区唐墓发掘史上出土器物最多的一例。[①]尤其值得珍视的是,该墓出土的这组形制精美的金银器物中,在工艺风格上含有诸多域外艺术风格的元素,从而为我们认识有唐一代中外文明的交汇、往来提供了绝佳的研究案例和审美体验。

这些具有异域文化风格的金银器共有 6 件,它们是:银鎏金摩羯纹四曲长杯(图 1-1、图 1-2)、双鱼大雁纹鎏

图 1-1　伊川鸦岭齐国太夫人墓出土的银鎏金摩羯纹四曲长杯(洛阳市文物局提供)

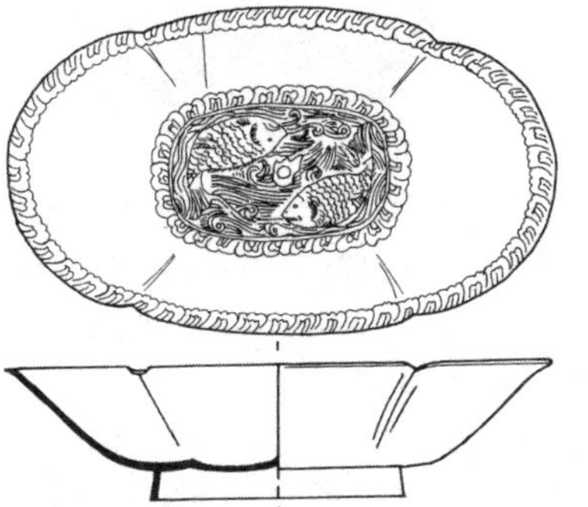

图 1-2　伊川鸦岭唐齐国太夫人墓出土的银鎏金摩羯纹四曲长杯线图(图版取自洛阳市第二文物工作队《伊川鸦岭唐齐国太夫人墓》,《文物》1995 年 11 期)

① 洛阳市第二文物工作队:《伊川鸦岭唐齐国太夫人墓》,《文物》1995 年第 11 期,第 24—44 页。

金银盏托(图 2-1、图 2-2)、绶带纹银碗(图 3-1、图 3-2)、鎏金绶带纹银盘、双鱼大雁纹浅银盘、双凤衔绶银扁壶(图 4)。

图 2-1 伊川鸦岭唐齐国太夫人墓出土的银鎏金錾花双鱼大雁纹荷叶形盘（图版取自洛阳市第二文物工作队《伊川鸦岭唐齐国太夫人墓》,《文物》1995 年 11 期）

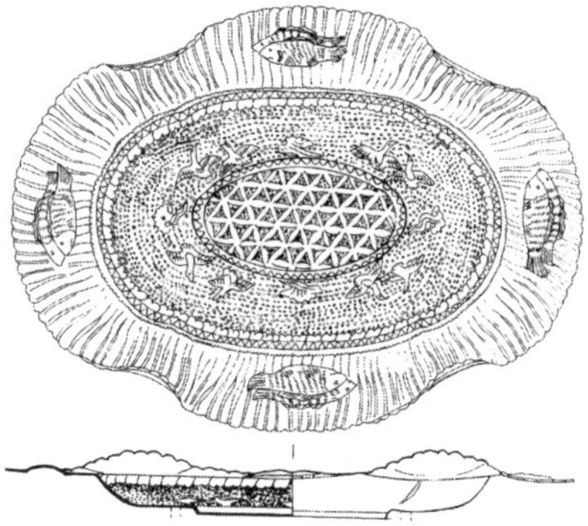

图 2-2 伊川鸦岭唐齐国太夫人墓出土的双鱼大雁纹盘线图（图版取自洛阳市第二文物工作队《伊川鸦岭唐齐国太夫人墓》,《文物》1995 年 11 期）

图 3-1 伊川鸦岭唐齐国太夫人墓出土的绶带纹弧腹银碗（图版取自洛阳市第二文物工作队《伊川鸦岭唐齐国太夫人墓》,《文物》1995 年 11 期）

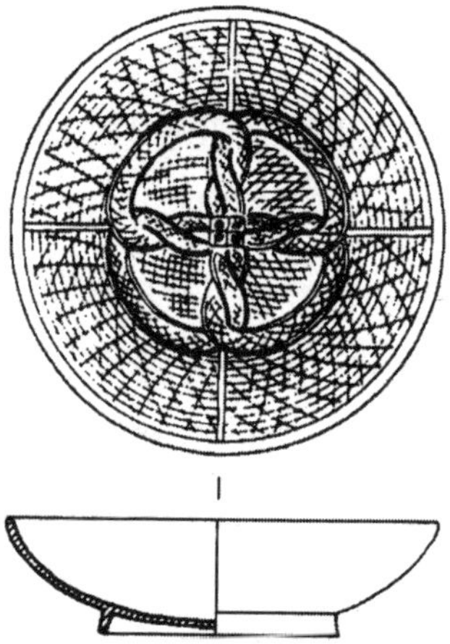

图 3-2 伊川鸦岭唐齐国太夫人墓出土的绶带纹弧腹银碗线图（图版取自洛阳市第二文物工作队《伊川鸦岭唐齐国太夫人墓》,《文物》1995 年 11 期）

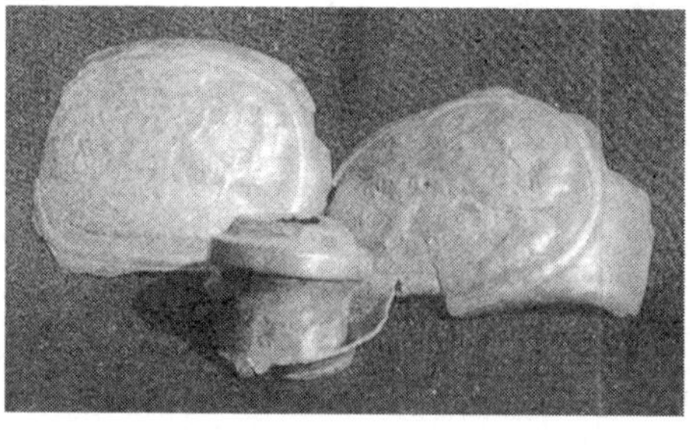

图 4 伊川鸦岭唐齐国太夫人墓出土的双凤衔绶银扁壶（图版取自洛阳市第二文物工作队《伊川鸦岭唐齐国太夫人墓》,《文物》1995 年 11 期）

一、银鎏金摩羯纹四曲长杯

这件银鎏金摩羯纹四曲长杯呈椭圆形，杯口部四曲呈花瓣形，同时由于四曲而使器物向内凸起了数条棱，内壁不是光滑的平面；其腹部较浅，底部为双鱼围绕中心宝珠的装饰图案。从造型风格上看，显然不是中国传统样式；从纹样构图题材上看，则体现出浓厚的印度佛教艺术色彩（图 1–1）。

源自萨珊波斯的多曲造型

这种以多曲为主要特征的长杯在以往的中原地区考古发现中是未曾有的，类似的工艺造型多见于波斯萨珊式器物。这种器物在 3—8 世纪流行于伊朗高原的萨珊王朝统治时期，在西方文献中被称为 Lobdedish，意思是口沿曲回的盘；也叫作 Oblongcup、Ovaldish、ShallowCup，大抵意思相近，指的都是这种椭圆形、浅腹的杯或者盘。日本学者将其称为“长杯”，并以曲瓣的多少分别称作“八曲长杯”“十二曲长杯”，或笼统叫作“多曲长杯”等。这种称呼能够形象概括其特点，即口沿呈曲线变化、平面呈椭圆形的几何外观。如果深入探讨其民族特征的话，我们认为，这种形体多变而不拘泥于造型的器物，正是西亚萨珊民族金银器活泼造型的直接反映和采撷，从而与中原工艺传统对称、平整、规矩的民族特征形成鲜明的对比。我们认为，器物形制上体现出来的这种文化倾向，不仅是民族审美风格的反映，也是当年丝绸之路文化交流过程中，东西方地理环境、人文传统等多重因素综合作用的结果。

在塔吉克斯坦片治肯特遗址壁画中有比较明确的长杯和多曲长杯的图像（图 5），新疆库车克孜尔第 38 窟主室窟顶 4 世纪的壁画上已经见到多曲长杯的图像（图 6）。[①]这为我们寻找这种长杯的来源提供了参考依据。由此可以肯定地说，来自中亚的多曲长杯对中国杯具的影响早在魏晋时期就已经开始。在山

① 孙机：《唐李寿石棺线刻〈侍女图〉〈乐舞图〉散记》，原载于《中国圣火》，沈阳：辽宁教育出版社，1996 年，第 222 页。

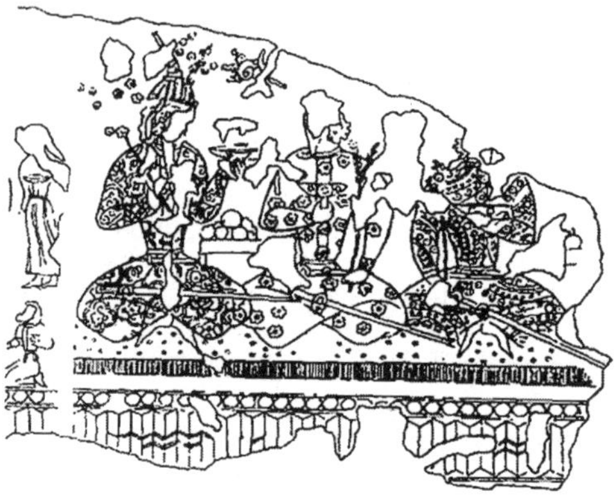

图5 片治肯特壁画中的多曲长杯（图片采自齐东方《萨珊式金银多曲长杯在中国的流传与演变》,图四。）

图6 新疆库车克孜尔第38窟主室窟顶4世纪壁画中多曲长杯图像（图片采自《中国圣火》,第217页,图十八—1）

西大同、陕西柳林等地的墓葬中都发现了这类多曲长杯的身影。山西大同北魏墓出土的长杯器形呈八曲花瓣，底部正中为兽纹,整体造型因曲线多变而呈现夸张的屈曲,画面极其富有活泼的动感。[①]由此可以看出,这一时期内地杯具多曲的造型,带有强烈的中亚同类器物的风格。

从现已发现的唐代多曲长杯的形态看,其造型的整体趋向是:最初多曲的曲线不及底,器口分瓣明显。中期的长杯曲线渐已及底,如卡尔凯波收藏的高足银长杯曲线由口及底,与萨珊器形有了明显区别,应是向中国长杯的过渡器形。到了后期,则多曲愈不明显,如陕西耀县(今耀州区)柳林背阴村唐墓的长杯则呈现较为规整流畅的四曲线,向内凸出有四条棱直到杯底,圈足较矮。[②]

与此相对照,伊川齐国太夫人墓这件四曲长杯,器形口沿则进一步趋向规整,向内凸出的四条棱都不及底,装饰意味十分明显,观之极具线条造型的美感。这应是唐代晚期多曲器物逐渐与中国传统习俗相结合而发展起来的一种符合中国人生活习惯的器物。

① 孙培良:《略谈大同市南郊出土的几件银器和铜器》,《文物》1977年第9期,第68—75页;陕西省博物馆:《陕西省耀县柳林背阴村出土一批唐代银器》,《文物》1966年第1期,第25—26页。

② 陕西省博物馆:《陕西省耀县柳林背阴村出土一批唐代银器》,《文物》1966年第1期,第25—26页。

无独有偶，在洛阳偃师杏园唐代墓葬中，也出土了一件银质四曲长杯（M5013:38），其口部呈四曲，底附椭圆形圈足，素面无纹饰。造型与齐国太夫人墓这件四曲长杯极其相似（图7）。①

图7　偃师杏园唐墓出土的四曲长杯（M5013:38）（图版取自中国社会科学院考古所编《偃师杏园唐墓》，图版24-5）

如果说金银器中的外来因素是受到来自中亚的直接影响的话，那么在同时期的瓷器、玉器甚至铜器中出现这些域外文化风格的元素，则让我们有理由相信，唐代的洛阳应该是一个受到胡风强烈影响的国际化城市。

除此之外，在以往洛阳地区发掘的唐墓中，多曲的造型在陶瓷器以及铜镜中屡见不鲜。

如偃师杏园唐墓M5013出土的瓷质四曲长杯，与上述同墓出土的银质四曲长杯如出一辙，唯圈足稍矮（图8），同样器形还见于M2954出土的滑石四曲长杯，其样式与齐国太夫人墓出土的四曲长杯类同（图9）。②

图8　偃师杏园唐墓出土的瓷质四曲长杯（M5013:9）（图版取自中国社会科学院考古所编《偃师杏园唐墓》，彩版14-3）

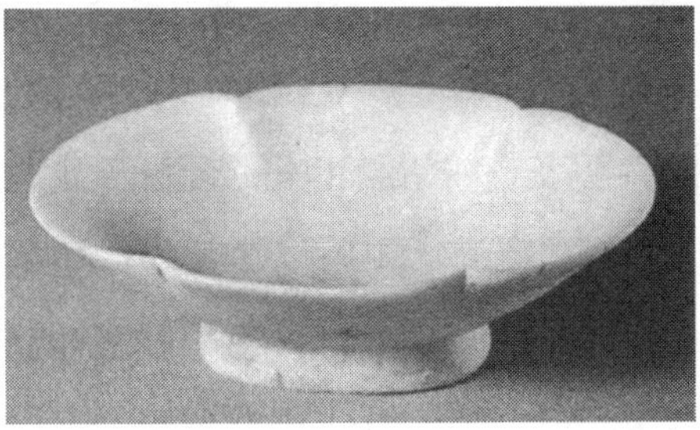

图9　偃师杏园唐墓出土的滑石四曲长杯（M2954:6）（图版取自中国社会科学院考古所编《偃师杏园唐墓》，彩版14-4）

---

① 中国社会科学院考古所编：《偃师杏园唐墓》，北京：科学出版社，2001年，第202页。

② 中国社会科学院考古所编：《偃师杏园唐墓》，北京：科学出版社，2001年，第197页。

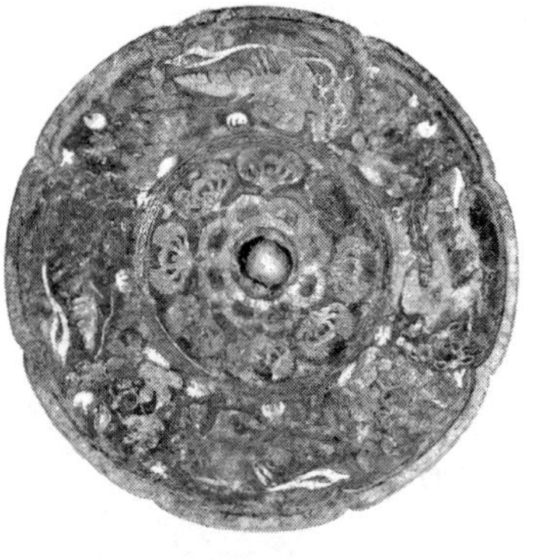

图 10 洛阳关林钢厂 M109 出土的金银平脱花鸟镜(图版采自洛阳博物馆《洛阳出土铜镜》,第 7 页。)

图 11 洛阳北窑庞家沟出土的龙纹葵形铜镜(图片采自《洛阳出土铜镜》图版 92)

关林钢厂 M109 天宝九年(750 年)墓出土的金银平脱花鸟纹镜,镜作八曲葵花形(图 10)。①

洛阳北窑庞家沟唐墓出土的八曲龙纹葵形铜镜,外形亦作八曲形(图 11)。

图 12 洛阳伊川县白元乡白元村唐墓出土的三彩多曲碗(图片采自《河南伊川发现一座唐墓》图版陆)

1984 年, 洛阳伊川县白元乡白元村一座盛唐时期墓中出土了两件三彩碗,碗作八瓣葵花形,外壁满布鱼子样纹饰。圈足无釉。高 7 厘米,口径 18 厘米,足径 9 厘米(图 12)。②

应该说,在以往的发掘报告中多被称为“葵花口”“花瓣口”的这些多曲造型器物,正是来自中亚金银器中的多曲长杯,它们在进入中原以后被改造和利用而形成一种颇为流行的装饰样式。

当将这些不同质地、不同用途的生活用器结合起来考察的时候,我们不得

① 洛阳博物馆:《洛阳出土铜镜》,北京:文物出版社,1988 年,第 7 页。
② 伊川县文化馆:《河南伊川发现一座唐墓》,《考古》1985 年第 5 期,第 459 页。

不说这种造型优美而富于表现力的来自萨珊高原的异域器具风格，对汉人居住区的审美趣味产生了巨大的影响，从中可以看出唐代社会对外来文明接受、应用之广泛——这种域外文化风尚不但被中国传统所接受，更在自身的生活运转中将其进一步发扬开来，并与本地生活传统相结合形成一种广为流行的装饰，直至后来完全成为自己的一种全新的纹饰风格。

摩羯鱼纹饰：来自印度的艺术题材

这件四曲长杯杯底是“双鱼火焰珠”图案，中间为一颗带有山字火焰纹的宝珠，外围为两条在波涛之上嬉戏的鱼类所环绕，中间填充以水波纹。这是一幅生动的“双鱼戏珠”图案，它的题材来源于佛教文化的摩尼珠和摩羯鱼。

域外文化史告诉我们，摩羯鱼（梵文 makara），是印度神话中一种长鼻、利齿、鱼身的巨型动物，多装饰于寺庙门口的台阶两旁或装饰画面的各个场所。这种纹饰从公元 4 世纪末传入我国，从东晋到唐代的文献载籍上看，摩羯鱼多为长鼻上卷、张口、獠牙外露的模式化形象，其中鱼身、鱼尾的定型刻画是其主要的形制特点。如记载中所见摩羯鱼“双眼如日，牙齿似山，身体巨大，性恶，毁坏船只，加害于人”。其形状为“长鼻上卷，鼻下两卷须，口大张，獠牙外露，长舌，眼圆睁，眼厚，螺旋羊角绕一小牛耳，头顶至颈竖粗壮鬃毛，鱼身鱼尾”。大藏经《一切经音义》卷四〇云：“摩羯者，梵语也。海中大鱼，吞噬一切。”《洛阳迦蓝记》记载：“有如来作摩羯大鱼，从河而出，十二年以肉济人处，起塔为记，石上犹有鱼鳞纹。”①

从考古发现的实物看，早期传入我国的摩羯图案也印证了文献记载。

在莫高窟第 296 窟（北周）的西王母（帝释天妃）图中有鱼形摩羯，这时的形象是卷鼻巨齿、双翅鱼尾，与佛经最初所喻的威猛而令人生畏的原生态造型无异。

另据目前所见的考古材料看，陕西三原县陵前乡双盛村发掘隋开皇二年（582 年）李和墓石椁顶盖上刻绘的摩羯鱼形象，则是出现于墓葬石刻中的最早

① ［北魏］杨衒之：《洛阳伽蓝记》卷五《城北》条，上海：上海古籍出版社，1982 年，第 326 页。

例证。[①]这时的摩羯形象，利齿外露，长鼻上卷，亦有形象威猛的寓意。

大抵从唐代开始，作为美术题材的摩羯鱼，开始大量出现于生活器物的装饰性画面中。初唐时期的摩羯没有鱼翅，这和印度摩羯基本是一样的。直到唐代中晚期的金银器制品上，才出现有鱼翅的摩羯造像和线刻摩羯纹饰，并且融入"龙"和"鱼"的部分生理特征。唐代诗人钱起《送僧归日本》诗中，即有"鱼龙听梵声"的诗句，从中不但可以想象到"鱼龙"与"梵声"相和的佛家意境，也可探知中古时代"鱼龙"和佛教的文化学关联，进而可以看出这一时期的摩羯有着鱼龙合体图像学的特点。

与此同时，这一时期的考古发现，也比较多地反映出唐代摩羯鱼形象在中国的具体转变。

近代西安太乙路出土的摩羯纹金杯、晚唐时期摩羯纹荷叶银杯，杯内为双摩羯环绕一隆起的火焰宝珠嬉戏于杯底。摩羯为龙首，鱼身附带双翼（见本书《洛阳天堂遗址出土的"摩羯鱼"刻石与东西方文化交流》图 14）。

1976 年 4 月，在内蒙古昭盟喀喇沁旗哈达门沟出土了一件唐代鎏金双摩羯纹银盘，该盘高 2 厘米，径 47.8 厘米，沿宽 7.4 厘米，盘底双摩羯相向围绕中心的火焰珠。这时的摩羯已为兽头，鼓目、卷鼻、张口、龇牙，身似鲤鱼，呈摇头、侧身、摆尾的姿态，鳞甲片片，鱼鳍扇开，极为富于动感（见本书《洛阳天堂遗址出土的"摩羯鱼"刻石与东西方文化交流》图 15）。

另，江苏丹徒丁卯桥所出鎏金银盘上錾刻一对翘尾展翅、睁目张口的摩羯鱼，嘴前各有一颗火焰宝珠，并陪衬以莲花、莲叶和游鱼；此盘内的摩羯口颌大张、獠牙外露、长鼻上卷，但其头部近似龙形，身体遍布鳞片，并呈现出双翅开合的姿势（见本书《洛阳天堂遗址出土的"摩羯鱼"刻石与东西方文化交流》图 16）。

唐晚期，国内文物中已基本形成这种龙首、鱼身、带翼及游鱼纹饰环绕的

---

① 陕西省文物管理委员会：《陕西省三原县双盛村隋李和墓清理简报》，《文物》1966 年第 1 期，第 27—33 页。

摩羯样式。摩羯这种外来文化题材传入中国后，在被中国文化吸收、接纳的同时，又被中国文化模式加以改造和扩展。中国传统文化中本来就已有的鱼龙传说，加之与佛教传输而来的摩羯在文化内涵上具有相似性，促使两者形态交融和变异。宋、辽、金时期，摩羯纹又出现在瓷器的装饰图案中，并经历了被改造成鱼化龙以至完全成为鱼纹的过程，彻底转化成为中国本土化的装饰图案。

其实，当一种图案纹饰成为一种社会时尚而广为流行的时候，它的出现也就不仅仅局限于它历来所依附的器物了，这一点从洛阳唐城履道坊遗址出土的菱花形绿釉盘中可以得到确切的证实。

履道坊出土的这件绿釉盘，整体呈菱花形，底部摩羯鱼围绕火焰珠，摩羯鱼除了长鼻翻卷、身生双翼之外，其余的形态与鱼形已无差异。其构图更与上述几件器物如出一辙（见本书《洛阳天堂遗址出土的“摩羯鱼”刻石与东西方文化交流》图 12）。①洛阳偃师杏园唐墓 M5036 出土的一件瓷碗的底部，也有类似的摩羯形象，与此可以相互印证（见本书《洛阳天堂遗址出土的“摩羯鱼”刻石与东西方文化交流》图 13）。②

值得注意的是，江苏丹徒丁卯桥金银器代表的是南方出土的遗物，它的摩羯纹鱼形特征非常明显，从中透露出水乡文明的固有情趣。

而上述文物装饰纹样里的火焰珠，应即佛教文化中代表坚不可摧之义的摩尼宝珠。其为佛教七宝之一，梵语称之为 cinta-mani。宝珠之出处，据《杂宝藏经》卷六载，出自摩羯鱼之脑中。另据《大智度论》卷五九云，如意宝珠或由龙王之脑中而出，或为帝释天所持之金刚。

伊川鸦岭这件四曲长杯图案造型与喀喇沁旗摩羯纹盘极其相似，但完全是鱼的形象，鱼身双鳍紧贴腹部，游戏于波涛之上，极具意境。但其图案纹样的整体构图，则与摩羯纹的宗教寓意有着某种不可分割的渊源，这可以视

---

① 中国社会科学院考古研究所洛阳唐城队：《洛阳唐东都履道坊白居易故居发掘简报》，《考古》1994 年第 8 期，第 692—701 页。

② 中国社会科学院考古所编：《偃师杏园唐墓》，北京：科学出版社，2001 年，第 125 页。

作摩羯鱼纹样由外来化向本土化、图案化转变的结果。同时,它与南方出土的唐代金银器鱼纹有相似性，也为我们探寻此墓金银器的制造产地提供了线索。

这件四曲长杯的另一艺术特色,乃杯底的双鱼纹周围有密布的波浪纹。其中间烘托以火焰状的摩尼宝珠，更使这一生活用具显示出浓郁的佛教美术意致。其主题纹饰以外留白的装饰风格,则是粟特地区装饰纹样的重要特征,说明这件器物的设计与粟特文明有密切的联系。至于这件器物的杯口施以连续的线条细碎的宝相莲花纹样,则具有“碎线叶瓣边饰”的装饰特征,是为晚唐时期金银器边饰的主要特点。①

二、双鱼大雁纹鎏金银盘

双鱼大雁纹鎏金银盘,口长 14.6~20.1 厘米,高 1.9 厘米,呈荷叶形,整体造型活泼灵动,耐人观瞻。口沿和器身富有流动的曲线美,宛如一枚开放的花朵。其纹样装饰之华美,确为唐代银器之翘楚。其荷叶形口沿曲线造型的韵律感,不但具有西域同类器物的造型意致，并且符合中国传统审美意趣的情感需要(见图 2-1)。

构图风格上的密体意致

这件银盘的图案装饰,采用分档布白的构图技巧,以密集的线条造型将画面整体刻画成繁缛而不凌乱的图画样本,突出地显示出西方装饰艺术“密体意致(Poetic Charm of the Ornate Pattern)”的创作理路。②

考古发掘资料表明，中国传统装饰纹样以图形物象和美术记忆来表达审美意识的价值取向。从半坡陶盆人面鱼纹的写意绘画到商周青铜器兽面及几

① 齐东方、张静:《萨珊式金银多曲长杯在中国的流传与演变》,《考古》1998 年第 6 期,第 63—73 页。

② 有关西域“密体意致(Poetic Charm of the Ornate Pattern)”美术风尚的提出,首见张乃翥:《中外文化源流递变的一个美学例证——龙门石窟宾阳中洞帝后礼佛图雕刻的美术史考察》,《石窟寺研究》第三辑,北京:文物出版社,2012 年,第 164 页。亦见张乃翥:《洛阳历史文物中含绶鸟美术遗迹的文化学考察》,《形象史学研究》2015 年上半年,北京:人民出版社,2015 年,第 141 页。

何纹雕饰，再到两汉画像砖祥瑞、车马等生活场景的描摹，无一不显示出对具象描绘的刻意着墨。其构图意致，讲求笔简意张、以少概多，故对主题纹饰以外的空间多作"留白"式处理。层出不穷的此类遗物的面世，不得不说是中国传统文化"中庸"和"方正"思想在艺术观念上的具体体现。魏晋以降，在外来宗教艺术——尤其是佛教造型艺术——的冲击之下，中国造型艺术传统的构图方式有了很大变化，出现了许多外来文化因素影响的痕迹。而来自西域犍陀罗佛教艺术的"密集"装饰手法，即是其中主要的艺术旋律。这种以密集笔触见长的艺术手法，即在每一个构图单元中，以密集有序的空间布局，展示出造型对象充满线条排比的视觉意致。这些形成密集视觉空间点阵的线条载体，或作陪衬主题的背景底纹，或作主题纹饰的组成部分，皆因视觉面上充满繁缛铺排的符号刻画，传达着一种特有的布局严谨的视觉效果。

随着西方文化络绎不绝之东渐，文化交流和文明碰撞不断冲击着东方美术创作的视觉取向。这些以密集刻画为造型特征的西域美术时尚，便通过丝绸之路的廊道沟通传播到了东方。这其中，最先受到这一文化潮流影响的，当然是随着佛教传入中国的石窟艺术，进而在为数众多的墓葬及宗教石刻等装饰雕刻中，也相继出现以繁缛富丽为特点的装饰风尚。

我们不妨列举洛阳地区具有"密体"装饰风尚的美术实例来加以说明，以便加深对这一西方美术格调的理解。

洛阳北魏时期为数不少的石棺床（图 13），其繁缛密集的装饰性刻画，便是受这一构图方式影响的最初例证。这一时期散见寺院遗址上的北魏造像碑，也有这样的创作图例（见本书《洛阳出土〈汝南王修治古塔铭〉刻石与北魏的佛教

图 13　洛阳出土的北魏石棺床装饰线刻（图片由张乃翥先生提供）

文化交流》图 5)。

另以洛阳龙门东山南麓出土的盛唐名相张说墓志的装饰线刻画为例,其志盖四刹及志石四周,都布满了各式卷草纹样和神奇动物的密体装饰刻画(图14)。

图 14　洛阳龙门东山出土的唐张说墓志盖(图片由张乃翥先生提供)

对照以上美术实例，伊川鸦岭吴氏墓这几件金银器的装饰雕刻,均有这一纹饰风格的美术元素。其中的双鱼大雁纹鎏金银盘，更是这一例证的突出代表。

这一鎏金银盘从盏托中心开始，密集而有序地排列着源自西域的“毬路纹”，其周围又以一圈锯齿纹相隔离;腹部布置了四组两两成对、引颈展翅的大雁纹，并以卷云纹和折枝花纹相间隔,再以密集的鱼子纹衬底;在其腹部和盏沿的交接处，又分布了三角锯齿纹和单瓣莲花纹。口沿宽平,呈现出规律起伏的视觉效果。银器内壁,捶揲出密集的棱条,犹如叶脉纹络,井然有序。观赏之下,其整体纹饰密集繁缛,不留空白,给人一种富丽华美的视觉冲击。

在以往的考古发掘简报中,常将这种装饰风格称为“满地装”“鱼子纹”,它们都是具有这一特征的纹饰的不同表述。

制作工艺中的外来因素——“捶揲”

“捶揲”是充分利用金银质材良好的延展性,将其捶击成形的一种制造工艺,比如可以把一些较浅的器皿直接捶击成形,或是根据模型制作成凸凹起伏的花纹,从而使器物显示出立体变换的审美意趣。

资料表明,在公元前两千多年的西亚、中东地区,出现过大量金银器成形制作的信息。遗迹考古显示,金银器制作在中原地区由来已久,各种工艺技术出现的时间也很早。我国在东周时期已经出现了捶揲技术,但在魏晋以前多受青铜器铸造工艺影响,金银器制造也多采用铸造方法,而且并未大量地制作成日用器物。考古发现表明,金银器皿的大量出现是在魏晋南北朝以后。因此这种广泛使用捶揲的技术,应是丝绸之路畅达期间西技东来的产物。

大量考古出土资料证明,在中国,唐代金银器绝大部分都是捶揲成形的。西安南郊何家村窖藏出土的舞马衔杯纹皮囊式银壶、鎏金龟纹桃形银盘和鎏金双狐双桃形银盘就是用这种捶揲技法制作出来的精美器物。

伊川鸦岭乡出土的这件双鱼大雁纹鎏金银盘,整体就是直接捶揲而成的。其荷叶纹盘边细密、屈曲的筋脉,鲜明地呈现写实流苏的意趣;盘口边沿处的双鱼纹、叶瓣纹,以及底部的大雁纹,也都为捶揲工艺所制作,呈现浮雕样凸出的技巧。将如此众多而细密的题材元素用捶揲工艺来完成,其高超的金银器制造工艺和水平,令人赞叹折服。

伊川鸦岭乡出土的这件双鱼大雁纹鎏金银盘是晚唐时期的器物,其中的纹饰题材和制作技术,表明这件器物受到外来文化因素影响。但将诸多外来因素集中表现的工艺实践,却表明它本地化制造的身份。这从一个侧面反映了唐代金银器制造具有一定的水平和规模,而这一切非官方左右而不能为。这样一批具有官方性质的金银器在洛阳伊川的出现,表明了墓主人的身份和这批金银器来历的不平凡。

三、绶带纹银壶与绶带纹银碗

绶带纹银壶纹饰的粟特风格

双凤衔绶银壶的主体纹饰是位于器皿腹部的双凤衔绶图案,它借用中国传统的凤鸟形象,但图案的本源却脱胎于粟特地区流行的绶带鸟形象。英籍探险家 M·A·斯坦因(Marc Aurel Stein,1862—1943 年)曾将这种绶带鸟称为“衔物立鸟”,新疆的考古发掘者将其称为“戴胜立鸟”“戴胜衔绶鸾鸟”,夏鼐先生称之为“立鸟”,等等。

让我们追根溯源去寻找它最初的形象底本和语境含义。

在位于伊朗庇斯托地区的大流士平定四海纪念碑(前 522—486 年)的残部，刻有具有浓厚希腊风格的有翼天使。天使手中捧着象征王权和胜利的王冠,反映了波斯人君权神授的观念。这种神授王冠的图案在其之后的帕提亚帝国以降的岁月里,曾经频繁出现于波斯治下的西亚地区。只是这类图案中的天使,逐步演变成鸟的形象。从此,鸟的形象便带有王权的象征,这便是我们所能见到的含绶鸟纹最初的象征意义。

位于波斯东面的粟特人，他们的祭祀活动将君权神授的观念又加入神灵和神话英雄的象征,寓意着神灵的伟大、荣光、幸运和胜利,以及对民众的庇佑,自然它们也具有吉祥、繁荣昌盛、幸运的含义。随着波斯人和粟特人向东迁移和交往的增多,他们便把这种图像寓意带入东方。

考古发现证实了这种传播途径。伊朗距今已有 1700 年的历史、现存最好的萨珊浮雕(Taq–e Bostan),是两个在山崖上开凿出的拱顶,拱顶内四周是大量精美的人物和动植物浮雕、壁画，其中,位于最大拱顶内中央的两幅浮雕,一幅是胡斯洛在智慧之神阿胡拉玛兹达和水神阿纳希塔的见证下加冕。而在拱顶外墙上,则是两个雕刻精美的天使。

在塔克伊·布斯坦(Taqi–Bustan),这类浮雕和阿胡拉·马兹达授予阿德希尔二世“王权之环”的图画以及纳克伊·布斯坦(Naqsh–i–Rustam)浮雕都已显示出“阿胡拉·马兹达向阿德希尔授权”的意象,图中的环形物,便具有王权的象征意义(图 15)。

图 15　塔克伊·布斯坦(Taq–i–Bustan)浮雕,阿胡拉·马兹达授予阿德希尔二世“王权之环”(图片采自《魏晋隋唐时期“绶带纹”图案寓意的东渐》,图 4)

这类图像在粟特被赋予了新的附着物。在粟特故国片治肯特住宅遗址Ⅵ：1北墙的壁画中，左起第四人坐在宝座上，衣服上绘联珠条纹等图案，一手上举握一尖状物，另一手举向前方飞来的鸟，鸟口衔一圆环；其西墙上描绘一位坐在交叉腿马扎上的人物，在其左边，与头平行的地方画着一个金色怪物，正向此人敬献环形戒指，戒指上拴着彩带。在这里，绶带鸟是天使的化身，所衔之环则是王权的象征。

由于西亚及粟特地区与中国的交往日渐频繁，粟特人将这种绶带鸟纹又通过商贸活动向东传播。从考古发现来看，这种纹饰的器物多分布在丝绸之路沿线的石窟寺以及墓葬中，并且逐渐出现了经过改良的新样式，这也体现出在它东传的过程中，日渐融纳当地文化元素的情势。

现藏柏林印度艺术博物馆的我国新疆拜城地区6—7世纪克孜尔石窟第60窟壁画中（图16、图17）、库车出土的漆制舍利盒、敦煌莫高窟158窟涅槃佛枕的表面（图18）、吐鲁番阿斯塔那墓出土的含绶鸟丝织物残片（图19）等文物

图16　藏柏林印度艺术博物馆的6—7世纪新疆克孜尔石窟60窟壁画中的联珠绶带鸟纹（图片采自《俄罗斯国立艾尔米塔博物馆藏克孜尔石窟壁画》第60页图三）

图17　藏柏林印度艺术博物馆的6—7世纪新疆克孜尔石窟60窟壁画中的联珠绶带鸟纹线描图（图片采自《魏晋隋唐时期“绶带纹”图案寓意的东渐》，图6）

图 18　莫高窟 158 窟涅槃佛头下的半圆形物体表面的图案局部(图片采自《魏晋隋唐时期“绶带纹”图案寓意的东渐》,图 9)

图 19　联珠戴胜鸾鸟纹锦覆面（1969 年新疆阿斯塔那北区第 138 号墓出土,图片采自《丝绸之路·汉唐织物》,图三六）

图 20　青海都兰吐蕃墓出土的丝织物残片,花朵和花瓣团窠含绶鸟锦(图版采自许新国《都兰吐蕃墓出土含绶鸟织锦研究》,《中国藏学》,1996 年第 1 期,第 5 页)

上，也都出现过这种衔珠链的含绶鸟图案。夏鼐先生在《新疆新发现的古代丝织品——绮、锦和刺绣》一文中指出,阿斯塔纳墓葬中的“332 号墓也出土有颈绕绶带的立鸟纹锦”①。青海都兰吐蕃墓出土丝织物残片上的联珠团窠和团窠花瓣亦有含绶鸟的美术题材(图 20)。②

这种含绶鸟纹样在东传过程中,不断加入转输地的文化因素。从考古发现可以看出,公鸡、鸭、大雁等分别取代了鸟而位居图案单元的主体位置。

1966 年,新疆吐鲁番阿斯塔那北区 48 号墓出土隋代联珠孔雀“贵”字纹

① 新疆博物馆考古队:《吐鲁番哈喇和卓古墓群发掘简报》,《文物》1978 年第 6 期,第 1—14 页。
② 许新国:《都兰吐蕃墓出土含绶鸟织锦研究》,《中国藏学》1996 年第 1 期,第 5 页。

锦，其中的孔雀口衔绶带或花，便是一种经过改造的含绶鸟形象（图21）。[①]

图 21 新疆吐鲁番阿斯塔那出土的联珠对孔雀"贵"字纹锦（图版采自新疆维吾尔自治区博物馆《丝绸之路·汉唐织物》，图二七）

洛阳北郊唐颍川陈氏墓（M937）出土的漆盒器盖外部及盖内的凤鸟衔绶带图案，就是这种含绶鸟纹本地化的一种体现（图 22、图 23）。[②]

2000 年，洛阳市东明小区唐墓（C5M1542）出土了一件鎏金三足银盒，口径 5.2 厘米，通高 2.8 厘米。器身为圆形，侈口，浅弧腹，圜底，三蹄形足。盖捉手内饰花瓣纹，盖周以鱼子纹满铺地，錾刻凤鸟衔花草。盒面纹饰以鱼子纹为地，腹部錾刻三组凤

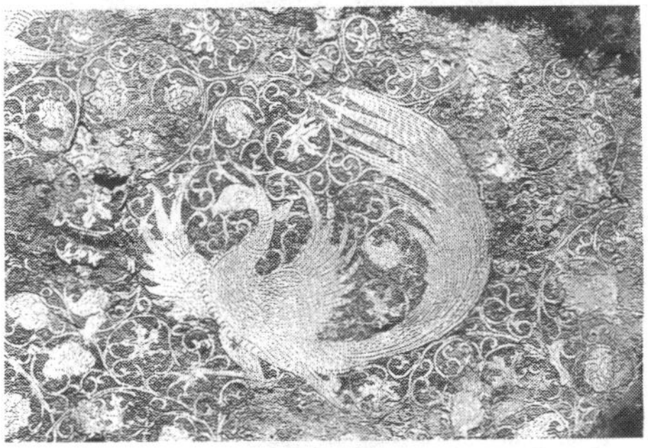

图 22 洛阳北郊唐颍川陈氏墓出土，盖内局部 M937（图版采自洛阳市文物工作队《洛阳北郊唐颍川陈氏墓发掘简报》，《文物》1999 年第 2 期）

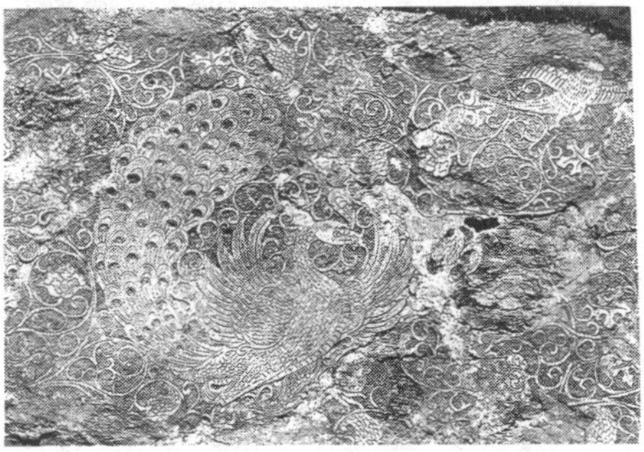

图 23 洛阳北郊唐颍川陈氏墓出土，盖外局部 M937（图版采自洛阳市文物工作队《洛阳北郊唐颍川陈氏墓发掘简报》，《文物》1999 年第 2 期）

---

① 新疆维吾尔自治区博物馆：《丝绸之路汉唐织物》，北京：文物出版社，1973 年 6 月，第 27 页。
② 洛阳市文物工作队：《洛阳北郊唐颍川陈氏墓发掘简报》，《文物》1999 年第 2 期，第 41—51 页。

鸟衔草纹,足上部錾刻叶纹。盒内残存粉状遗物(图 24)。①

这是一件带有异域风格的外来器物,从器型上考察,我们认为它不是中国传统的器物样式,而与何家村出土的三足银壶极其相似。其凤鸟衔草的图案脱胎于"绶带鸟",由中原传统意味的凤鸟与草叶纹的结合演变而成,其满布器表图案底层的鱼子纹图案,正是来自西域的"密体意致"的美术风格。

可以与上述含绶鸟纹相佐证的是，考古发现在唐代铜镜中也屡屡出现各种飞禽衔绶的装饰图案。如前述关林钢厂 M109 天宝九年(750 年)墓中出土的金银平脱花鸟纹镜(图 10)。它们都以衔绶形象间杂在花草纹样中。

偃师杏园唐墓出土了一件菱花形双雁系绶荷花镜(M1137:35),图案中两鸟相向而立,颈部系结长长的绶带,下面为荷花图案(图 25)。②

这些文物实例足以说明,来自粟特的美术纹样,在唐代已是被内地广泛接受和运用的一种装饰题材。

图 24　凤鸟折枝花纹三足鎏金壶,洛阳市东明小区 C5M1542 唐墓出土(洛阳市文物局提供)

图 25　偃师杏园唐墓出土的双雁系绶荷花镜(M1137:35)(图版取自中国社会科学院考古研究所编《偃师杏园唐墓》,图版 35-4)

① 洛阳市文物工作队:《洛阳市东明小区 C5M1542 唐墓》,《文物》2004 年第 7 期,第 55—66 页。
② 中国社会科学院考古研究所编:《偃师杏园唐墓》,北京:科学出版社,2001 年,第 75 页。

回过头来，让我们再看鸦岭吴氏墓双凤衔绶银壶残器。其装饰图案中凤鸟的特征十分明显，凤鸟脚踩莲花的形态，也与青海都兰吐蕃墓出土的丝织物中含绶鸟的形象如出一辙。[①]

这里可以看出，带有粟特风格的装饰图案被錾刻于具有浓郁粟特风格的扁壶之上，所以应该说这件器物本身来自粟特地区当不会有太大的疑问。

其实，唐代史书中就有“鹘衔瑞草”或“雁衔绶带”的记事，说明文人笔下的唐代物质领域，的确洋溢着西域美术事象播染华夏生活的种种痕迹，这种东西方文明相互沟通的已逝岁月，值得我们给予认真的发掘。

绶带纹银碗中的绶带纹

鸦岭吴氏墓这件绶带纹银碗的碗底，有呈十字交叉缠绕的绶带纹样，这在中原传统纹样中是前所未见的(图3)。

从上述含绶鸟纹样的艺术母题中我们得知，它是从象征王权和神权的寓意中逐步演化出来的。因此，在中原地区出现的绶带纹仍可以从中找到它源自西域的踪影。

考古资料显示，唐代生活器物中有着各种变体样式的绶带纹样。

1980年12月，在陕西省蓝田县汤峪镇杨家沟村北的一座唐代窖藏中出土了一件绶带纹银碗。其内腹纹样中，即有一个完整的绶带纹样。纹样中间部分结成三个相套的圆环，绶带两头分列其两端(图26)。

另一件蓝田出土的绶带纹圜底银碗，内底纹样的绶带纹则是四组绶带缠绕结节，形成了一种繁缛的装饰效果(图27)。[②]

图26　蓝田绶带纹银碗内腹纹样(图片采自齐东方《唐代金银器研究》第155页，图1–511)

---

① 许新国:《都兰吐蕃墓出土含绶鸟织锦研究》,《中国藏学》1996年第1期，第5页。

② 蓝田县文物管会:《陕西蓝田发现一批唐代金银器》,《考古与文物》1982年1期，第46—51页；韩伟:《海内外唐代金银器萃编》，西安：三秦出版社，1989年。

图 27 蓝田绶带纹银碗线图（图片采自齐东方《唐代金银器研究》第 155 页,图 1–512）

偃师杏园晚唐李郁墓(M1921:29)出土了绶带纹云头形银盒一件，盖面图案是两组绶带缠绕形成的纹样(图 28)。[①]

而在丁卯桥鹦鹉纹多曲银碗内腹纹样中的绶带纹，则已经简化成为镶嵌在缠枝花纹中间的十字形图案，装饰的意味更加浓厚(图 29)。[②]

由以上文物实例不难看出，当绶带纹从具有王权寓意到具有神权寓意这一文化事象来看，其脱离了母题含义而变成一种纯粹的装饰纹样，则是随着丝绸之路的文化转输，不断加入各种东方因素演变而来的。因此,当中原地区在 9 世纪末叶的晚唐墓葬中出现这种装饰纹样的时候，表明这一文化元素已经被当时的主流社会所吸收、融合并被赋予了世俗需要的意义。

这种变体的绶带纹饰进入东方社会生活的工艺流程后，曾以它富丽豪华而具有装饰意味的美术价值充斥于生活器皿的各个方面。2000 年,洛阳龙康小

图 28 李郁墓绶带纹云头形银盒盖面纹样(图版采自中国社会科学院考古研究所《偃师杏园唐墓》,彩版 6)

图 29 丁卯桥鹦鹉纹多曲银碗内腹纹样(图片采自齐东方《唐代金银器研究》第 155 页,图 1–513)

① 中国社会科学院考古研究所:《偃师杏园唐墓》,北京:科学出版社,2001 年,第 203 页,彩版 6。
② 丹徒县文教局等:《江苏丹徒丁卯桥出土唐代银器窖藏》,《文物》1982 年第 11 期,第 15—27 页。

区唐墓出土的五件鎏金饰品就是这种绶带纹装饰在发饰造型上的具体运用,它们巧妙地将绶带进行缠绕系结,形成花朵般的装饰效果,加上鱼子纹作底,纹饰繁缛华丽而又迷人(图30)。①

通过对上述伊川唐墓这六件具有异域文化风格的金银器的解读可以看出，唐代洛阳地区对西域文化题材的熟知和巧妙运用日臻完美，由此产生的新的装饰风格不仅成为贵族世俗生活的点缀，更是当时生活时尚的真实反映。

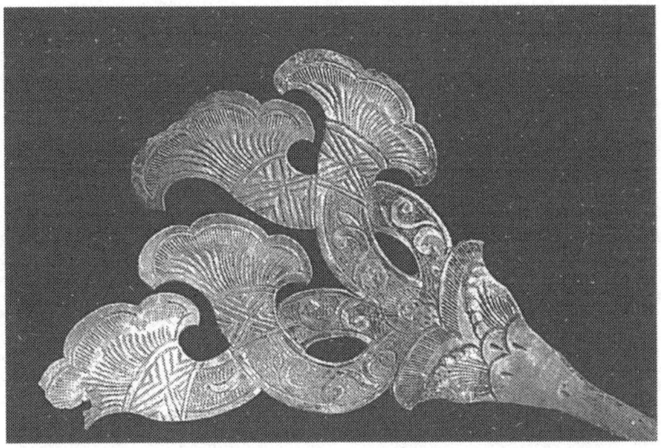

图30 洛阳龙康小区唐墓出土的鎏金银簪中的绶带纹装饰(高虎拍摄)

① 洛阳市文物工作队:《洛阳龙康小区唐墓C7M1422发掘简报》,《中原文物》2009年2期，第7—10页。

重读《洛阳唐神会和尚身塔塔基清理》

1983年，洛阳市文物工作者在南郊龙门西山粮库发掘了一座唐代石室建筑，后根据出土的塔铭证实，这是唐代名僧佛教七祖神会和尚身塔塔基建筑。其中的多件出土文物被定为国家一级文物。它们是一组礼佛用器，但时至今日，在博物馆的展出中，仍未能对其有清楚的整体解释，甚至在摆放时也未能将其放置在一处。因此对其重新解读，将有助于完整了解唐代宗教仪轨，更清晰地认识其重要性。

一、唐神会和尚身塔塔基及出土文物概述

根据发掘简报的叙述，神会和尚（684—758年）身塔塔基石室为正方形单室，长1.25米、宽1.13米、高1.2米，全室用十三块经过打磨的石块石条错缝砌筑而成，犹如一个石砌的棺椁。东壁第一块石板内侧写有“身塔铭”，西壁石板上书“南东头”。从石室的垒砌看，全部都是经过精心设计制作的。

这座塔基未发现被盗迹象，因此这里出土的文物基本保持原状，它们都集中在基室的东西壁下及中部。东壁下自东向西为银盒和铜净瓶，西壁下自西向南为铜盒、铜长柄手炉、铜勺、铜钵，中部为铜筋、铜条和铁器片等（图1）。

神会和尚身塔塔基出土文物分为金属器和陶器两类，金属器又分为铜、铁、银器三种。铜器计有铜净瓶、长柄香炉、香宝子、铜匙、铜条、铜筋六种共六

件;银器有银盒一件,陶器有黑陶体三件,另有铁器四件,均残。[①]

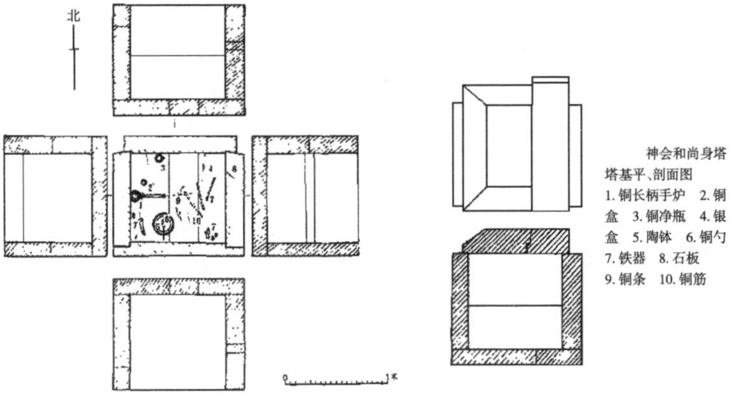

图 1 神会和尚身塔塔基平剖面图(图片采自洛阳市文物工作队《洛阳唐神会和尚身塔塔基清理》,《文物》1992 年第 4 期)

二、神会和尚身塔塔基出土文物细读

从所有的出土文物看,这恰是一组佛教供养器,反映了唐代的宗教仪轨。遗憾的是,在博物馆的展出中却分别摆放,因而失去了相互之间的关联,更无法了解其宗教仪式及用法。它们分为行香法器(以被称为"长柄香炉"的器物为中心,其他的均为它的附属产物)和舍利圣物(佛钵和银盒)两类。

1. 狮子镇长柄香炉

这件长柄香炉在原报告中被称为"铜长柄手炉",全器长 40.6 厘米、高 8.4 厘米,炉身为折沿、深腹、平底、杯形。炉座置于炉身下,为花瓣轮盘形,用铆钉与炉身连为一体,长柄另一端弯曲的底端部上,有一尊坐于莲花宝座上的鎏金狮子,全器造型精美别致(图 2)。

神会和尚身塔塔基出土的香炉准确的名称应该是"长柄香炉",是中国古

① 洛阳市文物工作队:《洛阳唐神会和尚身塔塔基清理》,《文物》1992 年第 4 期,第 62—68 页。

代佛教的行香法器之一。因体形小巧，便于行进和跨越中手持，因而多用于行香，包括诵念佛号、佛经，起立行走等内容。它的使用时间不长，主要是从北魏至隋唐时期。

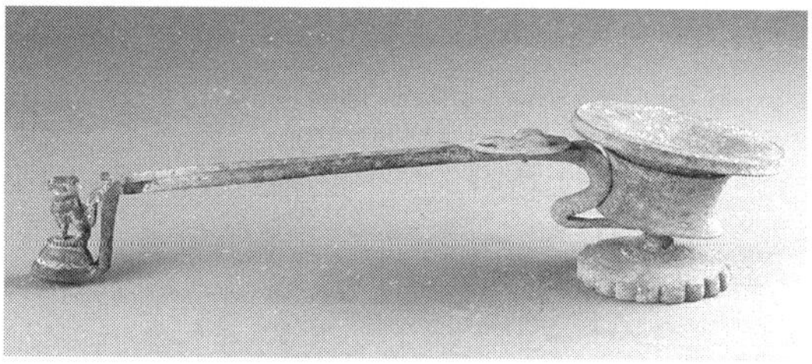

图 2　神会和尚身塔塔基出土的狮子镇长柄香炉（洛阳市文物局提供）

众所周知，在佛教仪式中，焚香是人与神佛沟通的一种方式。佛教发源地烧香礼佛的风俗认为香为“信使”，可传递信息给诸佛菩萨，且佛在遥远的天边便能闻得到，也能辨别出是谁在虔诚供养。因寺院佛事活动用香频繁，需要相关的香器用于供养，香炉便应运而生了。

佛经《金光明经》中时常对香炉供养有渲染的文字描述，如：

> 是诸人王手擎香炉，供养经时，其香遍布，于一念项遍至三千大千世界，百亿日月、百亿大海、百亿须弥山、百亿大狭围山小铁围山及诸山王；百亿四天下、百亿四天王、百亿三十三天，乃至百亿非想非非想天。于此三千大千世界、百亿三十三天，一切龙、鬼、乾闼婆、阿修罗、迦楼罗、紧那罗、摩喉罗伽，宫殿虚空悉满种种香烟云盖，其盖金光亦照宫殿。如是三千大千世界，所有种种香烟云盖，皆是此经威神力故。是诸人王手擎香炉供养经时种种香气，于诸佛上虚空之中，亦成香盖，金光普照，亦复如是。①

又如《贤愚经》记载：

> 时富那奇，俱与其兄，办足供养，各持香炉，共登高楼，遥向祇洹，烧香归命佛及圣僧，唯愿明日，临顾鄙国，开悟愚朦盲冥众生，作愿已讫，香烟

① [北凉]法觉译:《金光明经》,《大正藏》第16册,第342页。

> 如意。乘虚往至世尊顶上,相结合聚,作一烟盖。后遥以水,洗世尊足,水亦从虚,犹如权股,如意径到世尊足上。尔时阿难,睹见是事,怪而问佛,谁放烟水,佛告阿难,是富那奇罗汉比丘,于放钵国,劝兄羡那,请佛及僧,故放烟水,以为信请……①

这两段文字确凿无疑地告诉我们,有柄香炉常在供养佛或诵念佛经时使用。佛经中在描写寺院、僧人供养佛的宏大场面时,也常有这种手持香炉的场面。

> 佛法僧三宝,如上礼诸佛菩萨本尊已,长跪,手擎香炉,口诵偈云:愿此妙香云,遍满十方界,供养一切佛,尊法诸贤圣,无边佛土中,受用作佛事,诵已,置炉案上,叩首起立,然后结普通吉祥印,以右手拇指,与无名指相检,余三指散舒,诵净法界真言加持二十一遍。一诵。一印饮食上。真言曰:(放白色光明,印一切供物上,即无移融)由此真言加持,及手印力,其香花饮食器物等,自然清净,遍于法界,若更能以无量威德自在光明胜妙力变食真言,合掌加持二十一遍大善,令诸饮食等,即变成诸天种种肴膳上味,奉献十方无尽三宝……②

以上描绘的供佛仪式场面宏大,所唱的是香谒文,多由得道高僧念诵。《礼佛仪式》中说:"礼敬赞德,先须至于香台,端身息虑,思念圣德,目睹尊容,双膝着地,手擎香炉,而举偈言:'戒香、定香、解脱香,光明云台遍法界,供养十方无量佛,闻香普熏证寂灭。'"③

由此可见,焚香来源于佛教无疑。再往上追溯,从世界范围来看,学者研究的共识是,焚香之俗起源于古埃及第五王朝(前 2500—前 2400 年)法老浮雕。

---

① [北魏]慧觉等译:《贤愚经》,《大正藏》第 4 册,第 395 页。
② [清]弘赞辑:《持诵准提真言法要》,《大正藏》第 59 册,第 250 页。
③ 常正:《香品、香具与香文化(下)》,《法音》2005 年第 8 期,第 42—46 页。

后来，随着吕底亚王国被古波斯帝国兼并，吕底亚王焚香习俗相继为古波斯、帕提亚王公贵族传承，并随着古波斯、帕提亚帝国的扩张传入欧亚草原和中亚犍陀罗佛寺。①

为进一步釐清洛阳神会和尚身塔塔基中出土的这件长柄香炉在香具发展史上的阶段归属，有必要对长柄香炉的发展源流做一回溯。

中亚考古证实，中亚犍陀罗佛寺目前所见最早的长柄香炉，是1913—1934年英国考古学家马歇尔在巴基斯坦塔克西拉(Taxila)锡尔卡普佛教遗址发现的，现藏塔克西拉博物馆。还有一件(321号)长9.25英寸的环首柄手炉，时代属于印度帕提亚王国时期，即公元1世纪前后，它用红铜铸造，炉身为呈折沿三足小盘，口沿宽平，炉柄与炉盘相接，一侧有个横向长柄，柄末端由铆钉嵌入环首。口沿装饰着两圈浮雕连珠纹，长柄的样式为一个有角带翅膀的狮子。狮子前腿铆在炉身上，后腿立在一个长方形底座上(图3)。

图3　巴基斯坦塔克西拉斯尔卡普出土的长柄香炉（图片采自林梅村《鹊尾炉源流考——从犍陀罗到黄河、长江》,《文物》2017年第10期）

1937年，梅尤尼德领导法国考古队对阿富汗绍托拉克遗址进行大规模发掘。该遗址是一处2—3世纪的贵霜佛寺遗址，法国考古队从中发掘出大批犍陀罗佛教题材的浮雕。其中一幅为持长柄香炉的比丘尼造像(编号34923)，高约37厘米，香炉为折沿盘式，盘下有底座(图4)。

图4　阿富汗绍托拉克遗址持长柄香炉的比丘尼造像(图片采自林梅村《鹊尾香炉流考》,图五-1)

① 林梅村:《鹊尾香炉源流考—从犍陀罗到黄河、长江》,《文物》2017年第10期,第63—74页。

这是贵霜王朝流行的犍陀罗手炉的一个重要实例。

它们的共同特点是环首或动物形柄，有折沿，香斗呈三足盘形。

在印度本土，长柄香炉最早的实例是阿旃陀石窟第 26 窟（6 世纪前期）左侧廊释迦涅槃造像下刻着的一尊手持长柄香炉的比丘浮雕，香斗无折沿，与犍陀罗手炉柄端接在香斗口沿不同的是，手柄接在香斗的底部。

据学者考证，5 世纪，犍陀罗手炉传入中国西北地区，甘肃永靖炳灵寺石窟第 169 窟十六国时期（西秦）壁画中，一僧人一手持长柄香炉，另一手捧一香盒的形象，被认为是中国已知最早的长柄香炉形象（图 5）。[①]新疆克孜尔石窟第 205 窟（6 世纪末）主室券顶壁画中绘有须摩提女故事，画中须摩提女手持一件长柄香炉，所绘手炉与之相同。[②]

图 5 甘肃炳灵寺第 169 窟十六国时期壁画中的鹊尾香炉（图片采自甘肃省文物工作队等《中国石窟·永靖炳灵寺》，1989 年图三八）

此外，在云冈石窟第 11 窟、第 13 窟造像中，也有类似造型的香炉出现。它们的共同特点是，长柄末端下折形似鹊尾，无底座，手柄铆入香斗内壁。它们被认为与绍托拉克佛寺遗址出土的贵霜时期的犍陀罗手炉一脉相承（图 6）[③]，是长柄香炉在北魏平城时代的代表形制。

鹊尾香炉的中国化是从北魏洛阳时代开始的，在河南巩义石窟第 4 窟礼佛图、第 1 窟北魏皇帝出行图中都有菩萨手持长柄香炉，其底座为莲花片状，香斗为折沿式，有 U 形支架连接炉柄与炉身（图 7-1、图 7-2）。[④]

龙门石窟莲花洞南壁有永熙三年（534 年）

---

① 甘肃省文物工作队，炳灵寺文物保管所：《中国石窟·永靖炳灵寺》，北京：文物出版社，1989 年，图版 38。

② 姚士宏等著：《中国石窟·克孜尔石窟》卷 3，北京：文物出版社，1997，图版 117。

③ 林梅村：《鹊尾炉源流考——从犍陀罗到黄河、长江》，《文物》2017 年第 10 期，第 63—74 页。

④ 中国石窟雕塑全集编辑委员会编：《中国石窟雕塑全集》6，重庆：重庆出版社，2001 年，图九、图十九。

图 6　云冈石窟第 11 窟太和七年碑右侧豆式长柄香炉线描图（图片采自李雪芹《云冈石窟雕刻中的长柄香炉小议》，《敦煌研究》2012 年第 6 期）

图 7–1　巩义石窟第一窟南壁东侧礼佛图中捧香盒拈香图（图版取自《中国石窟雕塑全集 6.北方六省》图九）

图 7–2　巩义石窟第三窟礼佛图中捧香盒拈香图（图版取自《中国石窟雕塑全集 6.北方六省》图一九）

列队行进的供养人造型，最前面有比丘尼手执长柄香炉引导，供养行列贵族气氛浓厚，雍容华贵（图 8）。

洛阳龙门博物馆藏鹊尾香炉，通长 28.5 厘米，香斗及炉座通高 7.2 厘米，炉座直径 5.4 厘米。香斗敞口，卷沿，口部残损，腹向下微收，炉座为单层莲花片状，手柄与香斗由 U 形支架连接。手柄正反面皆铸有铭文"清河王布施"（图 9），说明这件手炉乃清河王元怿（487—520 年）布施之物。

从墓葬出土情况看，时代最早的是河北景县封魔奴墓和湖北当阳长坂坡 1 号墓的香炉各一件。前者据该墓出土的墓志铭记载，墓主封魔奴卒于北魏太

图 8　龙门石窟莲花洞南壁永熙三年供养人造型(图片由张乃翥先生提供)

图 9　龙门博物馆藏北魏清河王元怿鹊尾香炉（图片采自林梅村《鹊尾炉源流考——从犍陀罗到黄河、长江》,《文物》2017 年第 10 期,图八）

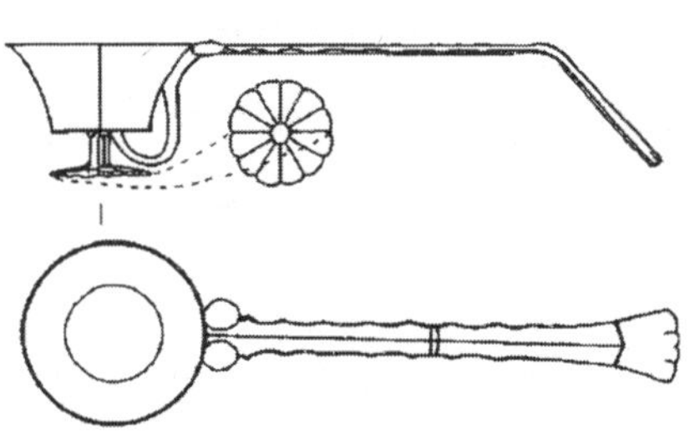

图 10　湖北当阳长坂坡南朝墓出土长柄香炉线描图(图片采自林梅村《鹊尾炉源流考——从犍陀罗到黄河、长江》,《文物》2017 年第 10 期,图一二）

和七年(483 年),改葬于正光二年(521 年)。墓中出土长柄香炉,炉身为敞口,宽沿,深腹,平底。炉柄皆为扁长条状,柄边缘呈凹凸不平的波纹状,末端为鹊尾状,且炉柄一端与炉身底部和炉座相连接。①它的造型与前述龙门博物馆藏清河王元怿鹊尾香炉如出一辙。而湖北当阳长坂坡 1 号墓出土的长柄香炉被认为是在长江流域兴起的代表器物(图 10)。

有研究者认为，这种鹊尾香炉是由犍陀罗手炉传入不久开始中国化进程的产物。

在中国南北朝至唐宋的古籍中它们都被称作“鹊尾炉”。南朝(齐)王琰《冥

---

① 张季:《河北景县封氏墓群调查记》,《考古通讯》1957 年第 3 期,第 28—37 页。

祥记》记载:“(费崇先)每听经,常以鹊尾香炉置膝前。”[①]鹊尾香炉的称呼概由此始。

又如成书于唐高宗总章年间的《法苑珠林》卷24,讲到南朝刘宋时一个叫费崇先的人,每当听经时就将“鹊尾香炉”放置于膝前:“宋费崇先者,吴兴人也。少颇信法。至三十际,精勤弥笃。至泰始三年,受菩萨戒。寄斋于谢慧远家。二十四日,昼夜不懈。每听经,常以鹊尾香炉置膝前。”[②]

北宋李昉等编《太平广记》记载:“宋费崇先,吴兴人,少信佛法,精勤。泰始三年(467年),受菩萨戒,寄斋于谢慧远家,二十四日,昼夜不懈。每听经,常以鹊尾香炉置膝前,初斋三夕,见一人,容服不凡,径来举炉去。崇先视膝前,炉犹在,方悟神异。自唯衣裳新濯,了无不净,唯座侧有唾壶,既撤去壶。即复见此人还炉于前,未至席,犹见二炉,既至即合为一,然则此神人所提者,盖炉影耳。”[③]

北宋释道诚《释氏要览》卷中“手炉”条引《法苑》:“天人黄琼说迦叶佛香炉,略云:前有十六狮子、白象,于二兽头上别起莲花台以为炉,后有狮子蹲踞,顶上有九龙绕承金华,华内有金台宝子盛香。佛说法时常执此炉,比观今世手炉之制,小有仿法焉。”[④]

这里明确提到佛说法时手执的香炉是以莲花为炉体,炉身有狮子蹲踞,并有宝子作盛香用。

莫高窟隋代281窟大都督王文通图中,右边的供养人手持香炉,香炉中燃起的烟雾正袅袅升腾……这里的香炉仍是鹊尾形(图11)。

唐代,是此类香炉继续存在并有所发展的时期。

敦煌文书中吐蕃占领时期(781—848年)的伯3432号《龙兴寺卿赵石老脚下依蕃籍所附佛像供养具并经目录等数点检历》:“长柄铜香炉壹拾两

① 张林:《佛教香与香器》,北京:中国社会科学院出版社,2003年,第147页。
② [唐]释道世撰,周叔迦、苏晋仁校注:《法苑珠林校注》(二),中华书局2003年,第778页。
③ [宋]李昉等:《太平广记》卷一一四,北京:中华书局,1961年,第789页。
④ [宋]释道诚:《释氏要览》,《大正藏》第54卷,第279页。

图 11 莫高窟隋代 281 窟大都督王文通图中的鹊尾香炉（图版采自段文杰主编《中国壁画全集敦煌隋代》，2002 年，图 127）

并香盒。”[①]

这里的长柄香炉即是这种鹊尾香炉的别称，窃以为，这种名称的变化实为尾端形状的改变，亦即鹊尾消失，尾部增加了被称为“镇”的装饰件，花纹也更为繁复，加之手柄加长的缘故。这种镇最初为狮子形，后来又在此基础上出现了塔形镇长柄香炉、如意形长柄香炉、瓶形镇等，如西安北郊白家口出土的一件长柄香炉[②]、日本法隆寺所藏飞鸟时代（540—644 年）5282 号藏品之御物金铜柄香炉[③]、正仓院御物之五件藏品、白鹤美术馆藏品和东京国立博物馆藏品等。

1987 年，陕西扶风法门寺地宫后室出土的一件长柄银香炉，长 44 厘米，重 415.5 克，炉身敞口、折沿、深腹，下有花瓣形炉底。炉身一侧焊接一如意形手柄，并在其与炉身之间加焊 U 形银条，使二者之间更加稳固。炉柄刻铭文“咸通十三年（872 年）文思院造银白成手炉一枚并香宝子共重十二两五钱”（图 12），该地宫出土的《物帐碑》中称其为“手炉”。[④]

为了保持平衡，这类长柄香炉也都做成了折沿，其实这些改变都是此类香炉中国化的表现。

敦煌莫高窟壁画中，常可见到供养菩萨或供养人像手持这种长柄香炉的

① 法国国家图书馆编：《法藏敦煌西域文献》，上海：上海古籍出版社，2001 年，第 181 页。
② 冉万里：《唐代金属香炉研究》，《文博》2000 年第 2 期，第 13—23 页。
③ ［日］原田淑人讲、钱稻孙译：《从考古学上观察中日古文化之关系》，北大讲演稿，第 46 页。
④ 陕西省考古研究院等：《法门寺考古发掘报告》（上），北京：文物出版社，2007 年，第 188、228 页。

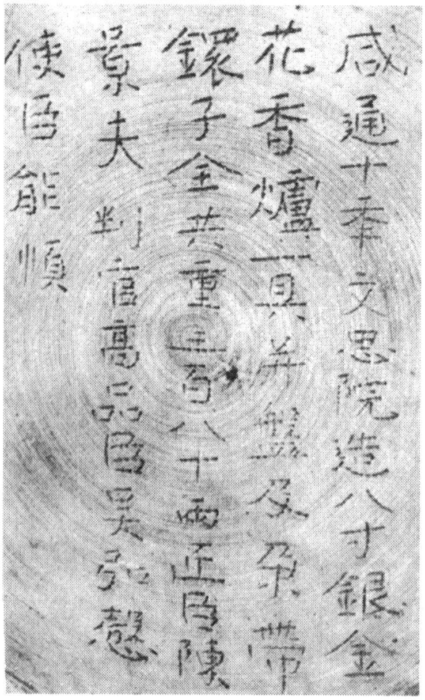

图 12　法门寺地宫出土银鎏金香炉炉底铭文(图片采自扬之水《香识》图 1—11)

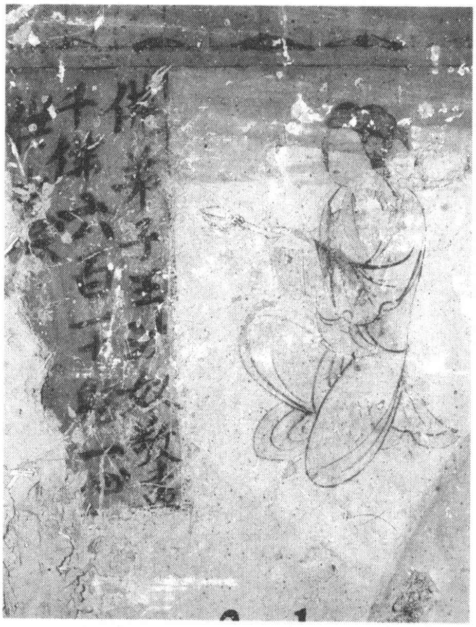

图 13　莫高窟 225 窟王沙奴供养图中的长柄香炉(图版采自段文杰主编《中国壁画全集敦煌中唐》,图 129)

场景描绘,仅略举一二。

第 225 窟东壁门上方南侧画一跪持长柄香炉的男供养人，他身穿开领大袍、缠头吐蕃装,题记为:“佛弟子王沙奴敬画千佛六百一十躯一心供养。”对应门上方北侧一跪持长柄香炉的女供养人则穿唐装，题记:“女弟子优婆夷郭氏为亡男画千佛六百一十躯一心供养。”这是中唐敦煌被吐蕃占领期间壁画中的长柄香炉的描绘(图 13)。[①]

晚唐时期的第 144 窟东壁门上牌位北侧为一跪姿女供养人，她双手握长柄香炉,牌位上题名“亡母清河张氏供养”。身后站立两个形象较小的女侍从,一身怀抱一物(似是冠帽);一身怀抱布质包裹,右肩荷一长柄团扇(图 14)。[②]

洛阳神会墓出土的长柄香炉则是北魏洛阳时代长柄香炉发展过程中进一

① 段文杰主编:《中国敦煌壁画全集·中唐》,天津:天津人民美术出版社,2002 年,图 129。
② 段文杰主编:《中国敦煌壁画全集·晚唐》,天津:天津人民美术出版社,2002 年,图 133。

图 14　晚唐时期的第 144 窟东壁女供养人手持长柄香炉（图版采自段文杰主编《中国壁画全集敦煌晚唐》，天津美术出版社，2002 年，图 133）

图 15　湖南长沙赤峰山唐前期墓中出土的长柄香炉（图片采自周世荣《长沙赤峰山 2 号唐墓简介》，《文物》1960 年 3 期）

步中国化的产物，其尾端的狮子镇具有典型意义。它是狮子文化在唐代滥觞的文物实例（详见本书《从有翼兽到狮子舞》）。

同类的还有 1960 年湖南长沙赤峰山唐前期墓中出土的一件长柄香炉，已残，通高 6 厘米，长 33 厘米，深腹，折沿，底座呈覆莲形，中有小柱与香斗相连，柱侧接一折柄，柄末饰鎏金兽，出土时香斗内还有香料余烬（图 15）。[①]

狮子随佛教传入中国，是勇敢、智慧的象征。佛经中“狮子”常写成“师子”，以体现其智慧。释迦牟尼即被称为“无畏的狮子”，以体现佛祖的智慧与无畏。早期传入中国的佛教造像中常常出现威猛的狮子形象。与佛教同源传入中国的这种神秘猛兽带有佛教的神圣色彩。人们通常把香炉制成狮子形状，或在炉身加狮子纹，表达祈求祥瑞、辟除邪恶的美好愿望。

在古代传说中，狻猊又是龙的九子之一。明代的《山堂肆考》中记载：“狻猊，平生好坐，今佛座下跨者是也。”另有说法，狻猊性好烟火，故立于香炉盖上。因此，我们看到的狮子香炉上的狮子多为跨着，或者是站在某些香器的最顶端。[②]这也是洛阳神会墓出土的长柄香炉的中国化体现。

① 周世荣：《长沙赤峰山 2 号唐墓简介》，《文物》1960 年第 3 期，第 56—59 页。
② 尚民杰：《龙生九子杂说》，《文博》1997 年第 6 期，第 40 页。

江西瑞昌唐墓出土的鎏金塔式镇长柄香炉，通高 6.5 厘米，炉斗口径 10.5 厘米，炉柄长 23 厘米。通体鎏金，座炉为覆莲形，刻有精细的花纹，炉柄连接着炉身并有一个托钩，伸入炉底与莲座相接(图 16)。[①]

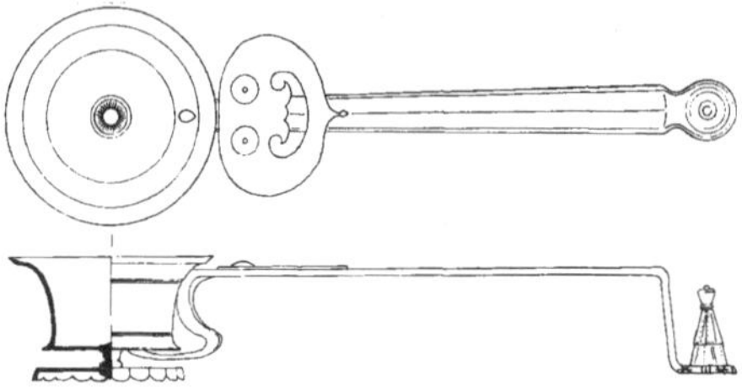

图 16　江西瑞昌唐墓出土的鎏金塔式镇长柄香炉(图片采自张翊华《析江西瑞昌发现的唐代佛具》,《文物》1992 年第 3 期)

随着时间的推移，长柄香炉也有了新的变化。晚唐时期，在石窟寺的壁画及石雕像中，出现了带盖的长柄香炉。如敦煌第 9 窟、第 108 窟，其中的菩萨和供养人手持的长柄香炉，之上便有盖(图 17-1、图 17-2)。[②]

图 17-1　敦煌莫高窟晚唐第 9 窟的长柄香炉(图版采自段文杰主编《中国壁画全集敦煌晚唐》,图 169)

这种中国化的狮子镇长柄香炉，其影响一直延续到辽代。1977 年，在

图 17-2　敦煌莫高窟第 108 窟东壁南侧女供养人手持有盖的长柄香炉（图片采自《中国美术全集绘画编 15 敦煌壁画下》图 172）

① 张翊华:《析江西瑞昌发现的唐代佛具》,《文物》1992 年第 3 期,第 68—70 页。
② 段文杰主编:《中国敦煌壁画全集·晚唐》,天津:天津人民美术出版社,2002 年,图版 169。

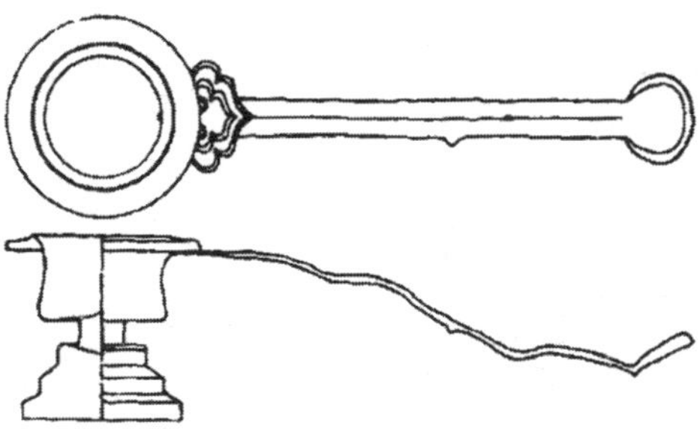

图 18　河北易县净觉寺舍利塔地宫中出土的长柄银香炉(图片采自《河北易县净觉寺舍利塔地宫清理记》,图一一)

河北易县净觉寺舍利塔地宫中发现一件长柄银香炉。该器物宽沿,长柄,斜直腹,台形高圈足。宽沿上饰有忍冬纹图案。口径 6.2 厘米,足径 5.4 厘米,柄长 23.7 厘米(图 18)。[①]此件香炉与本文所述的洛阳神会和尚塔塔基中出土的一件狮子镇长柄香炉形制非常相像,可视为唐代文化对辽影响的一个缩影。

另外,日本奈良东大寺正仓院和东京"国立"博物馆所藏,以及法隆寺所藏的狮子镇长柄香炉和鹊尾香炉中,正仓院的一件紫檀金钿柄香炉,环炉周嵌金银鸟花纹,镶以珠玉,灰盘缘作青玉莲房金莲瓣,端着蹲狮(图 19);另一件白铜柄香炉,在长柄的尾端有蹲狮(图 20-1),[②]与洛阳神会墓出土的狮子镇柄香炉形制相同。从中可以看出唐代佛教香器对日本香器的影响,也体现了中日文化

图 19　日本正仓院藏紫檀金钿柄香炉上的狮子(图版采自傅云子著:《正仓院考古记》,上海书画出版社,2014 年,第 116 页)

图 20-1　日本正仓院藏白铜柄香炉(图版采自傅云子著:《正仓院考古记》,上海书画出版社,2014 年,第 116页)

① 石永士:《河北易县净觉寺舍利塔地宫清理记》,《文物》1986 年第 9 期,第 76—83 页。
② 傅云子著:《正仓院考古记》,上海:上海书画出版社,2014 年,第 115、116 页。

的友好交流。

到了宋代，长柄香炉成为日常使用的香具。除了宗教场所，民间一些仪式也会用到，比如婚礼。文献中洪刍《香谱》卷下“鹊尾香炉”条载：

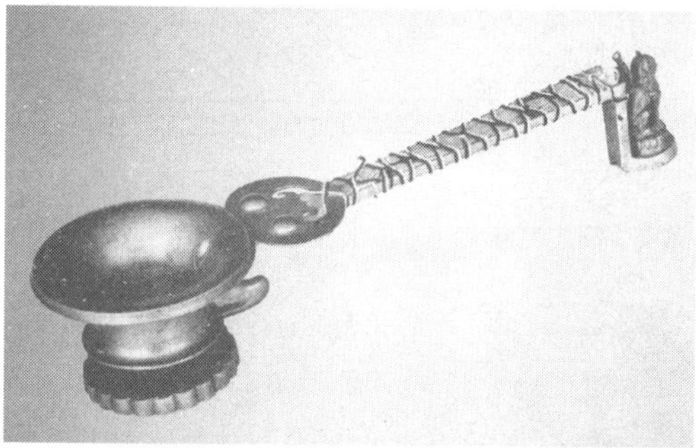

图 20–2 日本正仓院藏白铜柄香炉尾端的狮子镇（图版采自傅云子著:《正仓院考古记》，上海书画出版社，2014 年，第 114 页）

宋玉贤，山阴人也。既禀女质，厥志弥高自专，年及笄应适女兄。许氏密具法服登车，既至夫门，时及交礼，更着黄巾裙，手执鹊尾香炉，不亲妇礼。又“陶弘景有金鹊尾香炉”。①

它反映了民间在佛教影响下日常使用鹊尾香炉的情景。

从以上对长柄香炉发展历史的追溯可以看出，洛阳神会和尚身塔塔基出土的这件长柄香炉是中亚犍陀罗式长柄香炉中国化的产物，它的影响向外可达日本，向下可至辽代，并一度进入民间的大型仪式场所。

2. 香宝子及其使用

在《洛阳唐神会和尚身塔塔基清理》发掘简报中，有一件被称为“铜盒”的器物，原文描述为：“由盖身座三部分组成，盖高柄塔式，上有葫芦形柄和九重相轮，盒身半球形，敞口，深腹，平底，与盖与子母口扣合。盒座喇叭形，用铆钉与盒身相接，全器通高 15.6 厘米，口径 8.2 厘米(图 21–1)。”②

从描述中看，这件器物是具有实用功能的实用器。从出土的位置看，它置于长柄香炉近旁，参考其他出土文物及文献记述，我们推断它应该是盛香器具，即配合香炉使用的“香宝子”，可内置香饼，在焚香礼佛时使用。

① [宋]洪刍撰:《香谱》,《钦定四库全书》子部谱录类 16，中国台北：台湾商务印书馆影印，1985 年，第 231 页。

② 洛阳市文物工作队:《洛阳唐神会和尚身塔塔基清理》,《文物》1992 年第 4 期，第 62—68 页。

图 21–1 洛阳唐神会和尚身塔塔基出土的香宝子（图版采自洛阳师范学院等编《洛阳出土青铜器》,图 217）

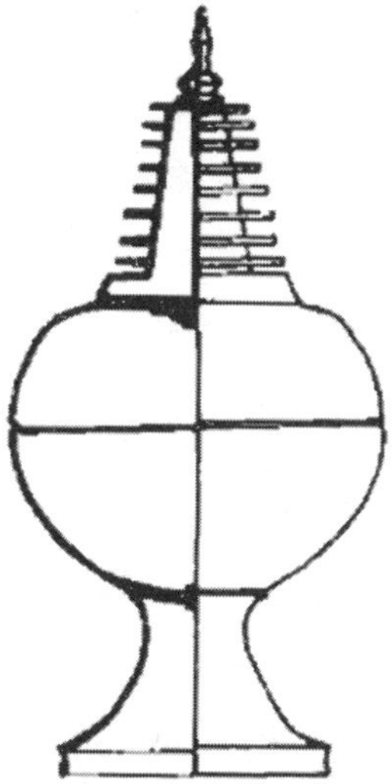

图 21–2 洛阳唐神会和尚身塔塔基出土的香宝子线描图(洛阳市文物工作队《洛阳唐神会和尚身塔塔基清理》,《文物》1992 年第 4期）

正如前文述及的那样,香宝子是随着香炉的广泛运用而产生的附属品,其称呼流行于唐代。

玄奘(600—640 年)在《庆佛光周王满月并进法服等表》中提道:

玄奘幸承恩宠,许垂荫庇,师弟之望,非所庶几,同梵之情,实切怀抱,辄敢进金字《般若心经》一卷并函,《报恩经变》一部,袈裟法服一具,香炉、宝子、香案、澡瓶、经架、数珠、锡杖、澡豆盒各一,以充道具,以表私欢。①

善无畏(637—735 年)译《慈氏菩萨略修瑜伽念诵法》卷下云:“又两明王中间画香炉,宝子。”②

前引北宋释道诚《释氏要览》卷中“手炉”条引《法苑》曰:

① 王惠民《敦煌与法门寺的香供养具——以“香宝子”与“调达子”为中心》,《敦煌学辑刊》2011 年第 2 期,第 66—71 页。

② 王惠民《敦煌与法门寺的香供养具——以“香宝子”与“调达子”为中心》,《敦煌学辑刊》2011 年第 2 期,第 66—71 页。

天人黄琼说迦叶佛香炉，略云：前有十六狮子、白象，于二兽头上别起莲花台以为炉，后有师子蹲踞，顶上有九龙绕承金华，华内有金台宝子盛香。佛说法时常执此炉，比观今世手炉之制，小有仿法焉。

这里明确提到宝子是盛香用的。

前引甘肃永靖炳灵寺石窟169窟的西秦壁画中人物一手执直柄的鹊尾香炉，另一手所持的便是与之配合使用的宝子（见图5）。[①]

从敦煌文献中看，唐代寺院中出现的与香炉配套的其他香器中，香宝子便是其中之一。

《唐咸通十四年正月四日沙州某寺交割常住物等点检历》记载："铜香宝子一并盖……瑜石香宝子二，阔底。大铜香炉一，四脚上有莲花纹，并香宝子二及莲花叶。"[②]

《敦煌变文集》在描写舍利佛与劳度叉斗法中写道："六师被吹脚距地，香炉宝子逐风飞。"[③]

在敦煌壁画中我们还可以看到不少的罗汉画及礼佛图中手持香炉，将宝子与香炉合为一器，且组合为莲蕾与莲花的图像，敦煌莫高窟隋代第314窟龛北供养香具，隋代第380窟北壁降伏火龙图，第292窟中心柱北向面东起第8身比丘手持香炉即此。其中第380窟壁画中，一位菩萨手持鹊尾香炉，炉柄上有一个鼓腹细颈的香宝子（图22）[④]，显示出香宝子

图22 莫高窟380窟北壁降伏火龙图中的香炉与香宝子（图片采自《香识》，图1-24）

① 甘肃省文物工作队、炳灵寺文物保管所：《中国石窟·永靖炳灵寺》，北京：文物出版社，1989年，图版三八。

② 伯·二六一二，《咸通十四年敦煌某寺器物帐》，黄永式《敦煌宝藏》，中国台北：新文丰出版公司，1986年，第470页。

③ 王重民等：《敦煌变文集》，北京：人民文学出版社，1984年，第388页。

④ 敦煌研究院编：《中国石窟·敦煌莫高窟》3，北京：文物出版社，2011年，图版一〇四、一五五；《中国石窟·敦煌莫高窟》4，北京：文物出版社，2013年，图版一二三、一八八。

与鹊尾炉配合使用的最初形态。

敦煌莫高窟唐代的壁画中也有大量表现，如莫高窟第217窟北壁观无量寿经变（初唐），第103窟东壁维摩诘经变（盛唐），又第360窟北壁药师经变（中唐），第196窟南壁金光明经变（晚唐），等等。①

图23　敦煌莫高窟第314窟龛南、北供养香具线描图（图片采自王惠民《敦煌与法门寺的香供养具》，图3）

314窟龛南、北供养香具（图23），初唐203、322、334窟西壁龛内维摩诘经变中，也都是香炉旁边放一瓶状器物，成为一组器具，这样的安置便于香料用完后随时添加。

图24　敦煌莫高窟盛唐第74窟西龛内北侧佛弟子与菩萨（图版采自段文杰主编《中国壁画全集敦煌盛唐》，天津美术出版社，图114）

而将香宝子与长柄香炉铸造在一起，显然就是由这种组合演变而来的，这在敦煌壁画中也有大量的表现。

比如，敦煌莫高窟盛唐第74窟西壁龛内北侧一老比丘，手持香炉，正用手从长柄香炉近端的香宝子中取香料（图24）。从中我们可以看出，长柄香炉与香盒的搭配使用。所用的香品呈颗粒状或小丸状，也就是常被称为香丸的丸状合香或是呈小块的龙脑香。显而易见，这种香料用圆鼓腹的香宝子盛放比较适宜。

唐代出土文物也可以为证。

法门寺出土的长柄香炉，在炉柄刻铭文“咸通十三年（872年）文思院造银白成手炉一

---

① 敦煌研究院编：《中国石窟·敦煌莫高窟》第3卷，北京：文物出版社，2011年，图104、155；第4卷，文物出版社，2013年，图123、188。

枚并香宝子共重十二两五钱”,也表明这个手炉是和香宝子铸在一起的。

江西瑞昌唐墓与长柄香炉一起出土的只有一件塔形罐式的香宝子，显示出它与长柄香炉的密切关系[①]。

河北宣化下八里辽金墓壁画中,一片荷叶作底,一茎莲花作香炉,又有一枝待放的花蕾,三枝结为一束,作为香炉的长柄,这里的花蕾就是香宝子(图 25)。[②]

图 25 河北宣化下八里辽墓壁画中带宝子的莲花鹊尾香炉(图版取自河北省文物研究所编《宣化辽墓——一九七四至一九九二年发掘报告》,文物出版社,2001 年,彩版八一)

收藏于美国纳尔逊美术馆的一件长柄香炉更为清晰,香炉有器盖,装饰莲瓣且在莲瓣下镂孔，顶端有一个火焰宝珠纽;宝子也有制作精细的器盖,且器盖和器身合成一朵莲蕾。[③]

图 26 印度桑奇大塔东门雕刻上的香炉与宝子(图片采自《香识》,图 1-19-2)

从以上出土文物看,这种香宝子最初的形态是由莲花花蕾构成的,这种莲花与花蕾的组合构图源于印度,如修建于公元前 1 世纪的巴尔胡特大塔栏楯所刻的二象灌顶图、公元前后陆续建成的桑奇大塔塔门雕刻中的佛母摩耶夫人图(图 26)。

这种造型大致在三国时期已经传入中原,后经北朝时期的改造,莲蓬逐渐变成深杯状,如河南荥阳峡窝乡北周村出土的东魏周元熙造像碑[④]、东魏武定

① 张翊华:《析江西瑞昌发现的唐代佛具》,《文物》1992 年第 3 期,第 68—70 页。
② 孙机:《宣化辽金墓壁画拾零》,载《寻常的精致》,沈阳:辽宁教育出版社,1996 年,第 70 页。
③ 孙机:《宣化辽金墓壁画拾零》,载《寻常的精致》,沈阳:辽宁教育出版社,1996 年,第 70 页。
④ 中国画像石全集编辑委员会:《中国画像石全集》8,郑州:河南美术出版社,2000 年,图一〇九。

元年骆子宽造像碑等。①

今藏法国卢浮宫的一幅唐代彩色麻布画，画面上端绘对凤，下端绘对狮，狮子中间的一座香炉，同样是以艳丽的三朵莲花捧出香炉和两边的一对宝子（图 27）。

前述敦煌莫高窟隋代第 380 窟北壁降伏火龙图中的香宝子，已经成为带盖的宝塔形。

日本法隆寺藏玉虫厨子须弥座彩绘中，有二僧手持香炉的形象，香炉柄上带有宝子，其形态也为宝塔形（图 28）。

另外，法门寺还出土有一件呈宝塔形的鎏金香宝子（图 29）。

洛阳神会和尚墓中出土的香宝子，是为塔形，因此曾被认为是铜盒，实为香宝子无疑。

这种香宝子与长柄香炉的配合使用，与中世纪以来中原地区焚香方式的改变有关。

图 27　法国卢浮宫藏唐代彩色麻布画（局部）（图版取自敦煌文物研究所：《敦煌——纪念藏经洞发现一百周年》，朝华出版社，2000 年，图一三九）

图 28　日本法隆寺藏玉虫厨子须弥座彩绘摹本（图版采自《法隆寺至宝》第十二卷，1993 年，首页彩版，小学馆）

① 金申编：《中国历代纪年佛像图典》，文物出版社，1994 年，图一六八。

春秋战国时期盛行的焚香是以茅草为主，故香器体量多比较大。魏晋以来，随着佛教传入，来自西方的香料也随之而来，多为植物的块茎。为了避免焚香时烟火太重，以植物块茎为主通过蒸煮、炮制制成的合香随之盛行。因为这一时期香料以香饼与香丸为主，手持的香炉大为盛行。

图 29 法门寺塔基地宫出土香宝子（图版取自《陕西省考古研究所等编：《法门寺考古发掘报告》，彩版 103，文物出版社，2007 年）

宋代以后在出土文物中仍能看到此类香炉的使用，因此可见，香饼香丸焚香方式仍在使用。例如定西市博物馆藏长柄铜香炉，长 38 厘米，高 8 厘米，口径 14 厘米，初步判定其朝代为宋代。[①]

图 30 山西宝宁寺明代水陆画大圣引路王中的长柄香炉与香宝子（图版取自《山西省博物馆：《山西宝宁寺明代水陆画》，文物出版社，1988 年，图五一）

明天顺四年（1460 年）的山西右玉宝宁寺水陆画中，仍可见到刻画细微的图像，炉中燃着的香饼被表现得很清晰（图 30）。[②]

由此可见，宋明时期仍然有此类焚香方式存在。

值得一提的是，洛阳神会和尚身塔塔基出土的香宝子塔形顶为七重相轮，江西瑞昌出土的为四重相轮，日本正仓院收藏的为三重相轮，这是否具有身份等级的意义，值得我们深入探讨。

3. 铜匙、铜条、铜箸及其使用

从以上香炉与香宝子的配合使用可以看出，当时长柄香炉中焚烧的是香饼、香丸之类的香料，那么在焚烧之时，高温以及焚烧后的香灰是需要工具来

① 王明珠：《定西地区博物馆藏长柄铜香炉——兼谈敦煌壁画的长柄香炉》，《敦煌研究》2001 年第 1 期，第 28—33 页。

② 山西省博物馆：《山西宝宁寺明代水陆画》，北京：文物出版社，1998 年，图版五一。

进行整理和清理的，这便是与之配合使用的香匙、香箸等。因此，它们应该是配合长柄香炉应运而生的香器组合。

神会和尚塔基中出土的铜匙、铜条等残铜器就是这类香具。

前举法门寺地宫出土的一根细长的素面银香匙，就是《衣物帐》所记载的“香匙”，作为香炉、香宝子、调达子配套之物，以便供养。香匙本用于撮取“养炉灰”(一种极轻极细的特制之灰)，即香饼烧红之后，用香匙撮灰覆盖，以取养火藏火之效。

香箸则用于取香，亦即夹取香饼。

考古发现证实，长柄香炉伴出的多有匙等物，如前举河北易县净觉寺舍利塔地宫中发现的长柄银香炉，还有一件银匙，可知其是作为一类用具使用的。

这些香炉的附属品的用法在敦煌壁画中有生动的描绘。如敦煌五代观世音菩萨毗沙门天王像中，沙门左手持香炉，右手作拈取状，从香炉中的放置来看，香炉内堆满了白色的香灰，香灰堆成了尖状，尖顶处有一红色的圆饼状，沙门则用食指和大拇指拈取香灰，正欲放入香炉上面(图31)。这里红色圆饼状物便是烧红的炭块，而沙门以手拈取香灰覆盖，这一瞬间的动作具有极强的写实性，描绘的正是用长柄香炉焚香的关键一环。

图31　五代观世音菩萨毗沙门天王像局部（图片采自《中国美术全集》雕塑编敦煌壁画图版166）

在后世宋人的绘画作品上也可以看到，宋人在焚香时，常同时使用香炉及香盒。他们取香的动作中，常常是添香者以食指、大拇指拈出香丸，放入堆满白灰的炉具内。这是因为宋人对于合香的熏烧法是，香品点燃之后，在香炉内铺厚厚的有保温作用的炉灰，拣一小块烧红的炭块埋于正中央，再薄薄地盖一层，灰只露出一点。用薄银片隔火，香品放在薄银片上熏烤，于是香气自然舒发，没有烟燥气。讲究一点的，炭块就不只是用普通的木炭，而是精制的炭团。宋人的焚香与敦煌壁画中的描绘几无二致，由此看出，这种焚香方式其实继承了唐代晚期。

神会和尚墓出土的这一组香器表明，在唐代中期以后，已经流行用香丸或香饼焚香。

综合以上资料，结合敦煌壁画等图像资料，可以看出，神会和尚墓出土的这组香器中，长柄香炉和香宝子是配合使用的器具，使用过程中，需要用铜匙（香匙）盛取粉末状或丸状香品。铜箸用来夹取炭块放置在盛满香灰的香炉之上。

4. 黑陶钵与银盒

神会和尚身塔塔基出土物中有三件黑陶钵，原文描述为："重叠放置在一起，其形制、胎质、色泽均相同，但大小各异。"这三件陶钵口径从小到大依次为16.4、23.2、28.4 厘米，高度从低到高依次为 7.2、11.2、15.1 厘米[①]。遗憾的是，时至今日，文物界仍有人将其当作实用饮食具而加以描述。

佛教史知识告诉我们，佛钵作为佛教用具，是公元 3—5 世纪的犍陀罗地区流行的舍利供养中衍生出的新的舍利分类体系，诸如对"佛顶骨""佛牙""佛钵""佛扫帚"等的圣物崇拜。在《莲花面经》中，佛钵被称为"钵舍利"，与佛陀的"碎身舍利"并列。因此，在犍陀罗地区的浮雕石板中，佛钵都处于中心位置。[②]

从南北朝到隋唐，佛教高僧诸如法显、鸠摩罗什在他们的西行求法记中，都有礼拜佛钵的记载。[③]

神会和尚身塔塔基出土的这一组佛钵的叠放形式，与河南登封法王寺二

① 洛阳市文物工作队：《洛阳唐神会和尚身塔塔基清理》，《文物》1992 年第 4 期，第 62—68 页。
② 李静杰：《佛钵信仰与传法思想及其图像》，《敦煌研究》2011 年第 2 期，第 41—52 页。
③ 印顺：《佛钵考》，《佛教史地考论》，北京：中华书局，2011 年，第 266—267 页。

号塔地宫出土的五件黑陶钵[1]、陕西临潼庆山寺塔基出土的黑釉瓷钵[2]层层叠放的方式相同，与《大唐西域记》载“重叠按为一钵，故其外侧有四际焉”[3]的记载相合，符合宗教圣物容器惯用的组合方式。

另外，与后两者相比，神会和尚身塔塔基出土的一组三件佛钵采用了比较特殊的材质，即内外以黑漆涂刷，似在昭示其与众不同的用途，绝不是普通的实用器。

特别值得一提的是，在陕西唐代西明寺遗址曾出土过一件佛钵，其底部有“阿难”的刻铭[4]，应该是这座佛寺里举行仪式时使用的等级较高的佛教圣物，以此推断，神会和尚身塔塔基出土的一组三件佛钵也绝不会是普通之物。

另外，神会和尚身塔塔基出土的银盒，根据其描述“素面椭圆形，子母口，内置丝织物已朽，盒长 5.8 厘米、宽 3.5、高 1.7 厘米”判断也属舍利供养器，根据其大小及内置丝织物判断，甚或是舍利容器。

三、神会和尚身塔塔基出土器物的重要价值再认识

1. 神会和尚身塔塔基出土文物与唐代香药之路的兴盛

隋唐时期，对外贸易及国内贸易的空前繁荣，为香器及其技术的输入和传播提供了便利条件。中国古代对香料的认识和配用香料的技术不断提高。这些知识有很大一部分来自印度与波斯。波斯盛产香料，印度是佛教的发源地，香料种类也丰富多样，这些无疑促进了唐代香文化的繁荣，也不断促进香器的翻样更新。

地处西北的敦煌，是当时“丝绸之路”的重镇，是通向西方的咽喉，在丝

---

① 赵志文等：《河南登封市法王寺二号塔地宫发掘简报》，《华夏考古》2003 年第 2 期，第 28—37 页。
② 临潼县博物馆：《临潼唐庆山寺舍利塔基精室清理记》，《文博》1985 年第 5 期，第 12—37 页。
③［唐］玄奘、辨机著，季羡林等校注：《大唐西域记校注》卷八，北京：中华书局，1985 年，第 688 页。
④ 安家瑶：《唐长安西明寺遗址发掘简报》，《考古》1990 年第 1 期，第 45—55 页。

绸之路文化交流中扮演着重要角色。西域的大批香料通过这里,源源不断地运抵中国。

《高僧传》卷十二中记载,十六国时期著名龟兹僧人佛图澄来到中原后,仍“常遣弟子向西域市香”,表明自魏晋时期香药便畅通东西。

日本大谷探险队在吐鲁番得到的一件编号为大谷三〇九六号的文书上,记载有唐代天宝二年(743年)交河(即今吐鲁番市西北交河故城)郡市市场的香料价格。

> 郁金花壹分,上直钱陆拾文,
> 次伍拾文,下肆拾文。
> 麝香壹分,上直钱壹佰贰拾文,
> 次壹佰壹拾文,下壹佰文。
> 丁香壹分,上直钱叁拾伍文,
> 次叁拾文,下贰拾伍文。
> 沉香壹分,上直钱陆拾伍文,
> 次陆拾文,下伍拾文。
> 白檀香壹分,上直钱肆拾伍文,
> 次肆拾文,下叁拾伍文。①

中原社会对香料的需求如此之大,而高昌、龟兹、安息、大食、波斯、天竺等国商贾从香料贸易中获取的利润更加巨大。故丝绸之路也被称为“香药之路”,意即在此。青烟缥缈之间联结起了东西几万里的商业往来活动,这在中外文化交流史上实在是值得关注的话题。

安史之乱后,北方的“陆上丝绸之路”被阻塞,南方的“海上丝绸之路”开始

① 《中国古代物价の一考察——天宝元年交河郡市估案断片を中心として》(一)、(二),《史学杂志》第77编第1、2号,1968年,1—45、45—64页。

兴盛起来，又有大量的香料经两广、福建进入北方。唐朝还出现了许多专门经营香材香料的商家。唐代医书《海药本草》的作者李珣（907—965 年），字德润，原籍波斯（今伊朗），是波斯香药商的后裔。其祖先于隋代经由“丝绸之路”来到中国，唐朝时随国姓改李，其家族仍以卖香药为业。因香药主要是通过海舶自国外输入的药品，所以又称海药。在这部记载外来药物的本草专著中，第三部“木类”载药 49 种，其中许多香料，如丁香、沉香、乳香、降真香、龙脑香、安息香、小茴香、没药等，都标注出了外国产地：安息香、诃黎勒出自波斯，龙脑香出自律因，金屑出自大食国等。研究表明，从 651 年至 798 年，仅大食就遣使 37 次，以朝贡的方式将香药运到中国。①

神会墓出土如此完整的一套香器，再次以实物的方式证实了唐代晚期行香供养之风的兴盛。

2. 神会和尚身塔塔基出土香器的人物身份意义

文献显示，唐代受佛教的影响，上至王公贵族，下至普通老百姓，都常用香器来祭祀，而规模之大、影响之远当属唐代国祭行香。这项佛事活动中，要运用佛教香器来祭祀，其程序大约有以下几个主要环节：高僧入寺备迎——名僧吟诵发愿文，追述先祖功德——帝后焚香礼拜——宰相跪拜焚香——吟诵佛经——百官、僧尼会食。其中跪拜焚香，须由富有经验的法师主持，并且唱诵斋文。

这方面的文物例证是陕西西安法门寺出土的一整套香器。而神会墓出土的这套香器无疑是佛教高僧行香法器。

神会大师，是禅宗六祖惠能的晚期弟子，菏泽宗的创始者，南宗建立的得力人物，也是六祖著名的法脉传人之一。开元八年（720 年）奉敕配驻南阳龙兴寺，大扬禅法，人称南阳和尚。六祖入灭后二十年间，欲重振六祖之风，始至洛阳，于开元二十年（732 年）在河南滑台大云寺设无遮大会，与山东崇远论战。

---

① 李红珠：《阿拉伯国家香药输入中国的简史》，《中国民族医药杂志》1999 年 12 月（第 5 卷）增刊，第 165 页。

当时的北方以神秀的“渐教”为主，神会指斥神秀一门“师承是傍，法门是渐”，欲确立南宗惠能系之正统传承与宗旨。由于他的弘传，曹溪的顿悟法门大播于洛阳进而流行于天下。并于天宝四年（745 年）著《显宗记》，定南北顿渐两门，即以南能为顿宗、北秀为渐教，“南顿北渐”之名由是而起，南宗日盛而北宗大衰。

《宋高僧传》记载：神会“于洛阳大行禅法，声彩发挥。先是，两京之间皆宗神秀，若不淰之鱼鲔附沼龙也。从见会，明心六祖之风，荡其渐修之道，南、北二宗时始判焉，致普寂之门盈而后虚”①。

后神会被北宗报复而黜除东都，过着贬逐的生活，两年之间转徙四处，直至安史之乱起，两京板荡，神会因主坛度之事，所获财帛悉助军需，对于代宗、郭子仪收复两京起到了相当大的作用。战乱平息后，被肃宗诏入宫内供养，并建造禅宇于东都荷泽寺中，所以时人称他所弘禅学为荷泽宗，世称荷泽大师。乾元元年（758 年）示寂，世寿七十五。敕谥“真宗大师”。贞元十二年（796 年），皇太子集诸禅师，楷定禅门之宗旨，遂以师为禅宗第七祖，敕碑置神龙寺，建塔于洛阳宝应寺。

从壁画和出土资料看，时代历北周、隋唐、五代各个时期的洞窟壁画中的香炉图像，大多由供养菩萨和供养人手执。长柄香炉在北魏和唐代是供养佛的专用器物，还没有走进平常百姓的日常生活，只有身份和地位较高的贵族、高僧才有资格拿此物供养。

据佛教经典可知，使用“手炉”，大都是在剃度、礼忏、奉请等场合。炉头插香，双手执持炉柄，也有兼插鲜花以为供养者。执持“手炉”，有直执、横执两式。如执炉礼拜时，横执平胸，腰部徐徐弯下，两腿随之屈下；两膝跪于垫边，将炉横执置于顶前垫上；礼毕，起身直立，将炉一举齐眉。若执炉问讯时，右手执炉柄，左手执炉头；将身鞠下，然后起身直立，将炉一举。

基于神会在南宗的地位，这一组供养器应该为实用器，是神会僧生前传法

① ［宋］赞宁撰、范祥雍点校：《宋高僧传》卷八，北京：中华书局，1987 年，第 179 页。

所用，它们之于神会是其身份地位的象征。其中的狮子镇长柄香炉具有典型性，通过与其他地区的出土实物对比，显示出它对周边及后世的影响力巨大；与之相配合的香宝子，塔形顶的七重相轮，也显示出它非同一般的等级意义；佛钵与银盒更是佛教供养器中的圣物，意义非同一般。

3. 神会和尚身塔塔基出土文物在香器发展史上的重要意义

它是迄今为止发现的除法门寺外的唯一一组完整的佛教供养香器。它的重要意义还在于，它以器物组合的形式完整揭示了唐代晚期焚烧香饼、香丸的焚香礼佛方式的存在，这种“隔火熏香”的礼佛方式在宋代成了寻常生活中文人的雅集，皆因受到了唐代的影响。

墓中出土的长柄香炉更是西方传入的鹊尾香炉中国化的重要阶段性产物，它的折沿设计、手柄尾端狮子镇的造型等，都是中原地区对西方鹊尾香炉更加实用的功能性改造，它们对研究香具发展及其对海外的影响具有重要意义。诚如有学者指出的那样，在《法门寺考古发掘报告》中，由于作者不熟悉古代香供养器具而将属于一组的佛教供养器物分在数处叙述：香炉、香囊、调达子、香匙见于第四章第一节“金银器”第一部分“生活用具”中，将香宝子、长柄香炉置于第二部分“供养器”中；还有很多人将香宝子视为茶道用具而津津乐道。[①]这许多的误解实出于香器发展历史知识的缺失，而神会和尚身塔塔基出土的这一组佛教香器，明白无误地向人们展现了这类香器的搭配组合和具体用法，对于认识与此相似的佛教用具具有重要的参考价值。

综上，神会和尚身塔塔基出土这组佛教文物的重要性是非常值得我们重新认识和探讨的。

① 王惠民：《敦煌与法门寺的香供养具——以“香宝子”与“调达子”为中心》，《敦煌学辑刊》2011 年第 2 期，第 66—71 页。

洛阳孟津新庄晚唐五代墓壁画人物图再解析

2011年，洛阳市文物考古研究院在孟津新庄发掘了一座晚唐五代时期的壁画墓。它由墓道、甬道、墓门、墓室四部分组成，墓室平面呈圆形，是仿木结构砖室墓，壁画位于甬道内，墓室为砖雕(图1)。①甬道东、西两壁各绘有三人，成为一组壁画。画面内容两两相对。其中前两人着装一致，均头戴黑色硬质上翘圆脚幞头，身穿黑色圆领窄袖缺袴长袍，腰系红色革带，下着白色裤，足下尖头麻履，手持长竿。中间一人着装与前相似，唯双手交叉于胸前。最后一人除着装颜色不同外，样式与前同，东壁一人手持布囊，西壁一人双手交叉于胸前(图2-1、图2-2)。

图1　孟津新庄晚唐五代壁画墓（洛阳市文物考古研究院提供）

一、壁画反映的主题和内容

对于此图像所表达的内容，有学者提

① 洛阳市文物考古研究院:《洛阳孟津新庄五代壁画墓发掘简报》,《洛阳考古》2013年1期,第29—36页。

图 2-1　洛阳孟津县新庄晚唐五代壁画墓——甬道西壁人物（图版采自洛阳市文物考古研究院：《洛阳孟津新庄五代壁画墓发掘简报》，《洛阳考古》2013 年 1 期）

图 2-2　洛阳孟津县新庄晚唐五代壁画墓——甬道东壁人物（图版采自洛阳市文物考古研究院：《洛阳孟津新庄五代壁画墓发掘简报》，《洛阳考古》2013 年 1 期）

出是伎乐图，即图中三人为伎乐人，更有人具体指出东壁最后一人手持布囊为乐器。[①]对此，笔者认为仅凭认知人物的动作而做出这样的解释，依据似嫌不足。

综合国内壁画内容和文献记载，这两幅图应该是唐代代表身份等级的府邸门前仪卫图，图中的人物是墓主的仪卫，具有墓主人身份等级代表的意义。

我们知道，壁画墓中的壁画是墓葬的重要组成部分，反映的是当时人们的生活内容和礼仪思想，也是儒家“事死如事生，事亡如事存，孝之至也”[②]的孝仪文化的体现。这座唐墓壁画中表现的也不例外，正是这种丧葬礼仪和等级礼仪。

查考文献可知，唐代的仪卫制度规定了一至五品官员相应的出行卤簿或府邸门前仪卫。

《新唐书》卷二三上《仪卫志上》记载：

唐制，天子居曰衙，行曰驾，皆有卫有严，羽葆、华盖、旌旗、罕毕，车马

① 徐婵菲：《洛阳五代墓乐伎壁画》，《东方早报》2014 年 9 月 17 日第一版。
② ［宋］朱熹撰：《四书章句集注·中庸章句》，北京：中华书局，1983 年，第 27 页。

之众盛矣,皆安徐而不哗。其人君举动必以扇,出入则撞钟,庭设乐宫,道路有卤簿鼓吹,礼官百司必备物而后动,盖所以为慎重也。慎重则尊严,尊严则肃恭,夫仪卫所以而尊君而肃臣。其声容文采,虽非三代之制,至其盛也,有足取焉。[①]

这段文字清楚地表达了唐代皇帝出行的仪仗,即“羽葆、华盖、旌旗、罕毕”等仪仗车驾,道路上还有“卤簿鼓吹”。这种仪卫和盛大的队列是为了彰显君子的尊严和臣子的恭敬。

此外,皇太后、皇太子、公主等依品级,也有相应的仪仗和卤簿鼓吹的规制规定。

这种制度在已经发掘的唐代壁画墓中也有直接的反映。在较高级别的墓葬中,墓道、天井壁画一般绘有仪卫、列戟、门吏、文官,有的还有狩猎出行、打马球等内容,表现的是墓主人府邸和内宅之间的生活景象,具有向外界展示的性质,因而代表了墓主人的身份和等级;靠近墓室的甬道和墓室部分绘制的是墓主人生前的居家生活,表现了墓主人生活中安逸享乐的时刻,这一部分是主人私密生活的反映。

由此看来,出行仪卫图像是唐代官制礼仪非常重要的表现内容,从壁画中反映出来的内容看,一般可分为出行仪仗和门庭仪卫两部分。门庭仪卫的类型包括门吏、武士和相关侍从等。按照墓葬等级不同,又各有不同的组合方式。

在等级较高的墓葬中,如唐节愍太子墓,它的墓道东西两壁各绘 9 人,组成持矛武士仪仗出行队伍;在第一过洞东西壁还有文官门庭仪卫图,各绘 5 个文官,作迎候状(图 3)。[②]

在唐惠庄太子墓中更有天子级别的武士车舆队伍, 在第一过洞东西壁还

---

① [宋]《新唐书》卷二三上志第十三上《仪卫上》,北京:中华书局,1975 年,第 481 页。

② 陕西省考古研究所:《唐节愍太子墓发掘简报》,《考古与文物》2004 年 4 期,第 13—25 页;陕西省考古研究所,富平县文物管理委员会编:《唐节愍太子墓发掘报告》,北京:科学出版社,2004 年,图 45、46。

图 3 唐节愍太子墓第一过洞东西壁文官门庭仪卫图（图片采自《唐节愍太子墓发掘简报》,《考古与文物》2004 年 4 期）

绘有身着朝服的 6 个文官(图 4)。①

在长乐公主墓中,墓道东西壁的两组仪卫图中绘有 28 个腰佩横刀、手持矛的武士,他们组成的仪仗队伍可谓盛大(图 5)。②

上述墓葬仪卫制度反映的正是盛唐时期森严庄重的礼仪制度，但随着时代的推移,这种仪仗形式趋向简化,显示出礼仪制度淡化的社会风尚。这种变化大概从中唐以后开始,这一点从墓葬壁画中便能直观地反映出来。

图 4 唐惠庄太子墓第一过洞东西壁绘有身着朝服的 6 个文官(图片采自陕西省考古研究所《唐惠庄太子李撝墓发掘报告》,图版 27)

图 5 长乐公主墓战袍仪卫图(图版采自昭陵博物馆《唐昭陵长乐公主墓》,《文博》1988 年第 3 期,21 页)

① 陕西省考古研究所、蒲城县文体广电局:《唐惠庄太子墓发掘简报》,《考古与文物》1999 年第 2 期;陕西省考古研究所:《唐惠庄太子李撝墓发掘报告》,北京:科学出版社,2004 年,图版 27。

② 昭陵博物馆:《唐昭陵长乐公主墓》,《文博》1988 年第 3 期,第 21 页。

在唐晚期僖宗靖陵墓中，墓道两壁的仪仗队伍残存的只有武士 13 人（图 6），规模远不及中唐以前的太子墓，反映了唐晚期皇权的衰落和等级制度的淡化。①

图 6　唐僖宗靖陵甬道执戟武士之一（陕西省考古研究所《陕西新出土唐墓壁画》，图版 188）

图 7　太原金胜村焦化厂 4 号唐墓壁画（山西省考古所《太原市南郊唐代壁画墓清理简报》，《文物》1988 年 12 期，图版 7）

这种变化在下级官吏的墓葬中，也有同样的反映。如太原金胜村焦化厂发掘的一座唐代晚期中下级官吏墓葬中，在墓室南壁拱券门两侧各画了一个门吏，形成了简单的门卫组合，这种组合应该是唐代官吏中最低级别门庭仪卫的反映（图 7）。②

这种门庭仪卫在五代墓中又发生了内容上的变化，具体来说就是壁画表现的内容变得富有世俗生活意味和轻松享乐的气氛。如在陕西彬县五代冯晖墓中，甬道中已没有了仪仗。③在河北曲阳五代王处直墓甬道中，画有两个持竹竿的乐人。④二者的生活意味浓厚。

---

① 陕西省考古研究所：《陕西新出土唐墓壁画》，重庆：重庆出版社，1998 年，图版 185—190。
② 山西省考古所：《太原市南郊唐代壁画墓清理简报》，《文物》1988 年第 12 期，图版 7。
③ 咸阳市文物考古研究所：《五代冯晖墓》，重庆：重庆出版社，2001 年 9 月。
④ 河北省文物研究所、保定市文物管理处：《五代王处直墓》，北京：文物出版社，1998 年 7 月。

当然也不能排除在过渡时期仍然存在的两种壁画表现形式，比如在洛阳邙山镇营庄村五代壁画墓中，甬道东侧绘有两个人物，前一人手持横刀，袍服较短，为武士形象；后一人叉手站立，为侍从形象。甬道西壁绘二人，前一人手持骨朵，袍服较短，亦为武士；后一人腰佩胡禄，为侍从。两组人物均面向墓道方向站立（图 8–1、图 8–2），从前述分析可知，这里描绘的显见也是

图 8–1 洛阳邙山镇营庄村五代墓西甬道壁画人物组合（本人拍摄）

图 8–2 邙山镇营庄村东甬道人物组合（本人拍摄）

门庭仪卫场景，内容表现的是侍卫出行。这里甬道东侧为一文官一武吏的组合，甬道西壁则为一武吏一侍从的组合，虽然较为简单，但仍具有等级身份的象征意义。从该门庭仪卫的组合上看，这座墓具有晚唐礼制的孑遗，应看作是晚唐五代的过渡阶段。[①]

而洛阳龙盛小学五代壁画墓中，甬道东、西壁各绘有一个门吏，分别为双手握横刀于胸前、横握竹竿于胸前。持横刀者袍服较短，是武士形象，手握竹竿者则是文官的形象，已经开始增加反映墓主人乐舞享乐的生活内容（图 9–1、图 9–2）。[②]

① 洛阳市文物考古研究院：《洛阳邙山镇营庄村五代壁画墓》，《洛阳考古》2013 年第 1 期，第 48—57 页。
② 洛阳市文物考古研究院：《洛阳龙盛小学五代壁画墓发掘简报》，《洛阳考古》2013 年第 1 期，第 37—47 页。

图 9-1 龙盛小学东甬道人物(本人拍摄)

图 9-2 洛阳龙盛小学五代墓西甬道壁画人物(本人拍摄)

由此观之,晚唐五代时期,门庭仪卫制度虽然已经淡化,但在一些高级别的墓葬中,仍有孑遗。

从墓葬形制上看,孟津新庄这座墓规制较大,墓室直径近 5 米。从墓葬砖雕看,与河北宣化晚唐时期杨钊墓相近,两墓的墓室砖雕都有马球杆。马球是唐代流行于军队或贵族家庭的游戏,杨钊贵为幽州雄武军要员,这为孟津新庄壁画墓的等级增添了注脚。可见在这种较高级别官吏的墓葬中,门庭仪卫制度仍是其身份的重要标志。

由此观知,孟津新庄壁画墓时代应为晚唐至五代时期(发掘者称“上限不早于晚唐末期,下限不晚于五代时期)①,甬道西壁壁画中,三人皆面向墓道方向,并不朝向墓室,显见不是迎候场面,而是出行场面(图 10),因此这三个人组成的是一幅出行仪卫图,无疑也反映出墓主人的身份等级。

① 洛阳市文物考古研究院:《洛阳孟津新庄五代壁画墓发掘简报》,《洛阳考古》2013 年第 1 期,第 29—36 页。

图 10　洛阳孟津新庄晚唐壁画墓甬道壁画（图版采自洛阳市文物考古研究院《洛阳孟津新庄五代壁画墓发掘简报》,《洛阳考古》2013 年 1 期）

二、壁画中的人物身份解析

甬道壁画中南面朝向墓道者,手中持长杖,从文献和发掘资料可知这表现的是乐舞中的"竹竿子",代表的是墓主人伎乐的生活内容(图11)。

图 11　洛阳孟津县新庄村五代壁画墓——甬道西人物"竹竿子"(本人拍摄)

南宋史浩《鄮峰真隐漫录》卷四六"剑舞"条中收录戏曲脚本,其中记录有"五人对厅立裀上,一直立竹竿子勾念",这里说到的"竹竿子"是手执竹竿、引舞者入场、起舞之前念诗一首或者致敬语的人物,因其手持竹竿,故以物直称为"竹竿子"。[①]

① 刘永济:《宋代歌舞剧曲录要》,北京:中华书局,2007 年,第 53—56 页。

有人认为，考古发现中，陕西彬县五代冯晖墓壁画中的“竹竿子”，是我国艺术史上早期出现的可以确认的“乐舞指挥”的具体形象（图 12–1、图 12–2）。[①]但孟津新庄壁画墓中出现的手持长杖的人物，无论从形态还是从手势，以及衣着上，都与五代冯晖墓中的“竹竿子”非常接近，所以从年代上推断，这应该是比冯晖墓还早出现的“竹竿子”人物形象。

甬道仪卫的第二人，从形象动作上看，双手交叉于前，行“叉手礼”，应该是文吏的形象（图 13）。

史书记载和出土资料显示，叉手礼这种行礼方式出现于唐末，流行于五代、辽、宋、金、元时期。这种行礼方式无论男女老幼都可行使，是地位低者向地位高者行的一种礼，以示尊敬。唐柳宗元诗曰：“入郡腰恒折，逢人手尽叉。”说

图 12–1 陕西彬县五代冯晖墓甬道东壁壁画中持竹竿者（图片采自《陕西彬县五代冯晖墓彩绘砖雕》，《文物》1994 年第 11 期，彩版）

图 12–2 陕西彬县五代冯晖墓甬道西壁壁画持竹竿者（图片采自《陕西彬县五代冯晖墓彩绘砖雕》，《文物》1994 年第 11 期，彩版）

图 13 洛阳孟津县新庄村五代壁画墓—甬道西人物“叉手礼”（本人拍摄）

① 黄剑波：《五代后周冯晖墓中“竹竿子：人物图像考证》，《南京艺术学院学报》2012 年第 1 期，第 22—24 页。

的就是当时的这种见面时的礼仪。

具体的手势,我们从宋人的记载中可推知一二:

> 凡叉手之法,以左手紧把右手拇指,其左手小指则向右手腕,右手四指皆直,以左手大指向上。如以右手掩其胸,收不可太着胸,须令稍去二三寸,方为叉手法也。①

宋人在介绍这种"叉手礼"的时候绘有图示,可以作为我们查考五代壁画墓中叉手礼的主要文献依据(图 14)。

河南安阳唐大和三年(829 年)赵逸之墓天井壁画中有一幅童子图,描绘得更加逼真生动,童子仰面向上的姿态,把这种叉手礼的仪态体现得非常完美(图 15)。②

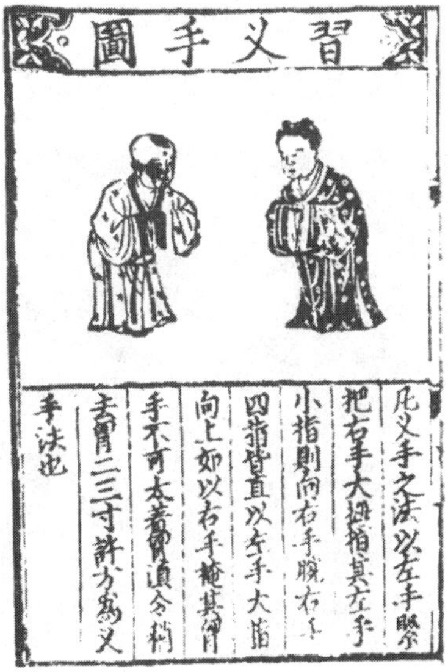

图 14 《事林广记》中的叉手礼图示(图片采自沈从文《中国古代服饰研究》,第 331 页)

图 15 安阳唐代赵逸公壁画墓中的女子叉手礼(图版采自河南古代壁画馆编《画色久欲尽苍然犹出尘——河南古代壁画馆精品壁画》图版 34)

---

① 沈从文:《中国古代服饰研究》增订本,香港:商务印书馆,1992 年,第 331 页。

② 河南古代壁画馆编:《画色久欲尽 苍然犹出尘——河南古代壁画馆精品壁画》(内部资料),图版 34。

孟津新庄墓中甬道东壁的第三人，手持一个“布囊”，抱在臂膀上（图 16）。这是一个比较有争议的形象。曾有学者以为是乐器，但从画面上看，这个所谓的“布囊”质地硬挺，上面还有飘动的丝带。结合其“布囊”形状，基本可以否定其布的质地，也就是说不太可能是通常用来包裹乐器的软布囊，而是由一种比较硬挺的材料做成，其用途主要是防护。

一个耐人寻味的例子来自现藏北京故宫博物院的五代周昉绘画作品《挥扇仕女图》中的《解囊抽琴》部分（图 17），[①]图中一女子手持一布囊，另一个童子正从中抽琴出来，这幅图至少可以告诉我们两个事实：一是装琴的布囊是用比较软的布缝制的；二是从比例上看，当时人主要以弹奏古琴为主，它的高度竖立起来的话几乎与人等高，以此观之，孟津新庄壁画墓中的人物所持“布囊”显然与此相去甚远。

再者，如若按照伎乐图说，这三人的排列就出现了很大问题：中间一个文吏形象是大家所公认的，那么在他的后面再出现一个持乐器的

图 16　洛阳孟津县新庄村五代壁画墓一甬道东人物（本人拍摄）

图 17　《挥扇仕女图》局部《解囊抽琴》部分（图片采自中华古文明大图集出版指导委员会编《中华古文明大图集》7，第 57 页）

① 中华古文明大图集出版指导委员会编：《中华古文明大图集》7，北京：人民日报出版社，1992 年，第 57 页。

人物形象,似乎并不符合常理,也不符合一个乐队的排列组合方式。

结合上述考古出土及绘画的图像资料和文献资料对比, 笔者推断从形象上看,这个“布囊”是皮革制成的“胡禄”,或者是用来装马球杆的“布囊”。从礼仪组合上看,不论是“胡禄”还是马球杆的“布囊”,这两者代表的不外乎是与狩猎或出行有关的内容, 而它们与前一个侍从和第一个乐队指挥共同组成的便是一个小型的仪卫图。这样一个组合,既有代表身份等级的狩猎或出行人物,又有代表墓主人生活内容的乐队场面。简言之,它们都是突出墓主人身份的形象代表。

文化史常识告诉我们,“胡禄”,是战场上用来装箭的箭筒,是西域少数民族的随身之物,在唐以前就传入中原。在唐代的墓葬壁画中,常有武士将它和弓韬一起佩戴的画面。

古代箭筒多用革制,它除了装箭之外,还另有一种用途,便是在夜间探测远处的音响。唐代文献《守拒法》中描述说:“令人枕空胡禄卧,有人马行三十里外,东西南北,皆响见于胡禄中。名曰地听,则先防备。”[①]由此看来,佩戴胡禄的作用不仅仅是装箭,还是夜间防卫的需要。因而胡禄成为唐代武士和侍卫的常佩。

从考古发掘的唐代壁画中可以看到这种“胡禄”的具体形象。比如唐章怀太子墓墓室东、西两壁仪卫人物及骑马出行人物,可分为两组,每组 10 人,他们均左佩弓韬和横刀,右悬“胡禄”,胡禄呈圆筒状,上口掀开,露出箭枝。[②]

又如现藏美国宾夕法尼亚大学博物馆的唐昭陵六骏中的“飒露紫”及其牵马武士图中,武士腰佩的“胡禄”,也与上述墓葬中的图像相似(图 18)。[③]

洛阳近年来发掘的唐安国相王孺人崔氏壁画墓墓道西壁的门吏图中,武士佩戴“胡禄”与章怀太子墓的稍有不同,开口较小,其中的箭枝草草数笔,模

① [唐]杜佑撰、王文锦等点校:《通典》卷一五二《守拒法》,北京:中华书局,1988 年,第 3902 页。

② 陕西省博物馆、乾县文教局唐墓发掘组:《唐章怀太子墓发掘报告》,《文物》1972 年第 7 期,第 13—19 页。

③ 陕西省博物馆编:《隋唐文化》,上海:学林出版社,1990 年,第 73 页图 9。

图 18　现藏美国昭陵六骏中的飒露紫（图版采自陕西省博物馆编《隋唐文化》,第 73 页图 9）

图 19　唐安国相王孺人崔氏壁画墓墓道西壁佩胡禄门吏图(图版采自洛阳市第二文物工作队《唐安国相王孺人唐氏、崔氏墓发掘简报》,《中原文物》2005 年第 6 期)

拟的意味很浓(图 19)。①

从上述图像资料观之，孟津新庄壁画墓中人物手捧的“布囊”,其形状和质地都与“胡禄”接近,而与乐器相距稍远。

至于这只“布囊”用来装马毬杆的推测,则源于墓室砖雕中的一枝马毬杆。在墓室西壁的门楼旁边有一砖雕马毬杆，它反映了墓主人生前的生活内容,所以也是其身份地位的象征。

马毬是骑在马上用球杖击毬的运动，又称“打毬”“击毬”“击鞠”等。有学者认为,马毬最早源于公元前 525 年的波斯(今伊朗),后传入中国。②文献中记载,马毬由唐太宗提倡并发展起来。

太宗常御安福门,谓侍臣曰:闻西蕃人好为打球,比亦令习,曾一度观

① 洛阳市第二文物工作队:《唐安国相王孺人唐氏、崔氏墓发掘简报》,《中原文物》2005 年第 6 期,第 19—32 页。

② 向达:《唐代长安与西域文明》,北京:生活、读书、新知三联书店,1957 年,第 79 页。

之。昨升仙楼有群胡街里打球，欲令朕见。此蕃疑朕爱此，骋为之。以此思量帝王举动，岂宜容易，朕已焚此球以自诫。①

因此可见马毬在唐代之初即已盛行，当然它主要流行于军队和宫廷贵族中。②

图 20　河北宣化纪年唐墓中的马毬图(图片采自张家口市宣化区文保所《河北宣化纪年唐墓》,《文物》2008年第7期)

河北宣化发掘的晚唐杨釖墓中有一幅马毬杆砖雕图，从造型和在墓葬中的位置看，都与洛阳新庄壁画墓中的马毬杆非常相似(图20)。③从墓中出土的墓志得知，前者的身份是幽州雄武军要员，身份等级较高，它所反映出的墓主人生前的生活内容与马毬在晚唐军队中为具有较高身份等级的军人们喜爱和流行的历史情形相符。对比来看，孟津新庄壁画墓的墓主人也应该具有同样的等级、身份和爱好。另外，从孟津新庄壁画墓葬的形制规模上也证实了两者具有等级、身份的一致性。

吉林延边龙和渤海贞孝公主墓(792年)主室西壁第二人侍女图中曾出现过类似人物，所持亦为“布囊”。在这一队人物中，第一人持球杖、佩弓箭，后面3人均捧“布囊”。这个图像反映的是墓主人打马毬和在侍卫护持下的乐队。原文称此“第二人，头戴展角幞头，眉目清秀，细眉细眼，矮鼻、小口，身着红色袍，持

① 封演撰、赵贞信校注:《封氏闻见记校注》卷六，北京：中华书局，2005年，第53页。
② 韩丹:《马球运动起源于波斯考》,《山东体育学院学报》2001年第26卷第5期，第1—7页。
③ 张家口市宣化区文保所:《河北宣化纪年唐墓》,《文物》2008年第7期，第23—48页。

物形似拍板”[①]。但从其所持的圆筒形状看，似有牵强之嫌。另从其紧随持马毬杆的随从之后，似可作为马毬杆装具的推断。

对比“胡禄”或马球杆“布囊”的特征，可以肯定，孟津新庄壁画墓东甬道人物所持绝非装乐器的“布囊”。

从上述分析看出，不论是用来装马毬杆的“布囊”或是装箭枝的“胡禄”，表现的都是墓主人的生活内容，反映的是墓主人的身份等级，再加上乐队，构成了晚唐五代时期中高级官吏的生前生活内容，而将这三人作为乐队的推断则过于简单且不符合人物身份等级。综合以上分析，孟津新庄人物图的排列组合应该解读为：伎乐（即墓主人宴乐享乐的生活）、文官随侍和武士（持布囊者），这是一个中高级官吏的出行仪卫图。

三、结语

由上面的介绍可知，唐代有门庭仪卫制度，表现的是墓主人的生活内容和身份等级。那么结合唐代高等级墓葬壁画门庭仪卫内容看，孟津新庄壁画墓三人一组的排列，是唐代门庭仪卫制度的孑遗。

孟津新庄壁画墓甬道仪卫并不合乎规范的排列组合，反映出等级观念的淡化。从形式上看，它保留了唐代等级制度的某些因素，但从内容上看，又发生了很大的变化：它们由伎乐人和随侍组成，与唐代张扬、弘大的场景内容迥然不同，不见剑拔弩张的气势，仪卫内容发生实质变化，表明社会的交替和变革。

应该指出的是，随着时代的发展，到了北宋，这种组合已经越来越脱离张扬、乖戾，反映出安静、平和、安稳的世俗生活内容。

（本文刊载于《文物鉴定与鉴赏》2017年第1期，收入本书时对文字和图版做了修改）

① 延边朝鲜族自治州博物馆：《渤海贞孝公主墓发掘简报》，《社会科学战线》1982年第1期，第174—180页。

洛阳五代壁画墓中出现的宠物狗形象辨析

2012年，洛阳市文物考古研究院在洛阳市西工区苗北村发掘了一座五代时期的壁画墓(IM4729)，由墓道、甬道和墓室组成，墓室为八边形。在甬道和墓室八个壁面上均绘有壁画，其中墓室的第六幅壁画内出现了一只小狗的形象，这是以往洛阳地区五代壁画墓中从未出现过的。

一、洛阳苗北村壁画墓中的宠物狗考

这是一幅描绘墓主人生前生活内容的画面。在这幅壁画中，有四位女子站立在椅子后面，一女手持琵琶；桌子后面另站立一女子，其右侧一黑色小狗正扭头仰视这名女子。小狗四肢矮小，体型肥胖，体毛黑色，腹下及四肢内侧为白色，嘴尖，脖子上系红色丝带（图1–2）。[①]这幅生活场

图1–1　洛阳苗北村壁画墓中的拂林狗（采自洛阳市文物考古研究院《洛阳苗北村壁画墓发掘简报》,《洛阳考古》2013年1期）

① 洛阳市文物考古研究院:《洛阳苗北村壁画墓发掘简报》,《洛阳考古》2013年第1期,第58—61页。

图 1-2 洛阳苗北村壁画墓中的拂林狗(采自洛阳市文物考古研究院《洛阳苗北村壁画墓发掘简报》,《洛阳考古》2013 年 1 期)

景,把小狗描绘得生动、机敏、有趣,充满动感,一望便知是一只深受主人宠爱的宠物狗。

但在发掘简报中,却未曾对这一生动的画面和其中的小狗形象给予适当说明,不能不说是一个遗憾。笔者通过文献及考古资料的比对,认为洛阳苗北村壁画墓中的小狗正是唐代从西域传入的“拂林犬”形象,它对研究唐五代时期洛阳地区的中外文化交流具有重要意义。

根据史书记载,这种“拂林犬”是在唐初由高昌国进献来的。《旧唐书》卷一九八《高昌传》载:

> (武德)七年(624年)(麴)文泰又献狗,雄雌各一,高六寸,长尺余,性甚慧,能曳马衔烛,云本出拂林国。中国有拂林狗,自此始也。[①]

这段话告诉我们的史实是,高祖武德七年(624 年)由高昌国王麴文泰进献来了一对据说是来自拂林国的小型狗,身高六寸,长才一尺多。这种狗非常机灵,能牵拖马还能口衔蜡烛。中国从那个时候才有这种外国狗。从描绘中可以看出,身型矮小、聪明机智是这种小狗的特点。

考古发掘屡屡出现过的实物资料证实,这种形象的狗其实在唐代分布范

① [五代]刘煦:《旧唐书》卷一九八《高昌传》,北京:中华书局,1975 年,第 3612 页。

围很广。

唐垂拱二年(686 年)宝鸡岐山郑家村元师奖墓中,在甬道中部西侧有一幅壁画,描绘的是一个童子牵狗的场景。男童双手执一绳子,绳子另一端系一体型矮小、毛色黑白相间的小狗,狗作欢快奔跑状(图 2)。①

图 2　唐垂拱二年岐山郑家村元师奖墓童子牵拂林狗图(采自宝鸡市考古队《岐山郑家村唐元师奖墓清理简报》,《考古与文物》1994 年 3 期)

图 3　陕西乾县神龙二年(706 年)章怀太子墓后室东壁南侧壁画(采自韩伟、张健林主编《陕西新出土唐墓壁画》,图 149)

陕西乾县神龙二年(706 年)章怀太子墓中,后室东壁南侧的壁画中央有一个仰面向上观看的小狗,毛色也是黑白相间的(图 3)。②

1972 年,新疆阿斯塔那 187 号墓出土的《围棋仕女图》绢画中有一幅画面,描绘了两个儿童正在青石满地、绿草如茵的户外玩耍嬉戏的情景。其左边的儿童右手高举,似刚刚捉到飞虫;其左手臂弯间怀抱一只毛色黑白相间的小狗,小狗呈现出乖巧可爱的样子,体形与毛色也与前述相似(图 4)。③

陕西西安唐韦浩墓中有一幅侍女与狗的壁画，其中的小狗嘴尖，身型矮小,毛长,花色黑白相间,正蹲立在侍女脚边(图 5)。④

除此之外，在同时期的绘画与雕塑作品中也出现过不少类似的宠物狗形

① 宝鸡市考古队:《岐山郑家村唐元师奖墓清理简报》,《考古与文物》1994 年 3 期,第 48—55 页。
② 韩伟、张健林主编:《陕西新出土唐墓壁画》,重庆:重庆出版社,1998 年 11 月,第 149 页。
③ 李征:《新疆阿斯塔那三座唐墓出土珍贵绢画及文书等文物》,《文物》1975 年 10 期,第 89—90 页。
④ 韩伟、张健林主编:《陕西新出土唐墓壁画》,重庆:重庆出版社,1998 年,图 79。

图 4　新疆阿斯塔那 187 号墓出土绢画中的双童图中的狗（采自李征《新疆阿斯塔那三座唐墓出土珍贵绢画及文书等文物》,《文物》1975 年 10 期）

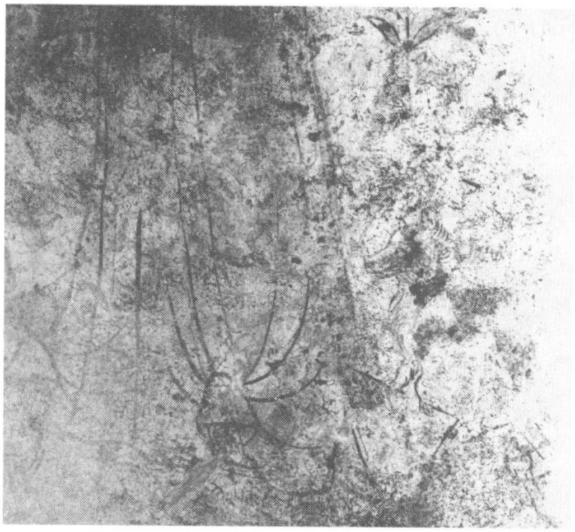

图 5　唐韦浩墓中的侍女与拂林狗（采自韩伟、张健林主编《陕西新出土唐墓壁画》,图 79）

象。日本美秀博物馆藏唐三彩《女俑与狗》,在女侍脚下匍匐着一只白色的小狗，机灵乖巧的样子惹人怜爱(图 6)[①];现藏台北故宫博物院的唐代《宫乐图》中,在众宫女围坐的席桌之下，有一蜷伏慵懒状的小狗,其身型矮小,毛色也呈黑白相间(图 7)[②];晚唐周昉绘《簪花仕女图》中，仕女挥舞手中的麈尘正在逗弄小狗,小狗在仕女脚下作奔跑状,身型矮小的小狗四肢扬起(图 8)。[③]

图 6　日本美秀博物馆藏唐三彩女俑与拂林狗（采自林梅村《丝绸之路考古十五讲》,图版第 4 页图 9）

在洛阳市新安县石寺镇土沟村唐墓还出土过一件唐三彩小狗,长 70 厘米、宽 36 厘米、高 55 厘米。小狗作回头张望状,其黑白相间的毛色,与上述考古

① 林梅村:《丝绸之路考古十五讲》,北京:北京大学出版社,2006 年,图版第 4 页图 9。
② 故宫博物院编:《故宫秘笈一名画(一)》,中国台北:“国立”故宫博物院,1996 年,第 20 页。
③ 金维诺主编:《中国美术全集》第 3 册,北京:人民美术出版社,2006 年,第 59 页。

图 7　唐人《宫乐图》中的小狗（采自沈从文《中国古代服饰研究》图一三五）

图 8　《簪花仕女图》中的拂林狗（采自沈从文《中国古代服饰研究》图一三四）

材料所见无异（图 9）。①

另外，在唐三彩制作的主要区域巩义唐三彩窑址，还发现有这种狮子狗的陶范，可见在当时此形象已经被作为批量制作的内容（图 10）。

图 9　洛阳出土的三彩拂林狗（采自俞凉亘、周立：《洛阳陶俑》，文物出版社，第 493 页）

图 10　素烧炉片贴花狮子狗，巩义黄冶窑出土郑州市文物考古研究院藏（图片采自河南省文物考古研究所编《巩义黄冶唐三彩》，大象出版社，2002 年）

① 俞凉亘、周立：《洛阳陶俑》，北京：文物出版社，2011 年，第 493 页。

所有这些考古和绘画资料中，小狗的共同特点是身型矮小、嘴尖。在毛色上有两种：一类毛色黑白相间，另一类通体白色。

从出现这些小狗的墓葬地区看，陕西宝鸡岐山郑家村元师奖墓的墓主元师奖，官至唐都督鄯州刺史，治所在今青海乐都，辖境约今西宁、大通、乐都、民和、化隆等，卒年垂拱二年(686 年)；章怀太子是武则天第二子，卒年神龙二年(706 年)，这两座墓时当初唐，距文献记载高昌国献"拂林犬"时隔不远，这两个资料不仅能够证实其自初唐传入我国的史实，而且还为我们提供了"拂林犬"的具体形象；阿斯塔那 187 号墓时当长安至天宝七年(748 年)，正值盛唐，阿斯塔那正处于高昌古国的核心地区，文献中进献"拂林犬"的高昌王正出于此，在这里出现的"拂林狗"应是真实的反映；韦氏是唐代最重要的士族之一，在唐朝的京兆地区很有影响，在他们家庭中出现这种当时来说非常珍贵的狗也是情理之中。

日本美秀博物馆唐三彩女俑与狗，从女俑服饰上看应为中晚唐时期作品；而《唐人宫乐图》和《簪花仕女图》则都是晚唐作品。它们也从绘画资料方面再现了这种狗的具体形象。

由此看来，洛阳苗北村五代壁画墓中的小狗应称为"拂林狗"无疑，而且也证实了拂林狗在五代时期仍然是流行在贵族阶层的宠物狗品种。同时，这也是五代墓中出土的目前仅见的"拂林狗"形象。

二、"拂林狗"即为"猧子"的考古及文献例证

当我们进一步检索文献时发现，在唐代文献中还曾出现过名为"猧子"的小狗。《酉阳杂俎·忠志》中记载有唐玄宗弈棋的故事，称杨贵妃在旁边观棋时，怀中抱着"康国"猧子，"上数枰子将输，贵妃放康国猧子于座侧，猧子乃上局，局子乱，上大悦" ①。

① 段成式：《酉阳杂俎》卷 1《忠志》，北京：中华书局，1981 年，第 2 页。

由记载可以推知，这种能抱上坐榻的狗，必定是身型较小的一种。这里出现的“猧子”是从康国进献的。康国位于中亚的撒马尔罕，是丝绸之路的重要中转地，能够以此进献，也一定是珍贵且中原地区没有的。那么它与《旧唐书》中提到的“云出拂林”，又自高昌王进献的狗是否为同一种宠物狗呢，抑或是同一种类的不同品种，文献语焉不详。

学界目前多认为“拂林犬”就是“猧子”，陈寅恪先生甚至认为它就是后世所称的哈巴狗[①]；蔡鸿生先生也认为应是一种狗的不同称呼[②]；近年有学者更进一步明确指出，“猧子即为拂林狗在中唐以后的称呼”[③]。

种种解释似乎仍未能为我们提供比较清晰和准确的概念。

我们不妨从语音和语义上来加以考察，查《汉语大词典》“猧”字释义为“小狗”[④]；《康熙字典》的解释为“《集韵》乌和切，音倭”；《玉篇》犬名，亦作“同倭”，意为矮的、个子不高的，如倭狐猴。[⑤]

由此看出，“猧子”的称呼是取其“四肢矮小，在地上逶迤而行”之意，从字义上看与《旧唐书》关于“拂林犬”的描述具有相同的特点。因此，我们完全有理由相信，这是将来自西域的物种中国化的结果，使之更口语化并便于记忆。这一点从唐代许多外来物种来到中原后即被冠以当地名称或被加入当地元素，并逐渐改造成一种新的物种名称可以得到证实。例如，在唐代的许多文献中都提到在唐代进贡或使用的香料有“安息香”“爪哇香”，就是根据其产地或来源地命名的。还有一种名为“龙脑香”的，出自婆律国（在今云南至印度附近），本名“羯婆罗香”，其膏名为“婆律香”，《本草纲目》中称：“龙脑者，因其状加贵重之称也。以白莹如冰，及作梅花片者为良，故俗呼为冰片脑，或云梅花脑。”这里明确指出俗称的“冰片脑”或“梅花脑”是根据颜色和样子等命名的，是十分中国

① 陈寅恪：《陈寅恪集·诗集》，北京：生活·读书·新知三联书店，2002年，第109页。

② 蔡鸿生著：《唐代九姓胡与突厥文化》，北京：中华书局1998年12月，第211页。

③ 从振：《西域“猧子”与唐代社会》，《新疆师范大学学报》（哲学社会科学版）2012年11期，第45—51页。

④ 罗竹风主编：《汉语大词典》（缩印本），上海：汉语大词典出版社，1997年，第5卷第6553页。

⑤ 《康熙字典》巳集下·犬字部，同文书局原版，北京：中华书局，1958年，第714页第17字。

化、口语化的名字。[①]

因此，从“拂林犬”到“猧子”名称的变化，也同样体现西域物种在进入中原过程中的转变与本地化。

三、“拂林犬”的流传途径及目前所见的种类

通览文献中“拂林狗”出现的地区，有“拂林”“康国”和“高昌”等地名。

“拂林”国，目前学界一般认为指的是东罗马拜占庭帝国。康国为唐代昭武九姓之首，位于今阿姆河锡尔河流域，正处于东罗马帝国与中国的交通要道上；高昌国亦位居东罗马帝国到中国的丝路中转要道。

因此，从东罗马帝国经中亚的康国（撒马尔罕）再到高昌直至中原，是一条历代必经的丝路通道，这条通道上的各种货物和动植物不断进行交换并变为本地品种，再经由他们转输到各个地方去。这从另一个方面证实了文献中自东罗马帝国来的“拂林狗”的流传途径。这些来自西域的“猧子”，以其可爱、逗趣的形象风靡一时，成为文人雅士笔下牵动思绪的寄托之物，给人们的生活带来了无穷乐趣，因此迅速成为宫廷和贵族生活中的极宠。

早在古希腊时代，亚里士多德就记述了欧洲古老的犬种之一——雪白毛长的、被称为马耳他犬的宠物狗，考古发现的希腊陶瓮上也有其生动逼真的图像。而希腊地区地处地中海一带，位于东罗马帝国的范围内。这至少可以证明有一种雪白毛长的小狗来自东罗马帝国，而它们在传入中国后被称为“拂林犬”或“猧儿”。

唐代文献中，贞元进士王涯曾描写过宫廷里的“猧儿”：“白雪猧儿拂地行，惯眠红毯不曾惊。深宫更有何人到，只晓金阶吠晚萤。”[②]这种毛色雪白的小狗在当时被称为“猧子”，诗人用“拂地行”三个字，形象地描绘出其身型矮小肥

---

① [明]李时珍：《本草纲目》(校点本)(上下)，北京：人民卫生出版社，2005年，木部第34卷木之一。

② [清]彭定求等：《全唐诗》卷第346，北京：中华书局，2008年，第1758页。

胖,看起来像贴着地面行走的形态。这与日本美秀博物馆藏唐三彩女俑脚下的毛色雪白的小狗可以作文字和实物的相互印证。这种毛色雪白的小狗与古希腊时代的马耳他犬也应是同源同出。

在《太平广记》子部《玄怪录》中也记载了这样一件事:"洺州(河北永平)刺史卢顼表姨常畜一猧子,名花子,每加念焉。"这里说的是,洺州刺史卢顼的表姨曾养过一头名叫"花子"的宠物狗,由于她对猧子着意呵护,后来得到善报而转世。①

这里的猧子名"花子",疑是根据其毛色黑白相间的特点而称呼的。

这两部中唐以后的作品,都描写有"猧子",可见在当时至少可以看到毛色全白和黑白两种宠物狗,它们都因矮小的身形而被时人称为"猧子"。而它们就是来自东罗马帝国的"拂林狗"。从考古发现的材料看,初唐时期元师奖墓、章怀太子墓及阿斯塔那 187 号墓壁画中的都是这种黑白相间的花子狗。

至于《唐人宫乐图》中出现通体毛色黝黑的宠物狗,与洛阳苗北村壁画墓中出现的小狗相比,是第三种可见的形象。依沈从文先生观点,《唐人宫乐图》应属唐代中晚期的作品②,因此这里出现的小狗也应是那个时期宫廷妇女的宠爱,依照当时的称呼也是"猧子"无疑。

四、"猧子"在中国境内外的流传

这种"猧子狗"自唐初传入中国后,在中国境内的流传与分布,有诗文记载为我们做了详细的描绘。

唐人佚名《醉公子词》称:"门外猧儿吠,知是萧郎至。刬袜下香阶,冤家今夜醉。扶得入罗帏,不肯脱罗衣,醉则从他醉,还胜独睡时。"③诗中以猧儿叫开端,写出了它的机灵和敏捷。

---

① [宋]李昉:《太平广记》第 8 册卷三八六《玄怪录》,北京:人民文学出版社,第 3082 页。
② 沈从文:《中国古代服饰研究》,香港:商务印书馆,1981 年,第 350 页。
③ [清]彭定求等:《全唐诗》卷第 899,北京:中华书局,2008 年,第 4536 页。

蜀中名妓薛涛在诗中称:"驯扰朱门四五年,毛香足净主人怜。无端咬着亲情客,不得红丝毯上眠。"表面写猧子的失宠,实抒自己不得志之胸臆[①]。诗中说,这种"猧子"在富裕人家是被主人当作宠物看待的,被主人收拾得毛香足净,睡在红丝毯上,足见其在当时的珍贵和富裕人家的生活状态。

薛涛诗中说的"猧子"再加上前文所述"洺州刺史卢顼的表姨"的"猧子",它们分别在河北和四川地区,河北是唐中期以后胡人聚居、藩镇割据最厉害的地区,胡风胡俗几乎覆盖全境;四川则是唐代安史之乱后经济重心南移的主要地区,以成都平原为中心的益州号称"州之瑰宝",和扬州地区并称为"扬一益二",居全国前列。在这两个地区广泛流行西域物种,也可侧面反映当时的社会历史状况。

从文献记载看,唐代以来,西域进贡的物种络绎不绝。

开元十二年(724年),"四月康国王乌勒遣使献侏儒一人马狗各二",至天宝年间,仍进贡不绝[②]。正是这些源源不断的进献,才使这种来自西域的物种不断在中原出现,因其可爱程度而成了唐代贵族妇女的宠爱之物。因此,将它们作为描绘时人生活画面的重要组成部分,屡屡出现在壁画、文物及绘画作品中,便是情理之中的事情了。

结合蔡鸿生先生对"拂林狗"所做的异名录[③],加之考古发现的资料,我们大体可以标出这种"拂林狗"在中国境内大致出现的地区有:新疆阿斯塔那(属唐代高昌国)、陕西西安(唐长安)、陕西宝鸡(或经青海乐都)、河北、四川。可以看出,"拂林狗"从高昌传入中国后,沿丝绸之路传至青海、宝鸡、长安等地,又进一步深入到河北以至四川。

近年来,在巩义黄治唐三彩窑址的发掘中,发掘者结合国外的唐三彩进行了初步研究,发现在流传国外的唐三彩器物中,就有这类"拂林狗"的形象

---

① [清]彭定求等:《全唐诗》卷803,北京:中华书局,2008年,第4054页。

② [北宋]王钦若、杨亿、孙奭等编:《册府元龟》卷九百七十一 外臣部 朝贡第四,北京:中华书局,1960年。

③ 蔡鸿生著:《唐代九姓胡与突厥文化》,北京:中华书局,1998年,第211页。

(图11)[①],其与洛阳出土的唐三彩狗及苗北村五代壁画墓中的“拂林狗”形象如出一辙,也表明了它在唐五代时期被接受的广泛程度。

图11 唐三彩“拂林狗”(图片采自河南巩义市文物保管所编著《黄冶唐三彩窑》,彩版五二)

五、苗北村五代壁画墓中的“拂林狗”反映的社会背景及其重要意义

前述可知,“拂林狗”在唐代的流传区域甚广,洛阳苗北村五代壁画墓中出现的小狗为这种“拂林狗”的流传途径和地区增添了新的实物资料,它的出现填补了此前国内五代壁画中未曾出现这种小狗的空白。

洛阳是隋唐东都所在,在武则天时期一度成为全国的政治、经济、文化交流的中心。这一时期,武则天以更加开放的姿态广纳四方,来自各国的物品集聚于此,使这里成了中西交流的大都市。五代时期,洛阳是后梁、后唐、后晋的都城所在,时人在经历了前代的动乱和漂泊之后,在生活内容上除了延续唐人的生活风尚外,还表达出强烈的渴望安居的愿望,这在这一时期墓葬的壁画内容上有所反映,苗北村五代壁画墓中“拂林狗”的出现正是这种社会背景的实物反映。

这座墓中的壁画内容表现出了浓厚的生活气息,作者借助这只“拂林狗”表达了时人渴望平安祥和生活的强烈愿望。从这座墓的形制看,墓道为台阶式长斜坡,墓室为圆形,直径4.6~4.9米,甬道及墓室共14幅砖雕壁画,描绘的全是世俗生活场景及家具模型。从墓型和墓室砖雕内容上看,是五代至宋初富裕

① 河南巩义市文物保管所编著:《黄冶唐三彩窑》,北京:科学出版社,2000年,彩版五二。

家庭的规格。“拂林犬”的出现正是这类富足而又充满精神需求的家庭的真实写照。

洛阳苗北村壁画墓出现的“拂林犬”形象不仅是中西交流的物证，更是时人精神生活的体现。如前所述，在中唐以后，时人将此拂林狗称为“猧子”，名称上显见已本地化。从考古材料上看，洛阳苗北村壁画墓中出现的拂林狗应与最初传入的形象相去不远，也为这种狗的后世流传及其变种提供了可资参考的图像资料。因此，“拂林犬”图像在洛阳地区五代墓中的首次出现，为研究来自西域的物种在中国境内外的流传提供了新的资料。

（本文发表于《文物鉴定与鉴赏》，2016 年 5 期，本书收入时加以修改）

洛阳道北史家屯村金墓萨满舞蹈图像考

2001年，考古工作者在洛阳市道北史家屯村附近发现了一座金墓，墓室西壁有四幅、东壁有三幅人物图，在发掘报告中被笼统称之为“乐舞图”，还有人称之为“杂剧图”。但它的图像内容与洛阳地区发现的宋金乐舞图、杂剧图多有不同。笔者研究发现，它是中原地区及至全国极为罕见的金代女真族萨满舞蹈图，是近年来国内绝无仅有的重要发现，为我们考察金代女真族萨满祭祀仪式的内容提供了不可多得的图像资料。

图1　墓室展开图（洛阳市第二文物工作队《洛阳道北金代砖雕墓》，《文物》，2002年9期）

一、墓葬图像概况

为更好地了解这些图像的内容，有必要将这七幅人物图逐一进行还原性描述。墓葬为仿木结构砖砌单室墓，砖雕位于墓室七个壁面的下部，每幅图像各自独立(图 1)。我们按照进入墓门的顺序从西壁到东壁依次予以介绍。西壁格扇门左侧浮雕为一个坐在胡床上弹琴的男子，右侧为头戴鹰形面具的舞蹈人。西北壁格扇门左侧为一击鼓的男子，他身穿阑衫，外罩腰束带，足穿黑色革靴，腰间放置一大鼓，双手执槌作敲击状。鼓左侧有一男子，双膝弯曲呈跪状，双手托鼓，有一发辫自脑后垂下。西北壁格扇门右侧为一持花童子。东壁格扇门左侧浮雕一双手上举的舞蹈男子，右侧为一吹笛男子；东北壁格扇门左侧为一手持小鸟的童子(图 2—图 8)。①

图 2　洛阳道北金墓西壁浮雕弹琴人物(洛阳市第二文物工作队:《洛阳道北金代砖雕墓》,《文物》,2002 年 9 期)

图 3　洛阳道北金墓西北壁格扇门左侧砖雕人物（洛阳市第二文物工作队:《洛阳道北金代砖雕墓》,《文物》,2002 年 9 期）

① 洛阳市第二文物工作队:《洛阳道北金代砖雕墓》,《文物》2002 年 9 期,第 21—29 页。

图4　洛阳道北金墓西北壁格扇门右侧砖雕持花童子(洛阳市第二文物工作队《洛阳道北金代砖雕墓》,《文物》,2002年9期)

图5　洛阳道北金墓西壁格扇门右侧砖雕舞蹈人物(洛阳市第二文物工作队《洛阳道北金代砖雕墓》,《文物》,2002年9期)

图6　洛阳道北金墓东壁格扇门左侧砖雕人物(洛阳市第二文物工作队《洛阳道北金代砖雕墓》,《文物》,2002年9期)

图7　洛阳道北金墓东壁格扇门右侧砖雕吹笛人物(洛阳市第二文物工作队《洛阳道北金代砖雕墓》,《文物》,2002年9期)

图 8　洛阳道北金墓东北壁格扇门左侧砖雕持鸟童子（洛阳市第二文物工作队《洛阳道北金代砖雕墓》,《文物》,2002 年 9 期）

东西壁这七幅绘有人物的图像中,人物衣着以“辫发、阑衫、束带、黑色革靴”为主要特征,一望而知不似中原传统服饰，具有北方草原民族的特点。壁画内容也是前所未见的。但这样一组具有重要研究价值的图像资料，在洛阳以往的研究资料中都被统称为杂剧、散乐图。①

二、道北金墓图像的独特性

1. 与杂剧和散乐的表现内容不同

为便于甄别，我们有必要对杂剧的内容进行认真探讨。杂剧是一种把歌曲、舞蹈等结合起来的传统艺术形式,最早见于唐代,泛指歌舞以外诸如杂技等各色节目。宋金时期,“杂剧”逐渐成为一种新表演形式的专称。吴自牧《梦粱录》卷 20“伎乐”条云:

> 先做寻常熟事一段,名曰艳段,次做正杂剧,通名两段。末泥主长,引戏色分副,副净色发乔,副末色打诨。或添一人,名曰“装孤”。一大抵全以故事,务在滑稽念唱应对通徧。②

据此可以看出,它的表演形式分为三段:第一段称为“艳段”,表演内容为日常生活中的熟事,作为正式部分的引子;第二段是主要部分,大概是表演故事、说唱或舞蹈;第三段叫散段,也叫杂扮、杂旺、技和,表演滑稽、调笑,或间有

① 朱世伟、徐婵菲主编:《砖画青史》,郑州:河南美术出版社,2016 年 9 月,第 13 页。
②［宋］孟元老:《东京梦华录(外四种)》,上海:古典文学出版社,1956 年,第 308—309 页。

杂技。可见,杂剧的表演有一定故事情节。

考古发现中,反映金代杂剧、散乐的实例有以下几处:一是在河南省焦作市西冯封村金墓,前后室四壁的各朵斗拱之间,嵌有近于圆雕的散乐、舞蹈、说唱童子形象10多人(图9)[①],反映了金代杂剧、散乐在晋南、豫北一带的蓬勃发展。

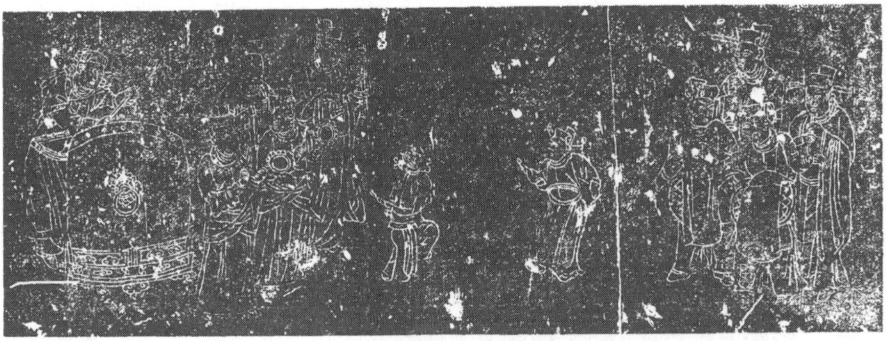

图9　河南焦作西冯封村金墓散乐图(河南省博物馆、焦作市博物馆《河南焦作金墓发掘简报》,《文物》,1979年5期)

又如在山西马村M2中的一幅砖雕画面中,剧中人物有坐有站,有前有后,且目光、手势比较集中,刻画的是某戏剧节目中的一个特定情节。[②]

在这些金代杂剧砖雕内容中,各种人物角色鲜明,可以很容易地分辨出来。

散乐是隋唐时期重要的艺术表演形式之一,是一种相对于正雅之乐(即庄重典雅的音乐)来说的自由通俗音乐。它较大程度上概括了民间表演艺术的所有形式。宋代散乐有"杂手艺""歌舞""杂剧"之称,内容包括筚篥、大鼓、杖鼓、筝、琵琶、方响、拍板、笙、笛、舞旋、杂剧、参军、歌板等诸项目。

考古发现的散乐歌舞表演图像,如河南禹县白沙宋墓北宋哲宗元符二年(1099年)壁画散乐图,中间有一女舞者和乐队十人,所奏乐器为笙、筚篥、排箫、琵琶、横笛、拍板、大鼓、腰鼓等。[③]

---

① 河南省博物馆、焦作市博物馆:《河南焦作金墓发掘简报》,《文物》1979年5期,第1—11页。
② 山西省考古研究所:《山西稷山金墓发掘简报》,《文物》1983年第1期,第45—63页。
③ 宿白:《白沙宋墓》,北京:文物出版社,1957年9月第一版,图版21。

图 10 河北宣化 1 号辽墓前室东壁散乐图（图版取自河北省文物研究所《宣化辽墓 1974—1993 年考古发掘报告》第 200 页）

河北宣化辽天庆六年(1116 年)壁画散乐图，画面上有一男舞者和乐队十一人，所奏乐器为筚篥、笙、腰鼓、大鼓、拍板、琵琶、横笛、腰鼓和排箫(图 10)。[①]

与上述杂剧和散乐表现内容不相同的是，洛阳道北这座金代砖雕墓中的人物无一能与其中的人物或角色有对应关系。

2. 与汉族的傩舞多有不同

其一，人物形象为金代女真人。洛阳道北金墓砖雕人物形象非汉人，为女真人。

从服饰上看，道北金墓这六幅图除两个儿童外，其余均头辫发，身穿盘领衣，腰束带，脚穿乌皮靴，其中东壁格扇门左侧砖雕人物头戴面具者，面具为侧面。因此，我们得以清晰地看到面具前端鹰类动物长长的尖喙特征。值得关注的是，画面中舞者长长的发辫披在胸前，长垂至腰间，辫梢扎有丝线状的装饰。画面对发辫的刻画细致入微，辫发的缠绕非常清晰，这些创作特点显示了创作者对这一特征熟稔于心。

这种服饰具有浓重的草原民族特征，区别于入主中原的少数民族和原住民，与文献记载“衣短巾左衽。妇人辫发盘髻，男子辫发垂后。耳垂金环，留脑后发，以色丝系之。富者以珠玉为饰”[②]的主要特征高度吻合。

另外，画面人物刻画突出其颜面扁平且圆、颧骨高耸(尤以东壁东壁格扇

① 河北省文物研究所:《宣化辽墓 1974—1993 年考古发掘报告》(上)，北京：文物出版社，2001 年，第 200—203 页。

② [宋]徐梦莘撰:《三朝北盟会编》卷三，上海:上海古籍出版社，1987 年，第 17 页。

门左侧砖雕吹笛人物最为突出),这是蒙古女真人的显著特征。同样的人物形象出现在2003年河南伊川葛寨村发掘的金墓中,在北壁板门右侧有一髡发男侍,与道北金墓可以互为参照(图11)。[①]另外,河南省焦作西冯封村金墓,出土有同为髡发的乐俑一件,高38厘米,头戴尖顶六角蓑笠帽,头梳双辫垂于胸前,身着方领窄袖长袍,胸腹部围扎护胸,用四条布带结束于前,腰间系带,穿靴(图12)。[②]

图11　洛阳伊川葛寨金墓北壁侍者砖雕(图片采自洛阳市第二文物工作队《洛阳伊川金代雕砖墓发掘简报》2005年第4期)

图12　焦作金墓出土吹笛、拍板俑(本人观展时拍摄)

另外,洛阳道北金墓西壁浮雕弹琴人物坐的胡床,是典型的北方少数民族所用日常之物,这业已被学界认定,不再赘述。

这一切事实表明,此墓刻画的人物具有蒙古金人的形象特征,将此墓定为金墓应无异议。

其二是与傩舞的主体不同。傩舞,是广泛流传于各地的一种具有驱鬼逐疫、祭祀功能的民间舞,是傩仪中的舞蹈部分。它的伴奏乐器主要是锣和鼓。据

① 洛阳市第二文物工作队:《洛阳伊川金代雕砖墓发掘简报》,《文物》2005年第4期,第62—69页。
② 河南省博物馆、焦作市博物馆:《河南焦作金墓发掘简报》,《文物》1979年第5期,第1—11页。

车文明先生《20 世纪戏曲文物的发现与曲学研究》第 65 页讲述:20 世纪 80 年代发现于山西曲沃任庄的清末抄本《扇鼓神谱》,是一种产生于北宋并保存了许多原始形态的民间傩祭礼仪写本。其中泛戏剧表演剧目《坐后土》被称为北宋傩戏。剧中上场人物有名目者共七个,全部为神灵,故推测均戴面具。全剧有说有唱,有人物,有情节,并且还用了"暗场"处理与简单的虚拟手法。

对比之下,洛阳道北金墓砖雕中,只有两人戴面具,显然不似傩舞的人物主体。

三、壁画内容为萨满舞蹈说

纵观这几幅壁画的画面,可以发现它们具有以下三个主要特点:

1. 在这几幅画中,有两幅表现的是头戴面具者,显示了其重要性和与众不同的地位。

2. 画面中的六个人物有舞蹈者、歌者和乐者三类。

3. 这几幅画表现的场面具有关联性。

围绕这些主题形象,笔者认为这是萨满教中以萨满巫师为主导的萨满舞蹈场面。其中主体图像就是头戴面具者,他是萨满舞蹈中的神祇假面。

学者研究认为,萨满教是一种原始多神教[①],其信仰的内容有自然崇拜、动物崇拜、图腾崇拜和祖先崇拜等,具有歌、舞、乐三位一体的宗教形态特征。

我们知道,在图腾崇拜时期,人们往往会把自然界中本领高强的动物、罕见的植物或其他无机生物作为自己族群氏族的保护神而加以崇拜。女真人动物崇拜中最主要的就是鹰和鸟,从六千年前的新石器时代一直延续至今。在他们的信仰中,神鹰可以辅助萨满进入天界。崇鹰意识体现在诸多方面:萨满祭祀中有鹰祭礼,萨满神话中有鹰神惠人惠世的故事。在西伯利亚布利亚特人中,流传着这样一个传说,有一只大鹰受善神的派遣来到人间,与布利亚特女子

---

① 满都尔图:《中国北方民族的萨满教》,《社会科学辑刊》1981 年第 2 期,第 89—93 页。

婚配，生下一子，他成为最初的萨满。雅库特人的传说中也提到萨满是神鹰的后裔。①

在我国，锡伯族和达斡尔族这两个女真人后裔发展来的民族也有同样的传说，都说明了鹰在其文化观念中的重要地位，亦表明崇鹰习俗的悠久和持久。

关于萨满教中鹰鸟的崇拜，调查和考古发掘可以为我们提供非常具体的资料证据。在蒙古、俄罗斯南部草原及我国新疆地区曾发现一种鹿石，是一种以鸟嘴、细腿以及鹿的身体和鹿角组成的集合体。把这两种具有灵性的动物结合在一起，取鹿善跑、鸟飞得很高之意，认为它们能够起到接力作用，来作为萨满沟通天地的信使。②

研究发现，草原民族为了护卫族人，他们将这些具有灵性、能够沟通天地人的动物作成假面随身携带。"各氏族萨满，为护卫氏族安宁，还发展和互换为众多能随身携带、随时使用的神祇形态替身，即神祇假面。人形神像最具有代表性的部位，莫过于相互迥异的面孔。"③这便是面具神人的来历。

考古发掘也不断印证面具神人的存在。在距今四千余年的乌尔苏勒小河岸边古墓壁画上，有"披着兽皮、戴着面具的古代巫师或者萨满的人形神像"④。

在西伯利亚岩画中描绘有萨满鼓、鼓槌和头戴面具的萨满巫师的形象(图13)。⑤

在我国和苏联考古界对金代女真人的考古发掘中，出土了一批与萨满教相关的文物，如萨满佩戴的铜镜、带铐、金属悬饰萨满帽，还有头顶小鸟的萨满雕像。

① 尼翰拉兹:《西伯利亚各民族之萨满教》，中国社科院民族所编，1978年。

② 吕恩国、张永兵:《从洋海墓地的萨满巫师墓解析新疆的萨满教遗存》，《吐鲁番学研究》2009年2期，第1—18页。

③ 富有光:《北方面具文化考析》，《北方论丛》2001年2期，第16—21页。

④ 姚凤、林树山:《苏联学者论西伯利亚及远东地区古代民族文化的源流与传统》，《黑龙江民族丛刊》1992年第3期，第122—127页。

⑤ (加拿大)丹尼尔·阿瑟诺著朱利峰译:《极地岩画背后的萨满教——加拿大、阿拉斯加和西伯利亚人面岩画与萨满用具的关系》，《内蒙古大学艺术学院学报》2014年第1期，第113—122页。

图 13 西伯利亚岩画中的萨满鼓、鼓槌和头戴面具的萨满巫师（图片采自《极地岩画背后的萨满教》，图 5）

1919 年，日本人鸟居龙藏考察俄国与中国东北一带，并在所著《东北亚洲搜访记》一书中，介绍在参观通古斯人古代石刻艺术时，见到“在河岸的许多石头上，画有萨满教的仪式的画像，上面刻着面具”①。

清康熙九年（1670 年）流放宁古塔（今宁安）的文人张贲，著有《白云集》，其诗中描述：“重兴赛社酬鸟鬼，并族相依共一村。”②“鸟鬼”，指的就是满族民间戴的鸟首造型假面，俗称“鸟神鬼脸”。

近现代民俗学研究印证了这种古老传统的延续和持久，可以为我们考察女真人萨满信仰提供有效的信息。2000 年前后，在黑龙江一户农民家中发现了近百个祖传的满族面具图谱，其中有自然神风神、水神、冰神、雪神、雷神，有动物神虎神、豹神、鹰神、蟒神、鹿神等。这些神灵面具反映了原始的自然崇拜、图腾崇拜和祖先崇拜。③至今，内蒙古萨满所戴铜冠上仍刻有小鸟来代表神鹰。

文献记载，在萨满仪式中，是有头戴面具的萨满进行舞蹈的。《渤海国志长编—北盟录》云：

> 金以女巫为萨满，或曰珊蛮。金与渤海同族，故渤海人亦心奉之。萨满亦称叉玛，奉者多位妇女，盖女巫一种也。于祀先祷神时，戴尖冠，击鼓蹲舞，口喃喃不可辩。又谓可以疗疾。④

---

① [日]鸟居龙藏：《东北亚洲搜访记》，上海：商务印书馆，1919 年，第 248 页。

② 张玉兴：《清代东北流人诗选注》，沈阳：辽沈出版社，1988 年；张贲：《白云集》，《丛书集成续编》集部 108 册，上海：上海书店出版社，1994 年。

③ 闵迅：《中国北方发现满族萨满面具》，《民俗研究》2000 年第 1 期，第 192 页。

④ 庞志阳著：《满族舞蹈谬觅》，沈阳：辽宁民族出版社，2004 年，第 87 页。

这段记载透露出的信息有以下几点：

1. 萨满舞蹈中以头戴冠者为中心；

2. 舞者的舞蹈动作为蹲舞，还有击鼓伴和；

3. 萨满或可作为疗疾的仪式。

当我们再次审视道北金墓舞蹈人物可以发现，头戴冠者上身挺直，微抬头向左侧，挺胸，收腹，双臂外伸上扬，长长的衣袖随双臂的舞动而形成S形曲线；两腿大跨弯成曲线，双腿前后内弯和外伸呈蹲步。飘动的衣衫下摆，显示出舞正酣畅、继而忘我的痴醉状态。整个造型变化多端，形成优美的身体曲线，给人以妩媚之感。画面强烈的动感和节奏感呼之欲出。

近年来在内蒙古发现的岩画中，可以看到原始萨满舞蹈的形态。

巴丹吉林布敦苏海有一幅岩画，画面上一个舞者头部装扮成鸟头形，扭向一边，长喙；双臂非常长，向外扬，如同鸟飞翔之状；五指张开，如同鸟爪；收腹，腿较短，做蹲状，脚尖朝外，舞姿颇像鸟儿飞翔（图14）。[①]

通过人类学考察可以得知，从古至今，人们伸出双手表示的是赞同、友好甚至顺从、投降，古人双手上举多表达的是向神灵示好、祈求，因此这种以双手上举过头为标志的宗教舞蹈的舞者多为沟通人神的巫者，这类形象在岩画中也多有表现，如巴丹吉林沙漠380、488号岩画（图15）。[②]

图14 巴丹吉林布敦苏海1012号岩画（图片采自盖山林《巴丹吉林沙漠岩画》，图1012）

无独有偶，1993年陕西彬县发掘的一座五代墓中出土了头戴冠的舞

① 盖山林：《巴丹吉林沙漠岩画》，北京：北京图书馆出版社，1997年，第54页，图1012。

② 盖山林：《巴丹吉林沙漠岩画》，北京：北京图书馆出版社，1997年，第114页，图380、488。

蹈形象的男女各一，被发掘者认定为“巫师”①，他的双手作上扬状，这与道北金墓舞蹈人物的动作姿态极为相似(图 16)。

北京房山区云居寺辽塔西面浮雕有一男舞蹈人，头戴似牛的假面具，舞姿如女真族的莽势舞(女真族一种挥舞长巾的舞蹈)，一手举过头顶，一手反背于身后。

辽宁省朝阳县前窗户村辽墓曾出土一鎏金戏童大带，其中一面纹饰为假面舞，一个戴假面的儿童正在舞动手中的令箭，右边一人手执鼓槌击肩上的鼓。第三人手扶脸上之面具，两脚作交叉跑动状(图 17)。值得注意的是，发掘者认为此墓主人可能具有萨满巫师的身份。②

图 15　巴丹吉林沙漠 380、488 号岩画(图片采自盖山林《巴丹吉林沙漠岩画》，第 114 页，图 380、488)

图 17　辽宁省朝阳县前窗户村辽墓出土的鎏金戏童大带线描图(图片采自靳枫毅《辽宁朝阳前窗户村辽墓》，《文物》1980 年 12 期)

图 16　陕西彬县五代冯晖墓舞乐人物砖雕(杨忠敏、阎可行《陕西彬县五代冯晖墓彩绘砖雕》，《文物》，1994 年 11 期)

① 杨忠敏、可行:《陕西彬县五代冯晖墓彩绘砖雕》，《文物》1994 年第 11 期，第 48—55、91 页。
② 靳枫毅:《辽宁朝阳前窗户村辽墓》，《文物》1980 年第 12 期，第 17—29 页。

据此我们可以看出，道北金墓头戴面具者具备萨满巫师祀神仪式的全部元素，认定其为萨满舞蹈者应无疑义。

至于其他几幅图像，依据对主题图像的认定，它们都应是与萨满相关的群体舞蹈画面。

西北壁格扇门左侧的男子，正双手执鼓槌敲击鼓面，他双眼望向右前侧方，嘴唇紧闭，呈现出因敲击而用力屏息的神态；右边双膝弯曲呈蹲踞状的男子双手向上托举，显示出鼓的分量。这幅画面着力表现的是萨满舞蹈中必不可少的鼓的形象，用两个人物来突出鼓的重要性，正如上文提及的西伯利亚岩画中着力表现的鼓和鼓槌一样。

《竹叶亭杂记》载：

> 满洲跳神，有一等人专习跳舞、讽诵祝文者，名曰“萨吗”，亦满洲人。萨吗乃头戴神帽，身系腰铃，手击皮鼓，即太平鼓，摇首摆腰，跳舞击鼓，铃声、鼓声一时间俱起。鼓每抑扬击之，三击为一节，其节似街上童儿之戏者。萨吗诵祝文，旋诵旋跳。其鼓别有手鼓、架鼓，俱系主家自击，紧缓一以萨吗鼓声为应。萨吗诵祝至紧处，则若颠若狂，若以为神立将来也。诵愈疾，跳愈甚，铃鼓愈急，众鼓轰然矣。①

这是清代人看到的萨满祭祀的场面，同样可以看出在萨满舞蹈中鼓所具有的非同一般的作用。在这里，神鼓和腰铃作为满洲萨满跳神的代表性乐器，在萨满的手中则是通神的祭器。

西壁格扇门左侧浮雕为一个坐在胡床上弹琴的男子，其弹奏的琴略呈方形，头部雕有动物形状，与近代所称马头琴相似。从演奏者的姿态看，这是拨弦演奏法，属于草原民族特有的乐器。东壁格扇门侧浮雕则为吹笛男子，他右足上扬作击节状，似在应和节奏。此二人是萨满舞蹈中的乐者形象。

---

① [清]姚远之撰：《竹叶亭杂记》，北京：中华书局，1982年，第63页。

《大金国志·初兴风土》载:“其乐唯鼓笛,其歌唯《鹧鸪曲》,第高下长短如鹧鸪声而已。”[①]

徐梦梓撰《三朝北盟会编》中“其乐则惟鼓笛,其歌有鹧鸪之曲”[②],说的就是伴奏的鼓笛。对此,宋代曾敏行在《独醒杂志》中讲到其父在宋国都开封看到的女真人习俗时说:“有笛皆寻常差长大。”[③]

结合道北金墓的吹笛男子看,笛子的长度超过肩宽,笛管直径也几乎是男子的满握拳,从长度和粗细程度看,都与此记载吻合。

东壁格扇门左侧浮雕为一双手上举的男子,他双腿微曲,整体看动作幅度不大,不似前述戴面具的舞蹈者;从其面部表情看,双唇微启,颇具轻松之态。此幅画面以往的考证为备宴图,此说值得商榷。结合画面来看,有一细节值得玩味:在男子右侧桌子下面有一个倾覆的瓶子,而桌子上的杯碗中有一个大勺,显示出这就是一个酒酣尽欢的时刻!男子伸出双手,双脚微张,轻启嘴唇,目光注视前方,专注地应和着,这分明是歌者之态。他与前述舞蹈者和击鼓者的热闹场面相映成趣,看似静止的简单画面中透露出丰富的信息。在有关图录中,将此画面解读为备宴图,显然是没有注意到这些细节和相关画面信息。

西清的《黑龙江外记》中记载:“伊彻满洲病,亦请萨玛跳神,而请扎林一人为之相。扎林,唱歌者也。”可以看出,扎林是一种助萨满,是帮主萨满敲鼓、唱词的。

据此,我们推测,上述唱歌者,正是文献记载中的助萨满形象。

我们注意到,东西两壁图像中的歌舞者皆面向头戴面具者,显示了每个独立画面相互之间的关联性。

众所周知,狩猎游牧民族与原始信仰密切联系的舞蹈形态都是以集体形式完成的,在萨满教仪式中由萨满带领全体氏族成员群舞,是表现神灵形象的

---

① 蒋祖怡、张涤云:《全辽诗话》,长沙:岳麓书社,1992年,第247—248页。
② [宋]徐梦梓:《三朝北盟会编》卷三,上海:上海古籍出版社,1987年10月,第18页。
③ [宋]曾敏行撰、朱杰人标校:《独醒杂志》卷五,上海:上海古籍出版社,1986年6月,第45页。

最主要手段。从看到的岩画分析，萨满舞蹈基本上还是在部落公共空间、狩猎和游牧现场举行，这些空间决定了萨满舞蹈不仅部落成员可以集体参与，而且神灵可以直接作用于各种活动对象身上。

对于萨满舞蹈的具体形象，近代民俗学资料有直观的反映，为我们了解萨满祭祀提供了形象的感观认识。下面一段学者的实地考察为我们描述了这样的场景：

> 且说萨满仪式，由于那天莫昆大琶托家里猎获了两头獐子，就在向东的帐篷门口立一对桦木神杆，上面再放一横木，把当天猎获的滴着鲜血的獐肉及其内脏挂在上面。一侧点上烟火，萨满穿上神装，左手持神鼓，在帐篷门口附近面对神杆而坐，(他)敲着神鼓，摆动着身体，神衣上的镜子和神铃随着叮当(作)响，并且大巫唱萨满歌时小巫随唱随和……然后站起来招呼神、跳舞、打鼓、旋转，等到降神后大巫坐到帐篷里面门口附近唱歌，并急促地敲着神鼓(图18)。①

至于另两幅图画，童子一手持鸟、一手持圆形物表现的是什么内容呢？笔者认为仍然是与萨满舞蹈有关的内容。

图 18　吉林九台跳萨满舞男子(图片采自网络)

宗教史研究告诉我们，大凡宗教中出现童子的画面，无非是与神灵或是生殖崇拜有关。希腊、罗马的壁画上经常画有童子或少年。在希腊神话中，男孩或少年是家园与家庭的保护神，是家族兴旺与富裕的标志，例如拉

① 吕大吉、何耀华:《中国各民族原始宗教资料集成·鄂伦春族卷》，北京：中国社会科学出版社，1999年，第62页。

瑞斯、拍那武斯等。[①]其塑像或绘画艺术特点是，他们一般都是成双成对地出现，有左必有右，对称中显出不同姿势，而且脖子上戴着金银做的避邪挂件或项圈。在萨满教中也无例外，其中的童子是乌麦女神崇拜的象征。

乌麦是一种古老的神灵，历史上存在于突厥人、回纥人等北方民族先民们中间，阿尔泰语系的突厥语族、蒙古语族、满一通古斯语族的许多民族都敬拜乌麦女神。[②]

追溯这一神秘习俗的原型发现，在阿尔金湖（Altin-kol）黠戛斯碑铭中曾经出现过"oumay"一词。此词在巴颜楚图克碑第38行、和硕—柴达木阙特勤碑东侧第3行及乌兰巴托附近出土的一块残碑上都出现过。[③]这就是乌麦的突厥语发音。乌麦神在后世被看作是司生育的女神和儿童的保护神。岑仲勉先生即认为是保护儿童的女神。[④]

在突厥部落的毗伽可汗（在位时间716—734年）时期，当时的突厥人把自己的兴盛看成是受益于"腾格里、乌弥和神圣的地一水"神灵的帮助。据《墩欲谷碑》记载：天神与乌麦女神、各种土地、火神结合起来了。

近代以来，在北方少数民族的萨满春祭仪式活动上较为常见的就是鸟神神偶。据鄂·苏日台先生在《狩猎民族原始艺术》中所述：居住在呼伦贝尔盟陈巴尔虎旗鄂温克民族乡的鄂温克人，早年有以布或皮子缝制成蛇图腾加以崇拜的旧俗。狩猎鄂温克人的玛鲁神群体中有"乌麦神"（保护儿童的神）。在萨满文化区域内普遍认为婴儿的灵魂是小鸟。求拜"乌麦"神也是鄂温克人在萨满教信仰中的一个仪式，"乌麦"被视为儿童灵魂的图腾神。儿童患了病，被认为是儿童灵魂受惊吓飞离而去的结果，须请萨满求"乌麦神"，把儿童的灵魂找回来。鄂温克人乌麦神的象征物是白桦或落叶松制成的小雀，或由木制小雀包以杆皮为衣，平素置于玛鲁神袋内或缝在小孩衣服后背上。赫哲人也认为，婴儿

---

① [德]奥托泽曼著、周惠译《希腊罗马神话》，上海：上海人民出版社，2005年，第192页。
② 孟慧英：《乌麦研究》，《黑龙江民族丛刊》2000年第3期，第89—96页。
③ 杨富学：《古代柯尔克孜人的宗教信仰》，《西北民族研究》1997年第1期，第134—141、290页。
④ 岑仲勉：《突厥集史》下册，北京：中华书局，1958年，第1107页。

出生前到周岁,灵魂的形状是一只小雀“奥米亚嘎沙”,即魂鸟。投胎前小魂鸟都待在灵魂树的树枝上,所以赫哲族求子仪式称“捉雀”。

种种证据表明,洛阳道北金墓中出现的两幅童子持鸟(持花)图像,中间的童子对称出现,形象圆胖,身穿肚兜,外罩搭链,是幼小婴童的形象,充满祥乐气氛。其手持的鸟(花)是神偶的象征,无疑与萨满仪式上的乌麦神崇拜有关。这个童子持鸟表现的也是萨满仪式中的内容。

四、墓葬图像的特点及其反映的社会背景

通过以上分析,道北金墓是萨满宗教仪式的主要内容展现,它所反映的文化特点和社会背景也是值得关注的。

1. 墓葬反映了草原文化与汉文化的交融

这座墓的平面呈八角形,内部为仿木结构砖雕。这种墓葬形制在宋代时期的中原地区颇为流行,一直延续到金元时期。但总的趋势看,从宋到元的墓葬形制渐趋于简化,即从宋代的八角形过渡到长方形,到明代基本为长方形。在洛阳市现已发现的四座金代砖雕墓中,此墓的形制最大。但墓葬砖雕须弥座较简单,没有砖雕图案。在雕刻技法上,此墓大多采用的是从半浮雕向圆雕过渡的手法,与河南禹县白沙北宋末年墓和偃师酒流沟北宋末期小型砖室墓的砖雕形式比较接近。

在砖雕的布局上,这几幅图分布在几个独立的方格内,上面分别布置有牡丹花、破子棂窗及菱格窗,全部都是同时期汉族墓葬中的流行元素。而具有鲜明女真文化特色的萨满舞蹈画面就间杂在这些汉文化元素中。另外,图像中有两个头戴巾人物,没有辫发,似与金人的汉化有关。

在砖雕内容上,也与山西侯马金代董氏墓中的世俗生活场景、山西沁县金代砖雕墓中的二十四孝图,以及河南武陟县小董金代砖雕墓等金代中期墓所反映的汉民族世俗生活场景的内容不同。

从上述这些特征来看,此墓时代不晚于金代中期,是一个具有草原文化背

景的金人墓葬。

2. 墓葬反映出的相对年代关系

史籍记载表明,12 世纪前期,女真人迅速兴起于白山黑水之间并建立了金国,以不过 12 年的时间相继灭亡了辽和北宋两个王朝,并入主中原地区,统治了中国的半壁河山。后来,宋、金双方缔约,东以淮河,西以大散关为界,形成新的南北对峙。崛起于白山黑水的金国,拥有了北部中国的广大版图。从金代鼎盛时期的疆域图可以看到:东北到日本海、鄂霍次克海(今俄罗斯库页岛),北到外兴安岭(今俄罗斯远东地区),西北到蒙古国,西以河套、陕西横山、甘肃东部和西夏交界,南到秦岭、淮河与南宋对峙。金代共有三个都城,上京会宁府是金朝第一个都城;1153 年海陵王迁都燕京(今北京)是为金朝第二个都城,称金中都;金朝第八位皇帝宣宗于 1214 年迁都南京(今开封)。而第三个都城时期正是社会形态从异域异俗走向同域同风时代的转型期,是中华民族大动荡、大碰撞、大融合、大进步、大变异的时代。

墓葬中女真文化与汉文化相互交融的情形正是这个时代背景的反映。

其时南京开封原是北宋都城东京,海陵王时曾在这里营建宫室,其宫殿的装饰与规制也极尽壮丽。当时开封府人户 23.5 万多户。世宗时,相国寺每逢三、八日开寺,商贩聚此贸易。章宗泰和间,人户已增至 74 万多户。[①]洛阳既是金朝统治的南边界,又紧邻开封南京府,金人在此集聚涉足在所难免。

史书记载,金代之初的洛阳规模较前代已大为缩小,不在金代的主要路府之中。只是在金代后期,洛阳城曾经短暂称为中京。

> 正大初(1224年),以河南为中京,改河南为金昌府。筑城,东拒瀍河,南接东城之南郭,西部亦因东城之西郭,北缩于旧(城)一里。[②]
>
> 河南府,散,中。宋西京河南府雒阳郡。初置德昌军,兴定元年(1222

① 岑仲勉:《突厥集史》下册,北京:中华书局,1958 年,第 1107 页。

② [清]徐松辑、高敏点校:《河南志·宋城阙古迹》,北京:中华书局,1994 年 6 月,第 157 页。

年)八月升为中京,府曰金昌。(辖)县九,镇四……[①]

这一时期是金人被蒙古铁骑追杀得节节败退的时期,因此,洛阳中京的设立是为了防御。

从洛阳出土的金代遗迹及文物看,也大多为这一时期,它们也间接反映了金代后期洛阳的社会情形。

2005年底,洛阳市文物工作者在洛阳市瀍河东岸发现大量鹿角制品和加工后的废料及一定数量的磁州窑系瓷器。发掘表明,洛阳瀍河的鹿角制品出土层位,“从第3层至第7层均有鹿角出土,第3和第7层出土鹿角数量较少,第5、第6层和H1出土数量较多”[②]。相对年代最早是在金代中晚期。数量如此之多的鹿角器在洛阳还是首次发现,笔者认为这一鹿角制品加工地点也与金代萨满教的萨满仪式有关。

考古发现,“此处所见金代城墙外壁陡直,内壁略有收分,内壁外侧加筑护坡,这种城垣更能起到防御作用,护坡又可以起到保护、加固城墙之作用”[③]。与隋唐洛阳城城墙两侧均有收分,而无护坡相比,前者的防御作用更强。

由此可见,金代洛阳城建设的年代应是在洛阳改中京之际,即金代后期,它在建立之初,迫于时局,便是基于防御之用的。

另有近年来洛阳地区发现的金代官印,计有“总领之印”“都统之印”“付统之印”“提控之印”“招抚付使之印”“万户之印”等,表明在金代洛阳城周围驻扎有军队,对中京城形成包围之势,这些官印与金代末年的金元之战有关。[④]

洛阳出土的这些金代文物遗迹,从文化集束的角度反映了金代后期设立中京后洛阳城的战争防御作用。

---

① [元]脱脱:《金史》卷二十五《地理志》,北京:中华书局,1975年,第593页。

② 南京大学历史系、洛阳市文物工作队:《洛阳瀍河东岸发现金代鹿角器》,《中国国家博物馆馆刊》2012年第2期,第43—52页。

③ 李永强:《金中京城考略》,原载于《中国古都研究(第十五辑)——中国古都学会第十五届年会暨新郑古都与中原文明学术研讨会论文集》,西安:三秦出版社,2004年,第234—238页。

④ 贺官保:《洛阳出土的金代官印》,《中原文物》1982年第3期,第63—66页。

反观这一充满金人人文情态的墓葬壁画,其制作精美,绝不会是在战时仓促而就,应是社会稳定繁荣阶段的产物。换言之,这座道北金墓的时代应是在金人入主中原迁都开封之际,如果此推断不谬,将会是洛阳发现的年代较早的金代文物资料,它对研究洛阳金代中后期社会历史具有重要价值。

综合上述所言,道北金墓的图像反映了金人萨满舞蹈的完整内容,可与后世的萨满习俗相对照。该墓葬在汉族墓葬制度基础上描绘了完整的金人习俗,是草原文化与中原汉文化相互交融的历史再现。这组壁画是目前国内不可多得的形象史学资料,对我们认识、研究萨满文化的传承发展和金代洛阳历史文化的互融具有不可忽视的作用。

(本文发表于《中国古都研究》2017 年第 2 辑。收入本书时略做修改)

从有翼兽到狮子舞——汉唐之际洛阳地区狮子形象的流变

西汉以来，绵延数千里的丝绸之路为中西文化交流提供了畅通和便利，其带来的直接利益不仅是政府间的纳贡与入贡，更使沿路各种商品交换和文化交流成为可能。近年来，洛阳的考古发现证实，狮子这种产自西域的外来动物形象，中古时期屡屡出现在汉地，不仅证实了华夏文明“东渐于海，西被于流沙”的悠远与广阔，更反映出汉地对外来物种引进吸收并加以改造的人文生活情态。

一、洛阳发现的东汉时期有翼狮

1. 狮子东来中原的相关史实

在中国传统图像中，狮子图像的来源一是印度，二是萨珊波斯，主要以亚洲狮形象为本源。亚洲狮产自美索不达米亚，大致在今天欧洲西南部到西亚和印度的广大地区。狮类并没有扩散到东亚，这很可能是由于东亚的山地森林不适于狮类这样的集群动物生存，而更适于另一个大型动物——虎的生存。

狮子形象作为世界文化史上的早期美术样本，常常用于建筑装饰中，如公元前 14 世纪希腊米喀奈（Mycenae）“狮子门”中的造像即是先例。小亚细亚弗里吉亚的古坟中，也曾发掘过带有狮子纹的工艺品。而在叙利来西奈地区的古代遗址中,亦发现过拜占庭时代刻画有狮子纹饰的文物。[①]凡此种种,可以想见西域国家对狮子的崇拜和热衷。

这些生活在草原和半沙漠地带的狮子何时进入中原,具体年代不可考,然而从西汉时期张骞出使西域的地区看,正是亚洲狮分布的地区,故《汉书·西域传》记载:"……蒲梢、龙文、鱼目、汗血之马充于黄门,巨象、师〔狮〕子、猛犬、大雀之群食于外囿。殊方异物,四面而至。"[②]记述汉都长安的地理名著《三辅黄图》一书中也有类似的说法。这些记载西汉长安城内皇家园囿豢养狮子的只言片语,可能就是这一时期中西交通的成果。

正史中明确记载最早进入中国的进贡狮子见于《后汉书》:

> 安息国居和椟城,去洛阳二万五千里。北与康居接,南与乌弋山离接。地方数千里,小城数百,户口胜兵最为殷盛。其东界木鹿城,号为小安息,去洛阳二万里。章帝章和元年(87年),遣使献师〔狮〕子、符拔。符拔形似麟而无角。和帝永元九年(97年),都护班超遣甘英使大秦,抵条支。临大海欲度,而安息西界船人谓英曰:'海水广大,往来者逢善风三月乃得度,若遇逆风,亦有二岁者,故入海人皆赍三岁粮。海中善使人思土恋慕,数有死亡者。'英闻之乃止。十三年(101年),安息王满屈复献师〔狮〕子及条支大鸟,时谓之安息雀。[③]

因而可以说,汉代中国已经有了关于狮子的传说或相关文化记载。

与文献记载可以互证的是,考古发现证实,洛阳地区在西汉时即有狮子的实物存在。

1957—1958年,中国社会科学院考古所洛阳发掘队在洛阳西郊的金谷园村和七里河村一带发掘了一批西汉墓,其中M3091出土了一件子母印,印钮为

① 关卫著、熊得山译:《西方美术东渐史》,上海:商务印书馆,1936年,第131页。
② [汉]班固撰、颜师古注:《汉书》卷九十六《西域传》,北京:中华书局,1962年,第3928页。
③ [汉]范晔:《后汉书》卷八十八《西域传》,北京:中华书局,1965年,第2918页。

大狮抱小狮的形象，印文为“唐口私印”和“唐君长印”。墓葬时代为西汉武帝时期。①

毋庸置疑，当狮子形象出现在时人常见的物品之上时，表明它已经进入人们关注的视野，因而可以说当时的工匠对其是有一定程度的了解的。

与此相关联的是，考古发现证实，西汉时期中原与西域的交往已经相当频繁，而且当时的中原王朝对于通好西域诸部是采取积极态度的。

1987 年前后，甘肃敦煌市博物馆在文物普查过程中，于汉代效谷县“悬泉”遗址采集到汉简六十四枚。简 1296 号文云：“河南郡新成当利里乾充字子游，神爵（‘爵’为‘舜’，误）五年（前 57 年）正月，王成过东 ᖘ（A）章曰新成之印（B）”。②这里的河南新成即今洛阳南面的伊川县，西汉惠帝四年（前 191 年）在这里设置新城县③，《水经注》卷一五《伊水》条所谓“伊水又北，迳高都城东。徐广《史记音义》曰‘今河南新城县有高都城’”者，可以与简牍记事互证。这件文书对研究中原与西域的交流具有极其重要的学术价值，它最早透露了张骞通西域之后，地处中原的洛阳籍民在经过朝廷批准后通过西域关防的事实。

在这种交往互通的社会条件下，能够创作出如此逼真的狮子形象，推测西汉宫廷及皇家近臣们已经见到狮子的范本甚或是真实的狮子了。

2. 东汉时期洛阳地区的有翼狮形象

考古发现证实，洛阳地区出现的东汉时期石狮子，造型都为走狮，虎头狮身，身有双翼，昂首阔步，矫健刚劲，有着强烈的动感和感染力。这一时期狮子的形象在文献中的描述如《东观汉记》中说：“狮子形似虎，正黄，尾端茸毛大如斗。”这种描述具有写实性，应该说，从官方文献上看，作为动物形象，狮子已从欧亚草原正式走向东方帝国。

1955 年春夏之际，洛阳西郊孙旗屯一带在修筑秦岭防洪渠时，于冲积土中发现石刻神兽一对（文图见本书《洛阳象庄石象与东汉佛教东传的相关性研

① 中国社会科学院考古所洛阳发掘队：《洛阳西郊汉墓报告》，《考古学报》1963 年第 2 期，第 1—58 页。
② 敦煌市博物馆：《敦煌汉代烽燧遗址调查所获简牍释文》，《文物》1991 年第 8 期，第 38 页。
③ ［汉］班固：《汉书》卷二十八《地理志》上，北京：中华书局，1962 年，第 1555 页—1556 页。

究》图4、图5)；1963年，于洛阳伊川彭婆镇东高屯村出土一件带翼神兽；2011年夏秋，洛阳古旧市场于当地收集到两躯翼兽(文图见本书《洛阳西朱村曹魏大墓中的丝路要素探析》图15)。此外，1982年，洛阳西工区出土了一件狩猎纹铜壶，口径11.1厘米、通高39.5厘米，上面有猎手与野牛、鹿、豹、双翼兽搏斗图案。这种双翼兽被认为具有狮子的原型特征(图1)。①

1978年，邙山乡还出土过一件斗兽纹绿釉陶壶，口径17厘米、腹径39厘米、通高45厘米，腹部浮雕一熊面人与狮子搏斗的形象(图2)。②

图1　狩猎纹铜壶：1982年西工区出土(图版采自洛阳市文物工作队编《洛阳文物集萃》，第50页)

图2　斗兽纹绿釉陶壶：1978年邙山乡出土(图版采自洛阳市文物工作队编《洛阳文物集萃》，第67页)

同时期在山东嘉祥武氏祠前、四川雅安高颐墓前都有此类石狮发现，应该说都是这一时期的代表作。其中山东嘉祥武氏祠前的一对石刻狮子，高约124厘米，体态浑圆，意气英发，是同类文物作品中不可多得的传神之作。武氏祠石西阙第一幅第五格上有铭文云："建和元年(147年)，大岁在丁亥，三月庚戌朔，

① 洛阳市文物工作队编：《洛阳文物集萃》，北京：朝华出版社，1990年，第50页。
② 洛阳市文物工作队编：《洛阳文物集萃》，北京：朝华出版社，1990年，第67页。

四日癸丑,孝子武始公、弟绥宗、景兴、开明,使石工孟孚、李弟卯造此阙。直〔值〕钱十五万,孙宗作师〔狮〕子,直〔值〕钱四万。”①这是我国具有准确纪年而且刊有工匠姓名、艺术题材的文化遗迹,具有珍贵的历史价值。

这些狮子形象的共同特点是,呈站立行走状,风格写实,与欧洲地区狮子的风格有联系又有明显区别。从风格上说,它们继承了欧洲地区狮子的凶猛姿态,如大英博物馆藏的一件象牙雕刻作品,栩栩如生地描绘了狮子扑倒人类瞬间那凶悍威猛的形态(图3)。东汉时期中原等地作站立状的狮子形态无疑在模仿此形态的意趣,但不同的是,它们被插上了翅膀,成为有翼狮子,有的还加上了独角或双角,成为中国被神化的猛兽。所以说,东汉时期中国境内的狮子是当时人们接受西域文化中的狮子形象后想象和仿制的动物,是西亚地区走狮形象的神兽化表现。在题材风格上更多地洋溢着西域神话翼兽的特征,因此被称为“有翼狮”更为妥当。

图3 大英博物馆藏狮子扑倒黑人的象牙雕刻作品(图版采自尚永琪著《莲花上的狮子—内陆欧亚的物种、图像与传说》,第2页)

从世界范围内看,翼狮作为一种创造出来的神兽,其源头可以追溯至古埃及和近东。它们成双成对地出现在宫室入口,作为保护神出现。如美国大都会博物馆藏公元前550年意大利古国伊特鲁里亚时期的翼狮,就是较为典型的例证。古埃及的斯芬克斯也是具有鹰头狮身的仁慈而高贵的神,后来出现在埃及胡夫金字塔的狮身人面像,就是斯芬克斯的晚期形象;同时,在两河流域还流传另一种有翼兽,被称为“格立芬

① 蒋英炬、吴文琪:《汉代武氏墓群石刻研究》,济南:山东美术出版社,1995年,第11页。

(griffen)”。据说,格立芬是太阳的象征或日神的化身,两者在传播过程中相互影响,应该是非常有可能性的。

事实上,这种带翼神兽在西域各地都有广泛的影响。其中著名的实例,如巴黎卢浮宫藏西亚克沙巴城萨尔贡宫殿遗址出土的前721—前705年的亚述翼兽数尊,高约396厘米,翼兽牛身、人面,头顶着冠,肩膊生翼,雕饰气势宏伟,整体感觉神秘诡异,显示出亚述艺术特有的风格和气质(见本书《洛阳西朱村曹魏大墓中的丝路要素探析》图13)。[①]

伊朗哈马丹出土的公元前6—前4世纪的铜饰片上,刻画了一列翼狮正整齐地行进当中,狮子肩生双翼,矫健的身形显示出无穷的力量(图4)。

图4 伊朗哈马丹出土的公元前6—前4世纪铜饰片上整齐行进的一列翼狮(图版采自尚永琪著《莲花上的狮子—内陆欧亚的物种、图像与传说》,第35页)

如此看来,中原石刻艺术中所见的这些翼狮,无疑受到西域美术题材的影响,加之中国在春秋战国时代流行一种虎化的有翼猛兽,三者的结合无疑对东汉时期狮形翼兽形象的流行产生了巨大的推动力量。同时,这与东汉以来中原、西域之间的文化交流有着密切的联系。东汉南北诸地出现相似的石刻狮子体现了中西交通空前繁盛的时代背景。

史载和帝永元六年(94年),“西域都护班超大破焉耆、尉犁,斩其王。自是西域降服,纳质者五十余国”[②];又永元十二年(100年)“冬十一月,西域蒙奇、兜

① 劳伦斯·高文(Sir Lawrence Gowing)等编:《大英视觉艺术百科全书》(THE ENCYCLOPEDIA OF VISUAL ART),中国台北:台湾大英百科股份有限公司,南宁:广西出版总社、广西美术出版社,1994年,第一卷,第87页。

② [汉]范晔:《后汉书》卷四《和帝纪》,北京:中华书局,1965年,第179页。

勒二国遣使内附，赐其王金印紫绶”①；十三年(101 年)“冬十一月，安息国遣使献狮子及条支大爵”②。

而将翼兽以狮子为原型，反映了汉地人民对狮子这种来自非洲和中亚地区的猛兽的神往和崇拜。但此时进入中原的狮子相对较少，因此，工匠们在创作过程中不可避免地带有创造性。

二、魏晋时期卧狮与佛教护法狮子

1. 西晋的卧狮形象及其源头

考古发现表明，洛阳西晋时期的狮子形象延续了东汉的有翼特点，这一时期狮子形象出现在许多与时人生活密切相关的用具上，表明狮子文化被时人接受的程度较深。

1972 年，洛阳涧西出土一件西晋狮形青瓷水注，长 12 厘米，通高 3 厘米。狮子呈俯卧状，肩生双翼，张口仰面，背部有一个圆形中空注水孔(图 5)。③

图 5　西晋青瓷狮子形水注，1972 年涧西出土（图版采自洛阳市文物工作队编《洛阳文物集萃》，第 77 页）

另外，洛阳征集的一件汉代(原书注为汉代，笔者之见应为西晋时期）翼兽形水注，通高 10 厘米，长 16 厘米④，呈卧伏状。其背部有一圆柱形注水口，口部衔一圜底钵，从头上伸出一长角，角上坐一人，肩生双翼，蜷尾上翘(图 6)。

此类狮子形水注在国内出土也

---

① [汉]范晔:《后汉书》卷四《和帝纪》，北京:中华书局，1965 年，第 188 页。
② [汉]范晔:《后汉书》卷四《和帝纪》，北京:中华书局，1965 年，第 189 页。
③ 洛阳市文物工作队编:《洛阳文物集萃》，北京:朝华出版社，1990 年，第 77 页。
④ 洛阳师范学院 洛阳市文物局编:《洛阳出土青铜器》，北京:紫禁城出版社，2006 年，第 288 页。

图6 汉代翼兽形水注（图片采自洛阳师范学院、洛阳市文物局编《洛阳出土青铜器》，紫禁城出版社，2006年，图315）

有很多，最具代表性的是山东临沂洗砚池晋墓中出土的一件胡人骑狮青瓷水注（M1西:22，图7）。整体造型人狮通高27.1厘米，狮身长20.5厘米，宽10.1厘米。胡人浓眉大眼、高鼻大耳、络腮胡须，头戴网纹卷沿高帽，帽后两带交叉下垂，只见他端坐于狮子背上，左手揪狮耳朵，右手执扇子于胸前，驾驭狮子的状态威严庄重，狮子则张口怒目、獠牙外露，颌下有须，长尾下垂，狮身印有圆形圈纹。这座墓中同出有另一件胡人骑狮的铜器（M1西:88，图8）。①这两件器物的异域风格浓

图7 山东临沂洗砚池晋墓出土的胡人骑狮青瓷水注（图版采自山东省考古研究所、临沂市文化局《山东临沂洗砚池晋墓》，《文物》2005年第7期图版）

图8 山东临沂洗砚池晋墓中出土的青铜胡人骑狮水注（图版采自山东省考古研究所、临沂市文化局《山东临沂洗砚池晋墓》，《文物》2005年第7期图版）

① 山东省考古研究所、临沂市文化局：《山东临沂洗砚池晋墓》，《文物》2005年第7期，第4—37页。

郁,代表了西域风格器物在当时社会具有一定等级的人士中的风行状态。

从上面的实例可以看出,这一时期的狮子形象多为卧狮,许多生活用品造型直接采用的就是西域狮子文化中卧狮的形象母题。

从世界范围看,在欧洲,这类狮子形水器与英雄参孙斗狮子的传说有关,例如美国大都会博物馆就藏有参孙斗狮子形水注(图 9)。欧洲发现的这种水器,与中国两晋时期发现的极为相似,所不同的是,前者除了背上的进水口外,狮子的口部还有一个出水口。这类水注在古代欧亚交界地带比较常见,如在塞浦路斯和古罗马遗址都曾出土过这种赤陶狮子形水注。①

图 9 美国大都会博物馆藏英雄参孙斗狮子水注(图版采自尚永琪著《莲花上的狮子—内陆欧亚的物种、图像与传说》,第 114 页)

应该说,这种胡人骑狮的主题传入中国后,与中国传统的文房四宝用具结合,被加以利用和改造成日常用具。上述两件出土于洛阳的狮子形水注,应该就来自欧洲的英雄斗狮子母题。

此外,西晋、北魏时期还有将狮子样式用于装饰品和帐座的。

1955 年,在孟津县平乐乡金村出土了一组西晋时期的金狮子串饰,共 6 件,形象相同,单个长约 1 厘米,重约 5 克。金狮子四腿蜷曲,趴卧,毛发刻画清晰。这是贵族佩戴的金狮串饰(图 10)。

河南偃师杏园 M34 西晋墓出土 4 件狮子型帐座,高 13.9 厘米。②

---

① 尚永琪著:《莲花上的狮子——内陆欧亚的物种、图像与传说》,北京:商务印书馆,2014 年,第 114—115 页。

② 中国社会科学院考古研究所河南第二工作队:《河南偃师杏园两座魏晋墓》,《考古》1985 年 8 期,第 721—735 页。

图 10 洛阳涧西出土的西晋时期的金狮子串饰(洛阳市文物局提供)

图 11 偃师杏园 M2118 陶帐座（图版采自中国社会科学院考古研究所编著《中国社会科学院考古研究所考古博物馆洛阳分馆》,第 77 页）

1985 年，洛阳市文物工作队在洛阳市孟津县邙山乡三十里铺 M21 西晋墓中出土 6 件帐座,器身呈卧狮形。其中 4 件身体右旋,另 2 件身体左旋。通高 13.5 厘米。①

河南偃师杏园 M2118 出土两两作相向扭转状的陶狮子形帐座(图 11),同墓出土的陶熨斗柱顶亦为一蹲坐的狮子。②

此外还有偃师龙虎滩北魏官府遗址出土的兽面砖,高 43.7 厘米(图 12);偃师龙虎滩

图 12 偃师龙虎滩北魏官府遗址出土的兽面砖（图版采自中国社会科学院考古研究所编著《中国社会科学院考古研究所考古博物馆洛阳分馆》,第 83 页）

图 13 偃师龙虎滩北出土的兽面纹瓦当(图版采自中国社会科学院考古研究所编著《中国社会科学院考古研究所考古博物馆洛阳分馆》,第 73 页)

① 洛阳市文物工作队:《洛阳孟津晋墓、北魏墓发掘简报》,《文物》1991 年 8 期,第 48—61 页。
② 中国社会科学院考古研究所编著:《中国社会科学院考古研究所考古博物馆洛阳分馆》,北京:文化艺术出版社,1998 年,第 77、78 页。

北兽面纹瓦当，直径 15 厘米（图 13）[①]，二者张口怒目的形态，加上头部卷曲的长毛，让我们相信，狮子在时人心目中仍然是凶猛怪异的形象。

它们的共同特点是都呈伏卧状，从用途上说，都是作为日常生活中的吉祥物与辟邪物存在，其中的寓意也同样具有其源头的意义。

有学者研究认为，辟邪为梵语 mahasimhala 的译音，由于 mahant 具有威严、高贵的含义，它与梵语 brihant（伟大的，高贵的，强有力的）可以互换，所以当辟邪 mahasimhala 传到中国以后，同中国传统文化相结合，就具有了“辟御妖邪”的圣物意义。

可以这样说，西晋、北魏时期狮子题材文物的大量出现，反映了东汉以来狮子辟邪寓意的进一步深化。

值得注意的是，此时的狮子形象虽然大量出现在生活用具上，但文献记载表明，中原地区匠人们制作的狮子形态与西域本土的狮子原型还有一定距离。

《洛阳伽蓝记》卷 5 记载：

> 闻义里有敦煌人宋云宅，云与惠生俱使西域也。……至正光元年四月中旬，入乾陀罗国。……宋云诣军，通诏书，王凶慢无礼，坐受诏书。宋云见其远夷不可制，任其倨傲，莫能责之。……宋云初谓王是夷人，不可以礼责，任其坐受诏书，及亲往复，乃有人情，遂责之曰：“山有高下，水有大小，人处世间，亦有尊卑，嚈哒、乌场王并拜受诏书，大王何独不拜？”王答曰：“我见魏主则拜，得书坐读，有何可怪？世人得父母书，犹自坐读，大魏如我父母，我亦坐读书，於理无失。”云无以屈之。遂将云至一寺，供给甚薄。时跋提国送狮子儿两头与乾陀罗王，云等见之，观其意气雄猛，中国所画，莫参其仪。[②]

---

① 中国社会科学院考古研究所编著：《中国社会科学院考古研究所考古博物馆洛阳分馆》，北京：文化艺术出版社，1998 年，第 63、73 页。

② [北魏]杨衒之著、范祥雍校注：《洛阳伽蓝记校注》卷五《城北》，上海：上海古籍出版社，1978 年，第 251—319 页。

敦煌人宋云于北魏明帝神龟元年(518)受胡太后之命,与崇立寺沙门惠生法力等从洛阳出发经吐谷浑、鄯善、于阗等地出使天竺。进入西域时,他们在犍陀罗见到了跋提国国王送给犍陀罗国王的两头小狮子。这是他们第一次见到真狮子,看到它们高大凶猛的样子,纷纷感叹中原地区流传的狮子画像与真狮子不太相同,没有参透它们的神韵。

可以想见,北魏时期的狮子形象,仍以汉地工匠想象的成分居多。

图 14　偃师二里头出土的绿松石微雕狮子（图版取自洛阳市文物管理局编《古都洛阳》,第 17 页）

另外，值得一提的是,1975 年,二里头遗址出土一件绿松石微雕狮，长 0.9 厘米，高 0.5 厘米。其造型刻纹肉眼不易辨认,在放大镜下才能看出是一只雕刻精细的雄狮,狮子作卧匐状,头向右扭，其技艺之高令人惊叹(图 14)。[①]如果说对于这件微雕狮子目前是否属于夏商之际尚存疑的话，那么从其卧匐状的形态看，似具有魏晋时期卧狮的特点,或可作为判断其确切年代的线索。

2. 北魏时期具有护法寓意的狮子造型

龙门石窟的北魏造像系统中于坐佛的身旁及窟龛门口的两侧多刻画有护法狮子,这一美术题材的渊源,即与西域文化之东传密切相关。

宾阳中洞西壁本尊的座前，有一对高度分别为 146 厘米、155 厘米的护法翼狮(图 15);古阳洞北壁东端有交脚菩萨狮子座(图 16),古阳洞北壁太和十九年(495 年)丘穆陵亮夫人尉迟氏造像龛(图 17)及太和廿二年(498 年)北海王元详造像龛(图 18)等多个洞窟造像中都有狮子座。[②]其中,位于古阳洞外北

① 洛阳市文物管理局编:《古都洛阳》,北京:朝华出版社,1999 年,第 17 页。

② 龙门文物保管所编:《龙门石窟》,北京:文物出版社,1990 年,第 15、21、23、55 页。

图 15　龙门古阳洞本尊座前的翼兽雕刻(图版采自龙门文物保管所编《龙门石窟》,第 58 页)

图 16　龙门古阳洞北壁东端交脚菩萨狮子座(张乃翥先生拍摄)

图 17　古阳洞北壁太和十九年丘穆陵亮夫人尉迟氏造像龛(图版采自龙门文物保管所编《龙门石窟》,第 21 页)

图 18　太和廿二年北海王元详造像龛中的法护狮(图版采自龙门文物保管所编《龙门石窟》,第 23 页)

侧的六狮洞，在三尊佛像座下各有一对浮雕护法蹲狮，均高 41 厘米，它们或扬蹄或回首，昂扬的姿态被刻画得活灵活现（图 19–1 至图 19–4）。①

按其造像题材之渊源，应该来自西亚或印度公元前后的装饰美术雕刻。

追踪其源头，它们的造型均来自犍陀罗地区弥勒菩萨坐在双狮子座上的典型造像，这种造像的基本造型是两头狮子回首仰望菩萨。

图 19–1　六狮洞浮雕护法蹲狮（龙门文物保管所编《龙门石窟》，第 101 页）

图 19–2　六狮洞浮雕护法蹲狮（龙门文物保管所编《龙门石窟》，第 101 页）

图 19–3　六狮洞浮雕护法蹲狮（龙门文物保管所编《龙门石窟》，第 101 页）

图 19–4　六狮洞浮雕护法蹲狮（图版采自龙门文物保管所编《龙门石窟》，第 101 页）

① 龙门文物保管所编：《龙门石窟》，北京：文物出版社，1990 年，第 101 页。

在孔雀王朝(Maurya Dynasty,约公元前321年—前185年)的阿育王(Ashoka,西元前273年或268年—前232年在位)时期,阿育王征服整个印度后,将雄狮形象刻于石柱头上,象征王权与佛法。萨尔那特鹿野苑伽蓝前的狮头圣柱,即是其中著名的一例(图20)。佛祖释迦出身于印度王族,被誉为“人中狮子”,佛陀所坐的法座便被称为“狮子座”,此后的佛教造像艺术中,或蹲或立的双狮子形象便作为护法神兽,频频出现在石窟窟龛和造像碑装饰雕刻中。狮子作为护祐佛法的猛兽,与其在人们心目中勇猛和不可战胜的形象有一定的关系。

图20 拉合尔博物馆藏阿育王双狮法轮石柱上的走狮(图版采自尚永琪著《莲花上的狮子——内陆欧亚的物种、图像与传说》,第21页)

北魏时期的宾阳中洞东壁壁基有“十神王”雕像一组,门拱南北,各有五身(图21)。形象刻画体态诡异,同时期的巩县石窟寺、吉利万佛山石窟,亦见有同类造像

图21 龙门石窟宾阳中洞东壁壁基十神王线描图(图片由张乃翥先生提供)

题材。北朝时期的十神王造像,其题材名称在东魏武定元年(543年)骆子宽等七十人造像碑中尚有记载,名云狮子、龙、象、鸟、山、河、树木、火、风、珠。[①]

以狮子来命名十神王,表明它在当时是与龙、象等同的珍贵动物,是中原文化的一部分。

文献记载:

> 嚈哒国……在于阗之西,都乌许水南二百余里……自太安(455—459年)以后,每遣使朝贡。正光(520—524年)末,遣使贡狮子一,至高平,遇万俟丑奴反,因留之。丑奴平,送京师……熙平(516—517年)中,肃宗遣王伏子统宋云、沙门法力等使西域访求佛经,时有沙门慧生者亦与俱行,正光中还。[②]

> 永桥南道东有白象、狮子二坊。……狮子者,波斯国胡王所献也,为逆贼万俟丑奴所获,留于寇中。永安末,丑奴破,始达京师。庄帝谓侍中李彧曰:"朕闻虎见狮子必伏,可觅试之。"于是诏近山郡县捕虎以送。巩县、山阳并送二虎一豹,帝在华林园观之,于是虎豹见狮子,悉皆瞑目,不敢仰视。园中素有一盲熊,性甚驯,帝令取试之。虞人牵盲熊至,闻狮子气,惊怖跳踉,曳锁而走,帝大笑。[③]

> 永桥南道东有白象、狮子二坊。白象者,永平二年(509年)乾罗国胡王所献,背施五彩屏风、七宝坐床,容数人,真是异物。常养象于乘黄曹,象常坏屋败墙,走出于外,逢树即拔,遇墙亦倒。百姓惊怖,奔走交驰。(胡)太后遂徙象于此坊。[④]

---

① 宫大中:《龙门石窟艺术》,上海:上海人民出版社,1981年,第94页。

② [北齐]魏收:《魏书》卷一〇二《西域传》,北京:中华书局,1974年,第2278—2279页。

③ [北魏]杨衒之著、范祥雍校注:《洛阳伽蓝记校注》卷三《城南》,上海:上海古籍出版社,1958年,第161页。

④ [北魏]杨衒之著、范祥雍校注:《洛阳伽蓝记校注》卷三《城南》,上海:上海古籍出版社,1958年,第161页。

这表明狮子进入北魏时期京都洛阳的渠道仍为进贡而来，故而对皇家来说也是相当珍贵难得。

3. 北魏狮头武士与赫拉克利斯艺术形象东传

洛阳出土北魏时期文物中，开始出现一类带狮形头盔的武士形象，如今巩义市第4窟中心柱北壁的武士，头顶狮皮，狮爪交叉系在胸前(图22)。[①]北魏宁懋石室中的武士则头戴狮形头盔，形象威猛(图23)。[②]这一类戴虎或狮形头盔的武士俑，在北魏之前是没有出现过的。

这类艺术形象在洛阳中古文化遗迹中的出现，从构图元素和文化渊源上考察，显然含有西域希腊—罗马文化圈传统艺术题材赫拉克利斯(Heracles)美术造型的范畴。

图22　今巩义市第4窟中心柱北壁的头戴狮形头盔的"赫拉克里斯"(图版采自河南省文物研究所编:《中国石窟·巩县石窟寺》,图版176)

图23　北魏宁懋石室中头戴狮形头盔的武士（图版采自黄明兰《洛阳北魏石刻线画集》,第105页）

① 河南省文物研究所编:《中国石窟·巩县石窟寺》,北京:文物出版社,1989年,图版176。
② 黄明兰:《洛阳北魏石刻线画集》,北京:人民美术出版社,1987年,第105页。

图 24 洛阳博物馆罗马文物展中的“赫拉克利斯”形象(丁武伟拍摄)

在希腊、罗马神话故事中,赫拉克利斯(Heracles)是一位拯救人类苦厄的英雄人物。他神勇无比、力大无穷,据说曾完成12项被誉为“不可能完成”的任务,其中第一项就是消灭尼密阿峡谷(Nemea)中的食人巨狮。传说狮皮能抵抗任何铁器和石块的进攻,于是他剥下狮皮披在身上。公元前6世纪中期以后,头戴狮头形帽盔成了赫拉克利斯形象的标志性特征,希腊、罗马数以千计的陶瓶、壁画、钱币、雕像乃至相关物品上,可见到他身缠狮皮、手持大木棒作战的场面(图 24)。这位传说中的希腊神话英雄人物,至公元前4世纪时,受到亚历山大大帝的极力崇拜。亚历山大及其家族深信他们是赫拉克利斯和另一位英雄人物阿奇利斯(Achilles)的后代。所以亚历山大在东征中亚时期,在其所造的钱币和雕刻中,多将自己的形象刻画成赫拉克利斯的模样。这种崇拜赫拉克利斯的行为,又曾得到后来几位罗马大帝的效仿,以至中亚、印度一带希腊化时期的诸多文物中,曾经出现数量极多的赫拉克利斯形象的文物。①

阿富汗东北部的艾哈姆曾在1961年后发掘出古代大夏都市遗址,遗址中就曾发掘出青铜制作的赫拉克利斯像,时代约为公元前3—前2世纪,雕像全身裸露,左手持大头棒。在某些希腊化非常明显的犍陀罗佛教造像中,身披狮皮的赫拉克利斯右手持金刚杵,以护卫佛陀的护法神形象出现。

中国古代的高僧法显、道荣、玄奘等都曾访问过阿富汗贾拉拉巴德东南的哈达遗址(Hadda),它是古代中亚著名的佛寺遗址,这里的修托尔佛寺院址约建造于4—6世纪,在一尊坐佛旁就半跪着一尊裸体的赫拉克利斯塑像,

① 邢义田:《画为心声—画像石、画像砖与壁画》,北京:中华书局,2011年,第463—465页。

其造型风格和制作技术等仍保留西方雕刻的传统，人物的左肩上也披着狮皮，从照片上大致可看出狮脸的轮廓，体现出希腊文化东渐和东西文化交融的痕迹。

李凇先生研究天王形象时指出，犍陀罗力士所戴的兽头帽（虎或狮）的样式，在中亚土库曼斯坦出土的3世纪后半的Hormuzd一世金币和银币上就能看见，正面的国王头像都顶有兽头（狮）。再向前追溯，大约雕刻于公元191—192年的古罗马大理石雕——扮作大力神的柯莫多斯，也头顶狮皮，狮爪交叉系在胸前，与犍陀罗的护法力士装束相同。①

在东西文化的交融中，希腊大力神的形象逐渐有了变化，大木棒换成了南亚次大陆流行的兵器金刚杵，象征着无坚不摧，尼密阿狮皮和狮头帽与中国民间广泛的虎崇拜融合，逐渐演变成虎头帽。大约是由于狮子在我国古代被视为瑞兽和佛的象征，佛经记载佛陀诞生后“先作狮子吼”，打死狮子并剥皮制帽有不尊重的嫌疑，因此换成近似模样的虎头才更符合中原的传统。

随着中外文化交流的发展，流行于西域地区的赫拉克利斯艺术形象越过葱岭来到东方。史载“疏勒国，在姑默西、白山南百余里，汉时旧国也。……其王戴金狮子冠”，大约在北朝晚期，我国的佛教艺术中开始出现戴虎（狮）头皮帽的天王形象，被认为是赫拉克利斯艺术形象在中国的变异。

如开凿于6世纪的新疆克孜尔石窟175窟龛外的偏上方左右各画有一个护法天王的形象。

图25　新疆克孜尔石窟执金刚杵的神壁画（图片采自邢义田《画为心声——画像石，画像砖与壁画》第486页，图30）

① 李凇：《略论中国早期天王图像及其西方来源——天王图像研究之二》，载《麦积山石窟艺术文化论文集（上）——2002年麦积山石窟艺术与丝绸之路佛教文化国际学术研讨会论文集》，兰州：兰州大学出版社，2004年，第490—528页。

其中右侧天王未穿甲胄，右手持金刚杵，头带虎头皮帽，虎爪系于天王的颈下（图 25）。[①]在天水麦积山石窟第 4 号崖阁的崖壁上保留有八身北周时期塑造石胎薄泥塑像，其中第三身天王通高 2.5 米，宽 0.6 米，面相丰圆，形体魁梧，头戴虎头盔，着护肩，系宽颈圈，赤足站立于蹲狮的背上，左手持剑于腹前，右手抬于胸前作法印，虎头盔与天王凌厉、威猛的神态相得益彰。[②]

三、隋唐时期的猎狮、舞狮及其他

隋唐之际，狮子题材在中原大量增多。种类繁多的狮子图像反映了隋唐时期中外交流的频繁，及中原地区对外来文化的大量吸收。

1. 猎狮

1984—1993 年，偃师杏园村盛唐墓（M502∶2）出土了一件胡人狩猎纹镜，现藏中国社会科学院考古研究所。铜镜外形呈八瓣菱花形，镜钮为圆形。围绕镜钮主体图案为两个狩猎者，一人手持弓箭，瞄向前面的一只奔跑的鹿；另一人手持长矛，刺向迎面扑来的一只站立状的狮子。其中，持长矛者为深目高鼻多髯的胡人形象（图 26）。[③]

1984 年夏至 1985 年秋，中国社会科学院考古研究所河南第二工作队在洛阳市偃师杏园村发掘六座纪年唐墓。其中景龙三年（709 年）李嗣本墓出土石刻墓志一合。志石长 80 厘米，宽 80 厘米，厚 12 厘米；志盖长 80 厘米，宽 80 厘米，厚 10.5 厘米。该墓志盖为盝顶，四刹的线刻造型中，右侧有一组胡人手执器械与狮子搏斗的画面（图 27）。[④]

---

① 新疆文物管理委员会、拜城县克孜尔千佛洞文物保管所、北京大学考古系编：《中国石窟·克孜尔石窟》三，北京：文物出版社，1997 年，图版 14—18。

② 天水麦积山石窟艺术研究所编：《中国石窟·麦积山石窟》，东京：平凡社，1988 年，图 224—229。

③ 中国社会科学院考古研究所编著：《偃师杏园唐墓》，北京：科学出版社，2001 年，第 74 页，彩版 10。

④ 中国社会科学院考古研究所河南第二工作队：《河南偃师杏园村的六座纪年唐墓》，《考古》1986 年第 5 期，第 442 页，图 21。又见中国社会科学院考古研究所编著：《偃师杏园唐墓》，北京：科学出版社，2001 年，第 88 页。

2007 年龙门西山出土大足元年(701 年)的李文楷墓志,志石四周线刻有斑豹、狮子和翼兽等共七躯带有域外装饰风格的动物纹样,它们分别置于卷草纹样的内部(图 28)。开元二十年(732 年)张说墓志盖四刹线刻画中,在卷草图案中也有奔跑腾跃的狮子造型(图 29)。

图 26　狩猎纹镜,1984—1993 年偃师杏园村盛唐墓 M502 出土(图版采自中国社会科学院考古研究所编著《偃师杏园唐墓》,科学出版社,2001 年,第 74 页,彩版 10:2)

图 27　唐代景龙三年李嗣本墓出土的石刻墓志盖线描图(图片采自《偃师杏园唐墓》第 88 页)

图 28　龙门西山出土的大足元年(701 年)的李文楷墓志铭拓片(张乃翥先生提供)

图 29　唐代开元二十年张说墓志盖拓片(张乃翥先生提供)

另外,洛阳市宜阳县京村乡王沟村出土的海马葡萄纹铜镜[1](图 30)、洛阳安菩夫妇墓出土的海兽葡萄镜(图 31)[2]等,都有狮子与葡萄纹相间分布的构图,展示出强烈的域外美术特点。

图 30 洛阳宜阳县京村乡王沟村出土的唐代海马葡萄纹铜镜(洛阳市文物局提供)

图 31 安菩夫妇墓出土的四瑞兽葡萄镜(洛阳市文物局提供)

猎狮主题的应用在古埃及是皇家的特权。猎狮主题在古埃及艺术品中有很生动的表现,而在古代印度、波斯、巴比伦、亚述及小亚地区,狮子也是常见的凶猛巨兽,它们被视为城市文明的威胁,因而猎狮不仅是保卫文明的需要,也是皇家狩猎活动的重要内容。

在长期的猎狮活动中,国王猎狮的英勇形象成为树立皇室王权的象征,因而猎狮图像也成为夸耀王室英勇的常见艺术母题。出自公元前 645—635 年尼尼微亚述北方行宫的雪花石膏猎狮装饰板,则是亚洲地区此类艺术品的早期典型代表,表现的是皇家的猎狮活动。[3]

萨珊波斯的银盘中,出现最多的是胡王射狮的狩猎题材,代表了光明与黑暗、正义与邪恶的斗争,无论是亚述、帕提亚还是萨珊波斯文化中的猎狮,都表明

① 洛阳市文物管理局编:《洛阳出土丝绸之路文物》,郑州:河南美术出版社,2011 年,第 201 页。
② 洛阳市文物工作队:《洛阳龙门唐安菩夫妇墓》,《中原文物》1982 年第 3 期,第 21—26 页。
③ 尚永琪著:《莲花上的狮子—内陆欧亚的物种、图像与传说》,北京:商务印书馆,2014 年,第 146 页。

亚述人、帕提亚人和萨珊波斯人实际上都是把狮子当成威胁他们生存的敌人。

公元5世纪的一件萨珊银盘中，波斯国王身穿铠甲，腰佩长剑，左右手各持一把短剑，分别插入两头狮子的颅内，显然这是想象和创造出来的画面，象征国王的战无不胜和不可侵犯。狮子在这种文化背景下转化成皇室或王室的象征，成为以萨珊文化为代表的美索不达米亚文化东传中国的重要内容。[①]

在中国古代文献描述中，猎狮也有借用西方王权象征的寓意。

西晋张华的《博物志》卷3《异兽》一文描述魏武帝遭遇狮子袭击时写道：

> 汉武帝时，大苑之北胡人有献一物，大如狗，然声能惊人，鸡犬闻之皆走，名曰猛兽。帝见之，怪其细小。及出苑中，欲使虎狼食之。虎见此兽即低头着地……此兽顾之，虎辄闭目。后魏武帝伐蹋顿，经白狼山，逢狮子，使人格之，杀伤甚众。王乃自率常从军数百人击之。狮子哮吼奋起，左右咸惊。王忽见一物从林中出，如狸，超上王车轭。狮子将至，此兽便跳起在狮子头上，即伏不敢起。于是遂杀之，得狮子一。还，来至洛阳，三十里鸡犬皆伏，无鸣吠。

张华这段小说式的文字描述主要是同当时关于狮子的传闻或知识有关，应该是流行于萨珊波斯的猎狮文化被消化吸收之后的结果。在新疆地区及丝绸之路东段，发现了为数不少的北朝到唐朝时期的萨珊波斯风格的织锦，其中“对狮子纹”和“萨珊国王射狮子纹”为主要的图案。典型例证是北朝时期的“狮象莲花纹锦”，最近幅边的骨架中为一狮子图案，呈回首跪地抬腿状，狮子头尾部间织有“王”字，这是将王权与狮子图像结合在一起的最具象征意义的例证（图32）。[②]此后，唐代大量出现的对狮牵驼等纹样，则是对北朝时期猎狮形象的继承和发展，其生活意味更加浓厚。

---

① 尚永琪著：《莲花上的狮子—内陆欧亚的物种、图像与传说》，北京：商务印书馆，2014年，第40页。

② 赵丰，齐东方编：《锦上胡风——丝绸之路纺织品上的西方影响》，上海：上海古籍出版社，2011年。

图 32　新疆营盘出土狮象莲花纹锦(图片采自《锦上胡风——丝绸之路纺织品上的西方影响》,图 17)

这类题材在唐代广泛出现在中原地区的壁画、铜镜及唐三彩中,表明中西文化交流的影响之大。

如果说对魏武帝的这段描述还带有诸多演绎成分的话,到了唐代,随着以画狮闻名的尉迟乙僧等西域画家涌入长安，印度的画狮法也由唐朝使节王玄策传入中原，人们对狮子有了更进一步的认识。史书记载，唐太宗曾命令阎立本根据宫廷里养的西域狮子画了《职贡狮子图》等名作。那么到了隋唐之际,上述列举的众多猎狮图像出现在中原地区的日常用品上，进一步说明汉地人们对狮子这种西域题材早已司空见惯。

2. 狮头武士俑的汉化转变

洛阳北魏时期出土文物中开始出现一类带狮形头盔的武士形象，到唐代逐渐增多并出现转变。

1991 年,偃师县北窑乡出土一件初唐时期的彩绘武士俑,通高 42.8 厘米。它的独特之处在于头顶披挂尖耳状的狮头帽盔,狮子眼睛深凹,炯炯有神;鼻梁高兀,颇具立体感;口唇大张,露出锐利的牙齿。狮头的口颌下端,有前爪一对,伏于陶俑的眉际。帽盔下段,以皮质护脖连缀狮头造型的末端(图 33–1、图 33–2)。[①]

2001 年,偃师县前杜楼村初唐墓葬出土一件白釉武士俑,通高 24 厘米。其头戴的狮头帽盔,双目暴突,犬牙四合,口颌洞开,囊括了力士的整个面庞。这一极富夸张手法的道具造型，以生动传神的美术技艺突出了此类武士形象的身份特征(图 34)。[②]

① 俞凉亘、周立:《洛阳陶俑》,北京:国家图书馆出版社,2005 年,第 217 页。
② 俞凉亘、周立:《洛阳陶俑》,北京:国家图书馆出版社,2005 年,第 286 页。

图 33–1　1991 年偃师县北窑乡出土的初唐彩绘武士俑(M2:6 正面)(图版采自俞凉亘、周立《洛阳陶俑》,第 217 页)

图 33–2　1991 年偃师县北窑乡出土的初唐彩绘武士俑(背面)(图版采自俞凉亘、周立《洛阳陶俑》,第 217 页)

图 34　2001 年偃师前杜楼村初唐墓出土的狮头武士俑局部(图版采自俞凉亘、周立《洛阳陶俑》,第 286 页)

宜阳县唐墓出土的彩绘武士俑,通高 40 厘米,张口怒目,头戴虎头盔,身穿铠甲,一手上举,整体形象一见而威(图 35)。

2003 年,洛阳关林 C7M1305 唐墓出土了两件武士俑(M1305:22),它们头戴虎头盔,高 72.5 厘米[1],具有相同的形象特点(图 36)。

这类带有浓郁西方文化色彩的美术样本,折射出西方文化对中原地区的浸染。虎头帽可视为东西方文明交流、交融下的产物,其背后隐含着多种文化元素。

显而易见的是,有些北朝晚期或隋唐时期的虎头帽,仍接近狮或豹的形象,如 1990 年陕西西安洪庆出土的三彩天王俑,高 89 厘米,现藏西安博物院。该天王俑头戴狮子形头盔,狮爪交叉系在颈下,与犍陀罗雕刻和希腊原型近似。[2]

① 洛阳市文物工作队:《洛阳关林镇唐墓发掘报告》,《考古学报》2012 年第 8 期,第 509—561 页。

② 曹玮著:《三秦瑰宝》,西安:三秦出版社,2015 年,第 88 页。

图 35　宜阳县唐墓出土的彩绘武士俑（图版采自俞凉亘、周立《洛阳陶俑》，第 266 页）

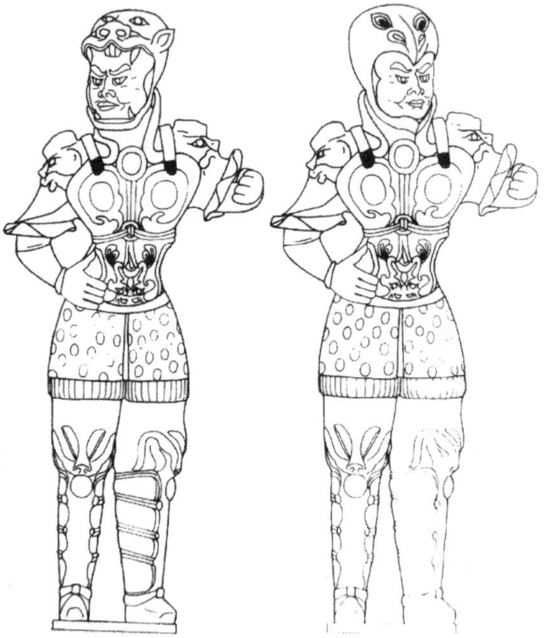

图 36　2003 年关林镇唐墓出土的两件虎头武士俑（图版采自洛阳市文物工作队《洛阳关林镇唐墓发掘报告》，《考古学报》2012 年 8 期）

唐人姚汝能在《安禄山事迹》卷下中记述：“天宝初，贵游士庶好衣胡服，为豹皮帽。”[①]文中的“豹皮帽”或许就是唐人对虎头帽的早期称谓，或者是不同的形象替代。

随着中外文化的交流，流行于西域地区的赫拉克利斯艺术母题又越过葱岭渐浸于东方。史载“疏勒国，都白山南百余里，汉时旧国也。其王字阿弥厥。手足皆六指。产子非六指者，即不育。都城方五里。国内有大城十二，小城数十，胜兵者二千人。王戴金师［狮］子冠”[②]。由此可知，中古时代这种西方装束曾经影响丝路沿线相关部落的社会生活。在东西文化的交融中，希腊大力神的形象逐渐有了变化，大木棒换成了南亚次大陆流行的兵器——金刚杵，象征着无坚不摧；尼密阿狮皮和狮头帽与中国民间广泛流行的虎崇拜融合，逐渐演变成虎

① ［唐］汝能撰、曾贻芬校点：《安禄山事迹》，上海：上海古籍出版社，1983 年，第 38 页。
② ［唐］魏征撰：《隋书》卷八十三，北京：中华书局，1973 年，第 1852 页。

头帽。由于狮子在此时被更多地视为瑞兽和佛的象征，因此换成近似模样的虎头才更符合中原的传统。

3. 舞狮

现代的舞狮技艺是我国优秀的民间艺术，表演者在锣鼓音乐下，装扮成狮子的样子，做出各种形态动作。中国民俗传统认为，舞狮可以驱邪辟鬼。故每逢喜庆节日，如开张庆典、迎春赛会等，都喜欢敲锣打鼓、舞狮助庆。

这一习俗在三国时传入。有关舞狮的记载，最早见于《汉书·乐志》，其中提到“象人”，按照三国时魏国人孟康的解释，“象人”就是扮演鱼、虾、狮子的艺人。由此可见，至迟三国时已有舞狮了。

北魏《洛阳伽蓝记》记述当时洛阳长秋寺佛像出行时说：

> 长秋寺，刘腾所立也。腾初为长秋令卿，因以为名。在西阳门内御道北一里，亦在延年里，即是晋中朝时金市处。寺北有濛汜池，夏则有水，冬则竭矣。中有三层浮图一所，金盘灵刹，曜诸城内。作六牙白象负释迦在虚空中。庄严佛事，悉用金玉，作工之异，难可具陈。四月四日，此像常出，辟邪狮子导引其前。吞刀吐火，腾骧一面；彩幢上索，诡谲不常。奇伎异服，冠于都市。像停之处，观者如堵，迭相践跃，常有死人。①

这里的狮子是由人装扮的，具有百戏性质，可以看作是狮子舞的源头。

洛阳出土过一件北朝石刻构件，系一石棺床平座的壸门立面。其周身以分档布白、减底剃地的密体雕刻技巧，塑造了各类神异动物形象和诸多装饰纹样。在这些美术造型遗存中，最富于表演意趣的画面，是壸门左右两端处于对称格局的“畏兽戏辟邪”艺术构图——图中肩后生焰、颈戴项圈、手足环钏、腰束护铠、披帛绕身的畏兽，以马步跳跃的体态，与一膊间生翼的辟邪对抗博弈。

① ［北魏］杨衒之著、范祥雍校注：《洛阳伽蓝记校注》卷一《城内》条，上海：上海古籍出版社，1958 年，第 43 页。

其画面单元充满表演意蕴，已经呈现“舞狮”的端倪（图见本书《洛阳伊川唐齐国太夫人墓出土金银器中的外来文化因素》图 13）。

唐代文献中已经明确记载戏狮子的活动。如唐代段安节的《乐府杂录》载：

> 戏有五方狮子，高丈余，各衣五色，每一狮子，有十二人，戴红抹额，衣画衣，执红拂子，谓之狮子郎，舞太平乐曲。①

白居易的《西凉伎》对此有更生动的描绘：“西凉伎，假面胡人假狮子。刻木为头丝作尾，金镀眼睛银贴齿。奋迅毛衣摆双耳，如从流沙来万里。”

这里戏狮子的人被称为“西凉伎”，他是汉人假扮的胡人，狮子则是木头雕的假狮子。来自西域的这类演艺活动从出土文物可以一窥究竟。

1996 年 6 月，考古工作者在洛阳邙山南麓杨文村北的一座唐墓中，发现了一件三彩扁壶。壶口椭圆，颈内收，肩部有花叶形双系，腹部呈扁鼓形。扁壶正中雕刻着一组图案，绿色珍珠地衬底，画面正中为一卷发胡人，着赭黄色上衣，右肩袒，左肩披帛，腰间束带，足蹬黄色鞠靴，正跨步扬臂，面部侧向右侧舞动的雄狮（图 37、图 38）。②画面表现的是胡人风俗中的人兽互戏场面。画面的鱼子纹底纹，其间勾画忍冬卷草纹，加之扁壶双肩系口若隐若现的一组连珠纹装饰，都显示出这件器物来自西域。但画面的格斗互动带有强烈的演艺效果，无疑是狮子舞的生动场面（原简报称为驯狮纹）。这为我们提供了唐代西风东渐的形象史料素材。

巩义黄冶唐三彩窑址出土的骑狮（标本 0504，残高 6.5 厘米、宽 5.5 厘米）玩具（图 39）、骑狮贴花模具（标本 0408）残片（图 40）和幼童骑狮贴花图案（标本 8107）的装饰残片（图 41），也为我们描绘了人狮互动的精彩场面。其中的骑

---

① ［唐］段安节：《乐府杂录》，《钦定四库全书精编》，长春：吉林摄影出版社，2002 年，第 14 页。

② 洛阳市文物工作队：《洛阳杨文村唐墓 C5M1045 发掘简报》，《考古与文物》2002 年第 6 期，第 18—20 页。

图 37　杨文唐墓出土的驯狮图扁壶(洛阳市文物局提供)

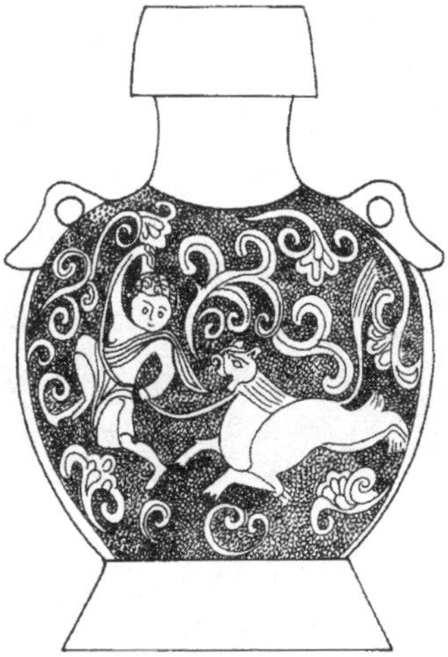

图 38　杨文唐墓出土的驯狮图扁壶线描图（图片采自《洛阳杨文唐墓 C5M1045 发掘简报》,第 20 页）

狮贴花模具,说明当时这种装饰图案是进行批量生产的。

唐代中原地区这种把狮子作为戏玩对象的艺术形式,不是本地的传统,追溯其流传途径应该是由中亚地区经龟兹传入的，其最初的源头应当在西亚甚

图 39　巩义黄冶窑出土的三彩骑狮玩具（图片采自河南省巩义市文物考古研究所编《黄冶唐三彩窑》,彩版四二:5）

图 40　巩义黄冶唐三彩窑址出土的骑狮贴花模具（图版采自河南省巩义市文物考古研究所编《黄冶唐三彩窑》图版 8:4）

图 41　巩义黄冶唐三彩窑址出土的骑狮贴花装饰图案（图版采自河南省巩义市文物考古研究所编《黄冶唐三彩窑》，图版 32:3）

至欧洲。

大英博物馆藏古罗马时期的"丘比特戏弄狮子"石质镶嵌画，出自意大利那不勒斯，高 37.7 厘米、宽 37.2 厘米，画面描绘了四个可爱的小丘比特戏弄一只被缚的狮子的场景，画面最显著位置的一个丘比特正拉着一条绑着狮子后腿的绳子，另一个丘比特则抖着一块布。画面中将猛兽形象的狮子作为戏耍对象，对照之下，三彩扁壶中的人狮图形无疑与之意趣相同。①

1980 年，新疆阿斯塔那 M336 出土了一件唐代舞狮俑（图 42），狮子双目凸出，张口，脑袋歪向一侧，憨态可掬。

图 42　1980 年新疆阿斯塔那 M336 出土的舞狮俑（图片采自《丝绸之路大西北遗珍》图 119）

上述考古发现例证，从形象史学的角度展现了唐代舞狮游戏变为民间游戏的世俗常态。

4. 粟特狮子形象的汉化和狮子作为瑞兽的大量出现

龙门西山中段永隆元年（680 年）竣工的万佛洞，其前庭的南、北两壁，在靠近护法力士的壁基，各镌刻着一尊形象生动、体格劲健的蹲狮。二狮子高高举起前趾。有学者认为，同类姿势的狮子造型，与

① 尚永琪著：《莲花上的狮子—内陆欧亚的物种、图像与传说》，北京：商务印书馆，2014 年，第 102 页。

在洛阳出土的属于7世纪的粟特金银器装饰图案中的狮子非常相似[①]，并据此认为龙门万佛洞、龙华寺、极南洞等唐窟同类狮子的造型，其形象来源应该是粟特地区。

隋唐之际，洛阳出土文物中的狮子形象增多，陵墓和墓葬中大量出现的生活用具中的狮子形象，脱离了西方怪异神秘的造型，在中原文化的语境中转变为具有辟邪和守护功能的神兽，增添了吉祥欢乐的风格，这大概是西方“狮子赶走恐惧”的文化符号与汉地传统文化相契合而产生的文化上的转变。

有一个非常有意义的考古发现，在印度一座公元前1世纪后半期的墓葬中，出土了一枚圆形的金质徽章。徽章正面，一头蜷曲毛发的狮子，右爪抬起，作行进状，在狮子的上方有一行佉卢文：“狮子赶走恐惧”；徽章的另一面，一个身材高大修长的人正双手转动法轮，他的上方也有一行佉卢文：“他转动了法轮”（图43）。[②]这个徽章的寓意正如它的文字所描述的那样：佛陀转动法轮，狮子赶走恐惧，佛法传播四方，无所畏惧。

于是，有学者认为，西方狮子本身的象征意义符合中原传统文化内旨，粟

图43　印度公元前1世纪后半期墓葬出土的金质徽章（图版采自尚永琪著《莲花上的狮子—内陆欧亚的物种、图像与传说》，第198页）

① 张乃翥、张成渝：《洛阳与丝绸之路》，北京：国家图书馆出版社，2009年，第265页。
② 尚永琪著：《莲花上的狮子—内陆欧亚的物种、图像与传说》，北京：商务印书馆，2014年，第198页。

特狮子造型进一步汉化成为汉地风格，从中透露出随着隋唐以来中外交流的广泛，狮子题材已为中原人民广泛接受。①

于是，在隋唐之际的中原文化中，狮子被赋予各种职能，其中有在宫城和陵园的守门处担任守门之职的，例如1965年洛阳市西工区中州路东段路南建筑机械厂生活区出土的一件隋代蹲狮，高96厘米，这是隋唐洛阳城宫城的守门狮子，也是目前发现最早的守门狮子（图44）。再如，唐恭陵陵园神道的立狮，高2.3米，鄂下有须毛三绺，肘部有飞毛，长尾甩在左腋下，目光如炬，凝神注视远方（图45）。

在墓葬中出土的具有实用意义的狮子形象，如：

唐代偃师杏园唐墓M1921:18出土的狮子形滑石香炉，通高24厘米，

图44　隋代石狮子，1965年从洛阳中州路东段路南建筑机械厂生活区出土，高96厘米（图版取自洛阳市文物管理局编《古都洛阳》，第135页）

图45　唐恭陵立狮（图版取自洛阳市文物管理局编《古都洛阳》，第164页）

① 蔡鸿生：《唐代九姓胡与突厥文化》，北京：中华书局，1998年，第203页。

由器盖、器身、器坐三部分组成。盖雕刻成狮子形，张口，圆目；炉身雕刻成圆筒形，中空；外周雕刻三条蟠龙环绕，龙嘴镂成圆孔，底座呈方，并镂一进气孔，发掘时保存有少量白色木炭。狮子蹲坐状，由器身经盖底向上镂空通透，熏香时，炉内的香烟可以从龙嘴、狮子口、鼻中冒出。这是地道的实用艺术品(图46)。[①]

偃师杏园唐墓 M1025:15 出土的三彩狮子，通体施绿釉，高 10.3 厘米，呈蹲伏状，头扭向一侧，满头的毛发显示出狮子的典型特征(图 47)。[②]

1992 年洛阳南郊狮子桥村履道坊白居易故居遗址出土的白瓷狮子，高

图 46　偃师杏园唐墓 M1928:18 滑石熏炉（图版采自中国社会科学院考古研究所编著《偃师杏园唐墓》，彩版 12:1）

图 47　偃师杏园唐墓 M1025:15 三彩狮子

① 中国社会科学院考古研究所编:《偃师杏园唐墓》，北京:科学出版社，2001 年，第 226 页，彩版 12。

② 中国社会科学院考古研究所编:《偃师杏园唐墓》，北京:科学出版社，2001 年，第 192 页。

17.6 厘米，呈蹲卧状，右前爪夹着一孩童，左前爪撑地，颈下带有铃铛，一幅轻松活泼的游戏姿态(图 48)。①

偃师杏园唐墓出土了多面花鸟瑞兽镜，中唐期的铜镜图案多为狮子形象和鸟兽花枝图案。其中一面葵花形鸾鸟瑞兽镜(M2603:38)，最大镜 6.5 厘米，钮为拱腰蟾蜍，内区同向排列二鸟二兽，用枝蔓间隔。此镜的制作工艺相当考究，镜背边缘高隆，中部下凹，嵌入菱花形錾花鎏金的银片(图 49)。②此镜纹饰仿自西域风格，二鸟二兽在花枝间穿插，一片祥和气氛，这里的鸟兽完全是图案化的吉祥符号。类似的还有中唐期葵花形鸾鸟瑞兽镜(M2731:24)、葵花形鸾鸟瑞兽镜(YHM3:7)(图 50)③、晚唐期圆形铭文瑞兽镜等(M1921:15)(图 51)④。其中葵花形鸾鸟瑞兽铜镜(YHM3:7)图案中的瑞狮与麒麟呈同向奔跑状，在铜镜纹饰中极为

图 48　白瓷狮子，洛阳南郊狮子桥村，高 17.6 厘米(图版采自中国社会科学院考古研究所编著《中国社会科学院考古研究所考古博物馆洛阳分馆》，第 94 页)

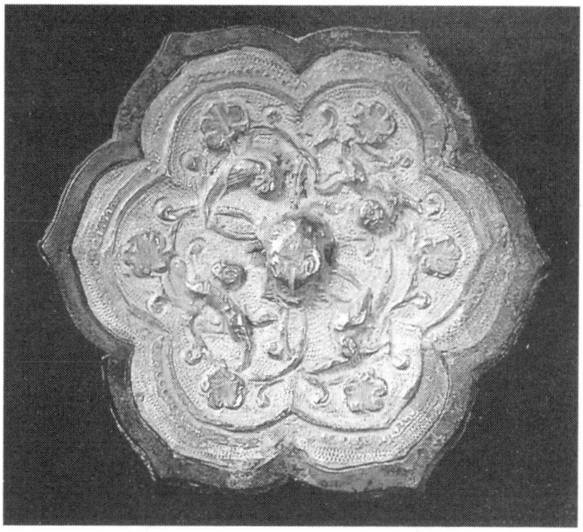

图 49　偃师杏园唐墓出土的葵花形鸾鸟瑞兽镜(M2603:38)[图版采自中国社会科学院考古研究所编著《偃师杏园唐墓》，彩版 8:1]

① 中国社会科学院考古研究所编:《中国社会科学院考古研究所考古博物馆洛阳分馆》，北京:文化艺术出版社，1998 年，第 94 页。

② 中国社会科学院考古研究所编:《偃师杏园唐墓》，北京:科学出版社，2001 年，彩版 8:1。

③ 中国社会科学院考古研究所编:《偃师杏园唐墓》，北京:科学出版社，2001 年，第 142 页，图版 35—6。

④ 中国社会科学院考古研究所编:《偃师杏园唐墓》，北京:科学出版社，2001 年，第 212 页，彩版 10:3。

图 50　偃师杏园唐墓出土的葵花形鸾鸟瑞兽镜(YHM3:7)(图版采自中国社会科学院考古研究所编《偃师杏园唐墓》,第 142 页)

图 51　偃师杏园唐墓出土的圆形铭文瑞兽镜(M1921:15)(图版采自中国社会科学院考古研究所编《偃师杏园唐墓》,彩版 10:3)

少见。唐代铜镜图案中,狮子是作为瑞兽出现的。

在佛教文化中,狮子是具有护法意义的,诸如龙门唐神会和尚身塔塔基(C7M48)出土的狮柄鹊尾香炉,分炉柄、炉座、炉身三部分,狮子形象位于手柄顶端,蹲伏于莲花座上(图见本书《重读龙门唐神会和尚身塔塔基清理》图 2)。[1]这种香炉的源头可追溯至古印度,巴基斯坦塔克西拉斯尔卡普遗址中出土的一件铜香炉。该香炉为三足小浅碗,炉身一侧有个横向长柄。口沿装饰着两圈浮雕连珠纹,长柄的样式为一个有角带翅膀的狮子。狮子前腿铆在炉身上,后腿立在一个长方形底座上。这里的长柄香炉是佛门法物。

同一时期,在洛阳周边地区也有大量的汉地狮子形象出土。1972 年至 1978 年,河南省博物馆曾多次到巩义黄冶窑进行调查和试掘,出土了大量窑具和小型艺术品范模,其中有蹲狮(标本 0912,残高 4.5 厘米、宽 3.5 厘米)和卧狮(标本 0515,残高 16 厘米、宽 13 厘米)(图 52)各一件。黄冶窑制造了许多带有

① 洛阳市文物工作队:《洛阳唐神会和尚身塔塔基清理》,《文物》1992 年第 4 期,第 62—68 页。

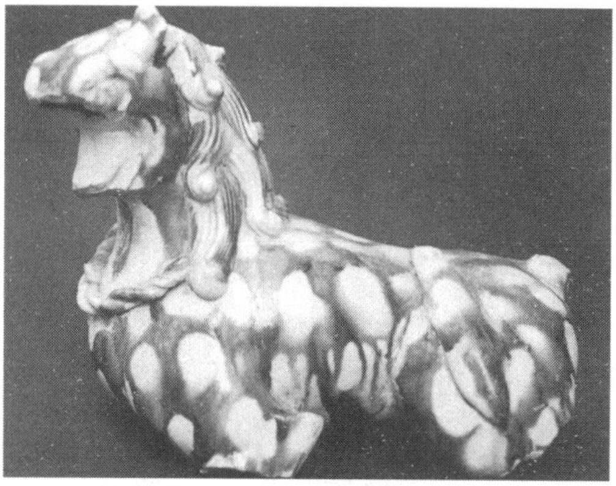

图 52　巩义黄冶窑出土的三彩卧狮（图版采自河南省巩义市文物考古研究所编《黄冶唐三彩窑》，彩版四四:5）

图 53　巩义黄冶唐三彩窑址出土的飞狮贴花装饰模具（图版采自河南省巩义市文物考古研究所编《黄冶唐三彩窑》，图版 33:1）

异国情调的品种，并运用多种装饰内容，如葫芦瓶、凤头壶、象枕等，反映了当时中原地区人们的生活内容。狮子玩具则姿态各异，表明狮子形象在时人生活中的多重寓意①。

巩义黄冶窑还出土有飞狮贴花装饰模具，狮子四蹄飞扬、张口回首的瞬间动态被刻画得栩栩如生(图 53)。

无独有偶，河南永城市唐墓出土的三彩三足炉(现藏河南省文物考古研究所)，口径 12.5 厘米、腹径 21.3厘米、高 17.1 厘米，其器型和画面布局具有粟特银器风格，表现的也是奔跑中的狮子，但其张口扬蹄的神态，更多表现出狮子活力四射的动感，其摄人心魄的威猛感大大减少(图 54)。

同时期在中国境内出土的波斯萨珊和粟特金银器上也多雕有这种带有双翼的神异动物形象，陕西西安何家村出土的“鎏金飞狮纹银盒”便是其中的代表。这个精美的银盒 1970 年出土于陕西西安南郊何家村的唐代窖藏，现藏陕西历史博物馆，高 5.6 厘米、口径 12.9 厘米、壁厚 0.13 厘米；银质鎏金，圆

① 河南省巩义市文物考古研究所编:《黄冶唐三彩窑》，北京:科学出版社，2000 年，彩版四二:5、彩版四四:4、彩版四四:5。

图 54　三彩三足炉中的狮子形象，永城市唐墓出土，河南省文物考古研究所藏（图片采自《河南省文物考古研究所编：《巩义黄冶唐三彩》，大象出版社，2002 年，第 152 页。）

图 55　陕西何家村出土的"鎏金飞狮纹银盒"（图版采自陕西省博物馆编《隋唐文化》，北京：文物出版社，2013 年，第 8 页图 6）

形，盒盖、底以子母口衔接，盖、底面稍隆，中部趋平；系锤击成型，平錾花纹，纹饰鎏金，珍珠纹底。盒盖两层以双联珠纹夹菱形带点的连续几何附属纹样相隔；中部主题纹饰为一带翼的飞狮，狮目圆睁，张口亮舌，双耳竖立，四肢健壮，三肢抓云，一肢翘起，身上饰满祥云纹，双羽飞起，绒毛上挑；四周主题纹饰是三组云勾瓣宝相花和三组团石榴花相间；盖边沿饰以绳索纹（图 55）。[①]这件银盒的主体纹饰设计借鉴了波斯萨珊银器中"徽章式纹样"，带翼的狮纹造型飘逸，充满了幻想色彩，具有浓郁的异域风格。

史书记载，隋唐时，因西域贡献的狮子众多，所以唐高宗、武则天时，在定鼎街东面的宜人坊专门建了一座"师子园"；该园对面有榆柳园，是皇家植物园；两园的位置在今洛阳市洛龙区李楼镇东董庄东南。

《唐两京城坊考》记载：

定鼎门街西，从南第一曰宁人坊……次北宽政坊……榆柳园。俗传隋

① 齐东方：《花舞大唐春——何家村遗宝精粹》，北京：文物出版社，2013 年，图版 21。

炀帝置。垣墙内外多植榆柳,亦曰西御园,与师子园隔街相对[①]。

《元河南志》卷一也有相同的记载。

《洛阳伽蓝记》卷三记载:

普泰元年,广陵王即位,诏曰:“禽兽囚之,则违其性,宜放还山林。”狮子亦令送归本国。送狮子胡以波斯道远,不可送达,遂在路杀狮子而返。有司纠劾,罪以违旨论,广陵王曰:“岂以狮子而罪人也?”遂赦之。[②]

《旧唐书》记载:

贞观九年(635年),“夏四月壬寅,康国献狮子”[③]。

拂菻国一名大秦,……贞观十七年(643年)拂菻王波多力遣使献赤玻璃、绿金、水精等物,太宗降玺书答慰,赐以绫绮焉。……大足元年(701年),复遣使来朝。开元七年(719年)正月,其主遣吐火罗大首领献狮子、羚羊各二。不数月,又遣大德僧来朝贡。[④]

武周万岁通天元年(696年),大食国使人请以狮子来贡中国,据云即拟取“远从碎叶,以至神都”[⑤]的行程路线。

开元十年(722年)十月十六日,玄宗“幸寿安之故兴泰宫,畋猎于上宜川。庚申(二十二日),至自兴泰宫。波斯国遣使献狮子”[⑥]。

如此大量的狮子进贡与畜养,使它的神秘感消失,狮子逐步作为中国化的

---

① [清]徐松撰、李健超增订:《增订唐两京城坊考》,西安:三秦出版社,2006年,第380页。

② [北魏]杨衒之著、范祥雍校注:《洛阳伽蓝记校注》卷三《城南》条,上海:上海古籍出版社,1958年,第162页。

③ [五代]刘昫:《旧唐书》卷三《太宗纪》下,北京:中华书局,1975年,第45页。

④ [五代]刘昫:《旧唐书》卷一九八《西戎传》,北京:中华书局,1975年,第5314—5315页。

⑤ [五代]刘昫:《旧唐书》卷八十九《姚璹传》,北京:中华书局,1975年,第2903页。

⑥ [五代]刘昫:《旧唐书》卷八《玄宗纪》,北京:中华书局,1975年,第184页。

瑞兽而出现在唐人的生活当中。同时期国内许多地方出土的守门狮子都呈现出生活化的姿态，如在陕西富平朱家道唐墓壁画中就有一幅《卧狮图》。画中一头巨型雄狮卧于边有垂索和饰联珠纹的圆形毡毯上，狮子回首张口露齿，双目圆睁，做咆哮状，但形象并无太多的凶悍威猛，却有几分生活化特征（图56）。画家以强劲有力的墨线勾勒出狮子的轮廓，并运用浓淡不同的赭色，将狮子肌强骨健的特有神态表现得活灵活现。狮子头颈部均披有鬣毛，丝缕清晰，丰茂有序。狮子足爪有力，尾巴回收。[①]这头狮子画风格写实，形态逼真，几乎未做任何形象上的神异化处理。朱家道村唐墓壁画的绘制，正好处在唐代宫廷大量畜养西域贡狮的时期，从画中所见这头狮子的高度写实性看，作者应有机会对宫廷的贡狮进行观摩写生，或者从宫廷画师那里得到了画样。雄狮卧于圆形毡毯上表明了其生活化的状态。

图56　陕西富平县唐墓壁画中的守门狮子（图版取自井增利、王小蒙《富平县新发现唐墓壁画》，《考古与文物》1997年4期，封二下图版）

唐代作品中的狮子已减少了威严的气度，成为人们生活中常见的吉祥瑞兽形象。此后，它便以这种形象和寓意在中原人心目中定格：明代洛阳福王府前的一对石狮子，通高2.7米，它司守门之职，也是福王身份等级的象征（图57）；清代山陕会馆院内戏楼两边的石狮子，通高3.8米（图58）；潞泽会馆大殿前的石狮子，高3米，它们口中含石球，背上驮有小狮子，颈下装饰铃铛，游戏意味浓厚（图59）。

① 井增利、王小蒙：《富平县新发现唐墓壁画》，《考古与文物》1997年第4期，第8—10页，封二下图版。

图 57　福王府前石狮子，通高 2.7 米，老城青年宫门口（图版取自洛阳市文物管理局编《古都洛阳》，第 204 页）

图 58　山陕会馆院内石狮子，通高 3.8 米（图版取自洛阳市文物管理局编《古都洛阳》，第 211 页）

图 59　潞泽会馆大殿前石狮子，高 3 米（图版取自洛阳市文物管理局编《古都洛阳》，第 213 页）

四、结语

汉唐之际，洛阳出土文物中的狮子形象，从西汉开始传入，经过东汉时期的改造，最初的形象为有翼狮，主体形象仍带有西域狮子凶猛怪异的特点；至魏晋时期逐渐被时人接受，这一时期其辟邪的意味渐强；唐代，狮子文化进入中原文化的主体，被广泛运用在守门和各种生活用器上，被赋予了辟邪和吉祥的寓意；唐代以后，汉化的狮子成了中原文化的一部分，完全成为祥瑞和喜庆的代表。这一过程中，中西交通的顺畅成为狮子文化东来的便利条件，隋唐时期中华文化的兼容并包成为狮子文化被接受和改造的载体，使它迅速转化为中华文化的一部分，并保留下来。从这个意义上说，对狮子文化的研究，正是中西文化交流史中不可或缺的一部分。

西风流韵
——洛阳地区出土的古代西方玻璃器和仿玻璃器

丝绸之路作为一条跨越东西方、绵延数万里的陆上交通线,为东西方的文化交流与经济发展做出了超乎想象的卓越贡献。其中洛阳在丝绸之路上的重要地位也已为文献资料和数以千万计的出土文物所证实。

数十年来,洛阳地区经过考古发掘,发现了各式各样源自西方的文物。在这些文物中,有东汉、北魏及唐代来自西方的玻璃器,它们从中外交通和民族文化交流两个方面折射出中原与西方社会的交往及当时洛阳地区的人文社会情态。此外,洛阳还出土了为数众多的带有异域特征的仿玻璃器,反映出西方文化强大的影响力和本地工匠超凡的创造力,充分体现了西方文化艺术的深远影响和中原传统文化的兼容并包及博大精深。

一、洛阳地区出土的东汉、北魏及唐代西方玻璃器

玻璃是人类最早发明的人造材料之一,它的主要原料是石英砂,成分为钠钙。世界上最早的玻璃发现于距今四千多年的两河流域,我国目前发现最早的玻璃制品出现于春秋战国时期,比西方晚了大约十个世纪。[①]其主要成分为铅

① 杨伯达:《关于我国古玻璃史研究的几个问题》,《文物》1979 年第 5 期,第 76—78 页。

钡，与西方的玻璃制品分属两个体系。由于生产原料的缘故，玻璃制造在中国发展较为缓慢。

西汉时期，凭借丝绸之路的开通和日渐繁盛，西方钠钙玻璃制品和制作玻璃制品的工艺技术开始传入中国，这种透明性好、结实耐用、华美绚丽而又十分难得的西方玻璃，受到中原人们的喜爱和追捧。由于出土的数量有限，洛阳出土的东汉、北魏及唐代西方玻璃制品成为研究中古时代中西文化交流的珍贵资料。

1987 年，洛阳东郊一座东汉墓中发现一件玻璃瓶，口径 3.7 厘米、腹径 7.2 厘米、通高 13.6 厘米，瓶体呈半透明黄绿色。瓶颈细长，器物直径从肩部到瓶底逐渐加大，最大腹径接近瓶底。器物表面口沿至瓶底呈现旋转的白色拉丝。器物质地坚硬，叩声清脆；造型别致，意象华美（图 1）。[①]

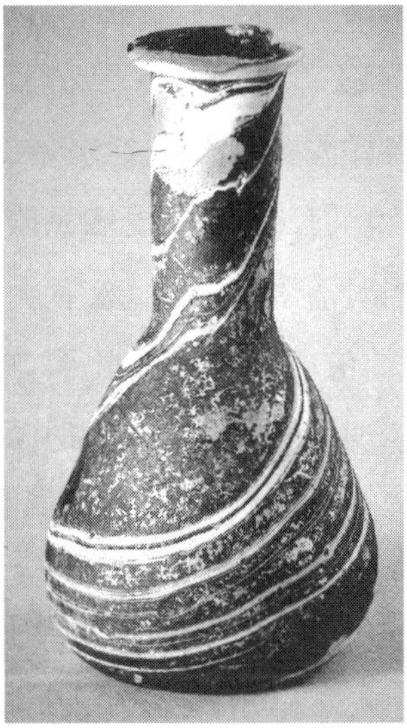

图 1　搅胎玻璃瓶（图版采自洛阳市文物工作队《洛阳出土文物集萃》，第 72 页）

这是一件用搅胎工艺制作的玻璃器，属于典型的罗马搅胎吹制玻璃器，器形也非中国传统样式。将它与埃及出土的公元前 1 世纪用搅胎玻璃技术制作的香水瓶，以及英国出土的 1 世纪的、现存伦敦不列颠博物馆的玻璃器[②]相比较，可以看出，洛阳出土的东汉时期玻璃瓶是真正意义上的西方玻璃制品。

史料证明，公元前 1 世纪，地中海东岸出现了两个玻璃制作中心——腓尼基和埃及的亚历山大地区，那里的工匠发明了吹制玻璃技术，并以此制造出了美丽的球形玻璃器皿。[③]后来这些地区被纳入罗马人的统治范围。公元 1—2 世纪，罗马商人将大量的玻璃器皿带到了东方。这种球形玻

① 洛阳市文物工作队：《洛阳出土文物集萃》，北京：朝华出版社，1990 年，第 72 页。
② 林梅村：《丝绸之路考古十五讲》，北京：北京大学出版社，2006 年，第 129—131 页。
③ 安家瑶：《中国早期的玻璃器皿》，《考古学报》1984 年第 4 期，第 413—448 页。

璃器在我国出土的地点，主要位于南方海港，这说明罗马玻璃器早期东输的主要途径之一是海路。而洛阳东汉墓出土的玻璃瓶是目前可以认定的内陆地区发现的时代最早的完整的罗马玻璃器，因此对研究中国早期西域交通具有十分珍贵的文物价值。

1994 年冬，中国社会科学院考古研究所洛阳汉魏故城工作队在发掘北魏永宁寺的西门遗址时，在地层中曾出土过 15 万余枚小玻璃珠。发掘报告将这些小玻璃珠归类于料器串珠。这些玻璃珠，有红、蓝、黄、绿及黑色，色泽异常鲜艳。珠体直径约 0.1~0.35 厘米。玻璃珠呈扁圆形，中有穿孔（图 2）。这些玻璃珠系拉制法制成，是一种在我国非常罕见的制法工艺，经检测其成分是钠钙。专家研究称，这是来自印度生产的印度珠，是僧人们的佩物。①

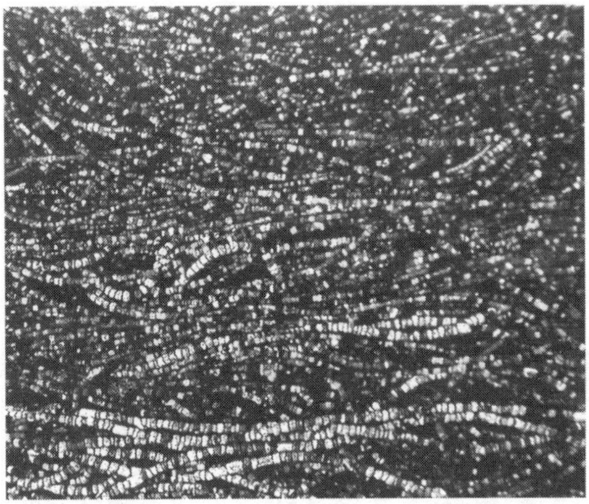

图 2　永宁寺出土的玻璃珠（图版采自中国社会科学院考古研究所《洛阳北魏永宁寺 1979—1994 发掘报告》彩版三二）

印度珠首先是在印度阿里喀满都(Afika，lledu)生产的，这个地区是亚洲的玻璃珠制造中心之一，兴盛时期大约从公元前 3 世纪—公元 10 世纪。这类玻璃珠及其生产技术沿海岸向东传播到斯里兰卡的曼泰（Mantai）、泰国的克拉比（KuanLukPa）、中国东南沿海直至朝鲜半岛，基本反映出北魏时期贸易和文化交流的路线。但在中原地区，这种玻璃珠极少出现。因此，洛阳北魏永宁寺西门遗址出土的玻璃珠是北魏时期西方玻璃器极为难得的资料。

1970 年，洛阳南郊关林 118 号唐墓出土了一件具有异域风情的细颈玻璃瓶，整体呈透明翠绿色，表面有一层白色锈蚀薄膜，小口圆唇，细颈，圆球形腹，

① 安家瑶：《玻璃考古三则》，《文物》2000 年第 1 期，第 89—95 页。

图3 唐代细颈玻璃瓶（采自洛阳市文物工作队《洛阳出土文物集萃》，朝华出版社，1990年，第106页）

瓶底略微内凹，高10.8厘米，最大腹径11.5厘米(图3)。[①]研究者认为，这件细颈玻璃瓶“是叙利亚海岸罗马后期和伊斯兰初期普通的香水瓶，伊朗高原吉兰州3—7世纪的萨珊玻璃器中也多有发现”。经化验，这件器物属于钠钙玻璃，含镁、钾较高，属于萨珊玻璃系统，系无模自由吹制成型的一种香水瓶。在加拿大安大略省皇家考古馆便收藏有类似的、出土于洛阳唐墓的玻璃瓶。[②]

专家研究表明，隋代是我国传统的高铅玻璃与外来的钠钙玻璃共存的时期，唐初之后，我国的玻璃吹制工艺转变为高铅玻璃。[③]这件出自西域伊朗高原的玻璃器正处于此阶段，它是外来文明输入中原的珍贵实物例证。

二、洛阳地区出土的北魏及唐代仿玻璃器

值得关注的是，除了上述珍贵的西方玻璃器外，洛阳还出土了不少仿玻璃器，它们具有玻璃制品的装饰风格和特点，材质有瓷器和三彩器。

1985年，洛阳汉魏故城大市遗址出土了一件黑釉陶盏。直口，深腹，腹壁较厚；圈足，底内凹；黑灰色胎，质地细腻，器内壁酱色釉，外壁周身饰以乳丁纹，间以两排联珠纹[④]。该器釉质较好，釉色明亮、光洁，具有玻璃质感。观其美术风格，器表花纹与当时波斯萨珊朝玻璃器的磨花纹装饰相近，具有模仿萨珊玻璃

① 洛阳市文物工作队:《洛阳出土文物集萃》，北京:朝华出版社，1990年，第106页。
② 安家瑶:《中国早期的玻璃器皿》，《考古学报》1984年第4期，第413—448页。
③ 宿白:《中国古代金银器和玻璃器》，《中国文物报》1992年6月3日，第3版。
④ 中国社会科学院考古研究所洛阳汉魏城队:《北魏洛阳城内出土的瓷器与釉陶器》，《考古》1991年第1期，第1090—1095页。

同类器物的意趣，而盏形器型和陶质工艺则极具中国传统风格，可以确定是在洛阳当地生产的仿玻璃制品。这件仿玻璃黑釉陶盏是北魏一代受到来自萨珊王朝风格熏染的文物例证，也是中原地区与西域交好的实证（图 4）。

图 4　仿玻璃连珠纹陶碗　洛阳北魏西郭城大市遗址出土（采自中国社会科学院考古研究所编《中国社会科学院考古研究所考古博物馆洛阳分馆》，第 74 页）

洛阳东郊的马坡唐墓曾出土一件盛唐时期三彩雕花钵，也是一件极具西方玻璃制品特征的仿玻璃器。该器物口径 10 厘米、高 4 厘米；敛口、圆唇、浅腹圜底；内壁施黄、绿、白三色釉，外部为八瓣花纹图案，间以圆点装饰（图 5-1、图 5-2）。[①]

无独有偶，1982 年洛阳龙门煤炭地质队出土了一件三彩钵，口径 9.3 厘米、高 3.7 厘米；敛口圆唇，浅腹圜底；钵体内壁施白、黄、绿三色釉，外壁通体施黄釉，堆塑连珠纹（图 6-1、图 6-2）。[②]

图 5-1　唐三彩仿玻璃碗正面，洛阳马坡唐墓出土（采自周立、高虎《中国洛阳出土唐三彩全集》第 570 页）

图 5-2　唐三彩仿玻璃碗底部（采自周立、高虎《中国洛阳出土唐三彩全集》第 570 页）

① 洛阳市文物工作队：《洛阳出土文物集萃》，北京：朝华出版社，1990 年，第 99 页。
② 洛阳博物馆编：《洛阳唐三彩》，郑州：河南美术出版社，1985 年，第 98 页。

图 6–1　三彩钵，1982 年龙门煤炭地质队出土（图版采自洛阳市文物工作队《洛阳出土文物集萃》，第 99 页）

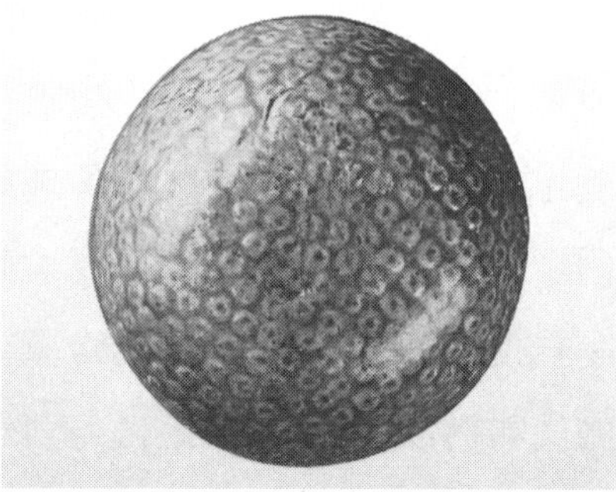

图 6–2　三彩钵底部，1982 年龙门煤炭地质队出土（图片采自周立、高虎《中国洛阳出土唐三彩全集》，第 99 页）

图 7　法门寺出土的伊斯兰玻璃瓶（图版采自任新来《异域奇珍法门寺地宫出土的伊斯兰玻璃器》，《文明》2014 年 11 期，第 60 页）

这两件器物的器型来自中国传统的钵，而工艺风格则模仿西方琉璃制品，器表突起的花瓣仿西方玻璃制作工艺中的贴花工艺，器皿的外壁装饰有圆形饰或环形饰，是波斯萨珊文化中的联珠纹在玻璃器皿上的反映。国内同时期具有此类装饰风格的文物见于陕西扶风法门寺出土的盘口细颈贴花梨形玻璃瓶（图 7）[①]，以及现藏德国柏林伊斯兰艺术博物馆的盘口贴花玻璃瓶等，它们都在器表饰有凸起的圆圈纹，与洛阳出土的三彩雕花钵的装饰风格极为相似，[②]从中也可以看出洛阳这两件仿伊斯兰玻璃器的风格来源。它们与前引洛阳北魏大市遗址出土的仿玻璃黑釉陶盏一样，都是中原居民随着中外文化交流的发展，追求西域生活时尚的表现。

① 陕西省法门寺考古队：《扶风法门寺塔唐代地宫发掘简报》，《文物》1988 年第 10 期，第 1—28 页。
② 转引自安家瑶：《试探中国近年出土的伊斯兰早期玻璃器》，《考古》1990 年第 12 期，第 1116—1126 页。

三、从西方玻璃器到仿玻璃器所反映的中西文化交流和社会风貌

从各地出土情况看，东汉时期来自西方的玻璃器属进贡之物，堪称千金难求，无论在宫廷还是在民间都属罕见之物。

查考罗马玻璃在陆路的出土地点可以得知，它们都位于丝绸之路沿线地区，从中可以确知罗马玻璃经陆路的传播途径。

1979年，苏联与阿富汗联合考古队在阿富汗西北地区发掘了大月氏王陵。墓中出土的两件罗马玻璃器中，有一件即是搅胎玻璃瓶。这座大月氏王的墓葬年代在公元30年左右[①]，而这里正是波斯经中亚进入中国的必经之地。

在我国新疆楼兰城郊外的东汉墓内，曾发现两件罗马搅胎玻璃饰件和玻璃珠[②]，这是搅胎玻璃技艺在装饰品上的运用。这类搅胎拉丝的玻璃工艺，罗马时代往往又用来制造一些佩带所用的串珠。

中亚大月氏王陵出土的玻璃瓶和新疆楼兰出土的玻璃饰品为我们连接起了罗马玻璃东传的路径：来往穿梭于丝绸之路的商人们，由地中海经中亚、新疆迤逦东来进入中原，他们为丝绸而来，同时也将西方的玻璃制品带到了中国。正如范晔所言："驰命走驿，不绝于时月；商胡贩客，日款于塞下。"[③]可以想见，书中描绘的丝路交通的繁盛与热闹是多么生动而真实！而畅通的丝路正是西方玻璃器传入的有效保证。

关于玻璃器的传入，在史书中有很多，它们也印证了古代罗马与东汉王朝的交往。

> 大秦国一名犁鞬，以在海西，亦云海西国。土多金银奇宝，有夜光璧、明月珠、骇鸡犀、珊瑚、琥珀、琉璃、琅玕、朱丹、青碧。刺金缕绣，织成金缕

---

① 林梅村：《丝绸之路考古十五讲》，北京：北京大学出版社，2006年，第129—131页。

② 安家瑶：《玻璃器》，《中国大百科全书·考古学卷》，北京：中国大百科全书出版社，1986年，第51—52页。

③ ［南朝］范晔：《后汉书》卷八八《西域传》，北京：中华书局，1965年，第2931—2932页。

罽、杂色绫。作黄金涂、火浣布。……其王常欲通使于汉，而安息欲以汉缯彩与之交市，故遮阂不得自达。至桓帝延熹九年(166年)，大秦王安敦遣使自日南徼外献象牙、犀角、瑇瑁，始乃一通焉。①

大秦国即是古代的罗马，在东汉时人的眼中，那里有众多的奇珍异宝，其中就有玻璃，时人以“琉璃”相称，可见对其的认识仍十分有限。

古希腊大约在公元前 130 年至前 87 年(相当于西汉武帝元光五年至后元二年)的地理著作中，最早提到西方和中国之间的陆路交通：“不过，直到古罗马推罗城作家马林诺斯著《地理学导论》，西方人才对中国与地中海东岸之间的商道有了明确的记载。除了利用埃及亚历山大图书馆外，马林诺斯还向活跃在丝绸之路上的国际商贾收集地理情报，尤其是采访了专门和印度及中国做生意的马其顿巨商梅斯。”书中还提到：“梅斯商队到洛阳的时间约在公元 1—2 世纪之交。这支希腊马其顿商队抵达洛阳后，甚至惊动了东汉宫廷。”②

这段记载不仅从西方人的眼中证实了西方与中国的陆路交通早在西汉时期已经非常繁盛，而且证实了东汉时期西方与中国的商业往来规模之宏大。这段历史在范晔的《后汉书》中这样记载：永元十二年(100 年)“冬十一月，西域蒙奇、兜勒二国遣使内附，赐其王金印紫绶”③，“蒙奇”“兜勒”，分别是“马其顿”和“推罗”的汉代译名。这次 “遣使内附”的马其顿使团的访华是欧洲与中国的首次直接交往。④

东汉诗人辛延年《羽林郎》诗中谓：

昔有霍家奴，姓冯名子都；依倚将军势，调笑酒家胡；胡姬年十五，春日独当垆；长裾连理带，广袖合欢襦；头上蓝田玉，耳后大秦珠；两鬟何窈

① [南朝]范晔：《后汉书》卷八八《西域传》，北京：中华书局，1965 年，第 2919—2920 页。
② 林梅村：《寻找楼兰王国》，北京：北京大学出版社，2009 年，第 147—148 页。
③ [南朝]范晔：《后汉书》卷八八《西域传》，北京：中华书局，1965 年，第 18 页。
④ 林梅村：《寻找楼兰王国》，北京：北京大学出版社，2009 年，第 148 页。

窕，一世良所无。①

说明当时西域胡人移居洛阳，以及久负盛名的“大秦珠”享誉京都。这种大秦珠就是来自罗马的用作装饰的搅胎玻璃珠。

洛阳出土的这件罗马搅胎玻璃瓶，显然与同时期罗马商人在洛阳的活动密切相关，是东汉时期中西陆路交通的实物例证，说明东汉时期洛阳在丝绸之路交通史上的重要地位。

上述出土文物和文献资料都证实，东汉时期我国境内发现的玻璃器大都是来自罗马的搅胎玻璃。可以说，伴随东汉丝绸之路的畅通，此期是西方玻璃器传入中原的盛期。

3—7 世纪，亦即中国的西晋至北魏时期，位于伊朗高原的萨珊王朝（226—651 年）在罗马玻璃的影响下发展起具有独特风格的磨花玻璃装饰制品。在地中海东岸伊朗高原吉兰州 3—7 世纪的墓葬中出土的大批玻璃制品，成为学者们研究萨珊玻璃的典型器物。

20 世纪初叶，英籍探险家斯坦因（A.Stein）在新疆楼兰 l.k 遗址一座 5—6 世纪的墓葬中发现了一件萨珊玻璃碗，高 5.6 厘米、口径 6.9 厘米、底径 2.4 厘米。侈口平底，透明浅绿色，腹部有三排圆形凹面纹饰，靠近底部的一排为七个圆形凹饰。这件萨珊玻璃碗出土地处于丝路中段、从罗马向东至中国境内的必经之地，对于探知西域物品东传的途径具有非常重要的意义。同时期的敦煌壁画上也出现了磨花玻璃的画面，这些出土文物表明了萨珊磨花玻璃工艺经过丝绸之路输入中原的路径。②

西晋诗人潘尼在《玻璃碗赋》中说：“览方贡之彼珍，玮兹碗之独奇，济流沙之绝险，越葱岭之峻危，其由来阻远。”说明了玻璃碗在时人眼中的珍奇，以及涉流沙、越葱岭的来之不易，也点明了玻璃碗出自西域以及传入路径。在这篇

---

① 郭茂倩编：《乐府诗集》卷六十三，北京：中华书局，1989 年，第 909 页。

② A.Stein, Innermost Asia, Oxford, 1928.转引自张乃翥、张成渝：《洛阳与丝绸之路》，北京：国家图书馆出版社，2009 年 8 月，第 71 页。

赋里,他这样描述这种玻璃碗:

> 取琉璃之攸华,诏旷世之良工。纂玄仪以取象,准三光以定容。光映日耀,圆成月盈。纤瑕罔丽,飞尘靡停。灼烁旁烛,表里相形。凝霜不足方其洁,澄水不能喻其清。刚坚金石,劲励琼玉。磨之不磷,涅之不浊。举兹碗以酬宾,荣密坐之曲宴。流景炯晃以内澈,清醴瑶琰而外见。①

这是西晋时期来自西方的玻璃器在时人眼中的珍奇与轰动。这些生动的描述使我们看到了玻璃碗的一些特点:做工精良,洁净得一尘不染,有火烛般的光亮,有如玉的光泽……我们有理由相信,这是一件来自萨珊波斯的磨花玻璃工艺制作的碗。

对于这样东西方文明的交融,出土资料和文献记载为我们阐释了这一时期中西交流的人文背景。

1931 年,汉魏洛阳故城辟雍遗址发现西晋咸宁四年所立石碑一通,高 3.22 米、宽 1.1 米、厚 0.3 米,碑额隶书"大晋龙兴皇帝三临辟雍皇太子又再莅之盛德隆熙之碑"。此即人们常说的"辟雍碑"。背阴所刻的学生名单明确记有"散生西域朱乔尚建,散生西域王迈世光,散生西域隗景大卿,散生西域隗元君凯……"这些来自西域的胡人是魏晋时期洛阳与西域交往的中间力量,也是中西文化交流的有效保证。②

史载太武帝曾多次遣使出使西域。

> (太延元年,435 年),"遣使者二十辈使西域",二年(436年),"遣使六辈使西域"③,三年(437年),"遣散骑侍郎董琬、高明等多赍锦帛出鄯善,招抚九国,厚赐之。……琬过九国,北行至乌孙国。其王得魏赐,拜受甚悦。……

① [唐]欧阳询等编纂:《艺文类聚》卷七三,北京:中华书局,1965 年,第 1259 页。

② 余嘉锡:《晋辟雍碑考证》,《余嘉锡论学杂著》,北京:中华书局,1963 年,第 133 页。

③ [北齐]魏收:《魏书》卷四下《世祖纪》,北京:中华书局,1974年,第85—87页。

琬于是自向破洛那，遣明使者舌。乌孙王为发导译，达二国，琬等宣诏慰赐之。已而琬、明东还，乌孙、破洛那之属遣使与琬俱来贡献者十有六国。自后相继而来，不间于岁，国使亦数十辈矣。"[①]

董琬等回到京师，详细描述了他们沿途的所见所闻，对北魏朝野了解西域各国的风土人情、地理物产有着重大的推动。

在此情势下，有大月氏人来到中原，用西方的技术在平城为北魏皇室生产玻璃器皿。《魏书·西域传·大月氏》载：

其国人商贩京师，自云能铸石为五色琉璃。于是采矿山中，于京师铸之。既成，光泽乃美于西来者……自此中国琉璃遂贱，人不复珍之。[②]

此为携带西方玻璃制作技术的工匠正式进入中原的文献援证。

1988年8月，山西省大同市南郊张女坟第107号北魏墓中，出土了一件具有萨珊风格的玻璃碗。这件玻璃碗呈透明的淡绿色，高7.3厘米，腹径11.3厘米，口径10.4厘米，直口、鼓腹、圜底，腹部有35个磨花椭圆形凸起装饰，分四行交错排列，圜底有6个磨花凹圆装饰。[③]1988年8—11月，大同市北魏平城遗址出土了一件花瓣纹玻璃碗，学者们认为这件器物来自萨珊波斯。[④]

这两件来自萨珊波斯的玻璃碗在国内的出土，说明北魏一代已经有相当数量的萨珊波斯玻璃器进入宫廷生活并为当时的工匠们所熟知，正是在这种情形之下，才有了仿制的可能。

而此时中国传统釉陶制作工艺也有了长足的发展。出土资料证明，西晋到北魏，是中国陶瓷器制作的发展阶段。北方的河北、河南一带在此阶段是北朝

① [唐]李延寿：《北史》卷九七《西域传》，北京：中华书局，1974年，第3206页。
② [北齐]魏收：《魏书》卷一〇二《西域传》，北京：中华书局，1974年，第2275页。
③ 山西省考古研究所、大同市博物馆：《大同南郊北魏墓群发掘简报》，《文物》1992年第8期，第1—11页。
④ 张增光：《大同市城南发现北魏墓群》，《北朝研究》1989年第1期，第66、114页。

瓷器的制作中心。

东晋之后这里逐渐开始有了黑瓷的生产，考古发现表明，1971 年河北平山县北齐崔昂墓出土的Ⅱ式黑釉四系罐，釉色上浓下淡，莹亮润泽，表明此时的黑釉生产技术已经趋于成熟。[①]另外，1975 年河北赞皇县东魏李希宗墓出土的黑釉瓷片，瓷胎较薄呈青灰色，釉色漆黑而有光泽，制作堪称精良，说明北方黑釉瓷器至少在东魏时期已经达到相当高的水平。[②]

北朝时期黑釉陶制作工艺的成熟，为仿玻璃器的生产提供了技术保证。黑釉的光亮细腻与玻璃光泽相仿，对于中原工匠们来说，用于制作西方钠钙玻璃制品的原料仍然很难获取，不如利用现有原料进行仿制更具可操作性。在中国传统的制作工艺中，为达到玻璃华丽效果，用传统的釉陶烧制出仿玻璃效果，不失为一种极为难得的探索与创造。洛阳出土的仿玻璃黑釉陶盏正是这种仿制工艺的最初形态。正如学者认为的，洛阳出土的仿玻璃黑釉陶盏"处于仿制西方玻璃制品的探索时期"[③]。洛阳出土的这件仿玻璃黑釉陶盏从工艺上说，堪称西方风格与中原传统工艺完美结合的典范，从中足见西方玻璃技艺对中国传统工艺的影响。可以想见，必然有熟稔于心的技艺，才能使工匠们对于这一来自西域的装饰纹样信手拈来，制作出这件流传后世的精品。因此，从仿制的角度来说，洛阳出土的这件仿玻璃黑釉陶盏具有极其重要的历史意义，也为后世的仿制工艺开辟了探索之路。

不仅如此，文献与出土器物说明，北魏一代不仅是与西方交流频繁、开放而富于创造的时代，更是与西方佛教交流空前繁盛的时代，从西方来洛阳的僧人不绝于道。

《洛阳伽蓝记》载：

(北魏京城洛阳)宣阳门外四里至洛水上作浮桥，所谓永桥也。……永

① 河北省博物馆，文物管理处：《河北平山北齐崔昂墓调查报告》，《文物》1973 年第 11 期，第 27—33 页。

② 石家庄地区革委会文化局文物发掘组：《河北赞皇东魏李希宗墓》，《考古》1977 年第 6 期，第 383—390 页。

③ 宿白：《中国古代金银器和玻璃器》，《中国文物报》1992 年 6 月 3 日第 3 版。

桥以南，圜丘以北，伊、洛之间，夹御道有四夷馆。道东有四馆：一名金陵，二名燕然，三名扶桑，四名崦嵫。道西有四里：一曰归正，二曰归德，三曰慕化，四曰慕义。吴人投国者处金陵馆，三年已后赐宅归正里。……北夷来附者处燕然馆，三年已后赐宅归德里。……东夷来附者处扶桑馆，赐宅慕化里。西夷来附者处崦嵫馆，赐宅慕义里。自葱岭已西，至于大秦，百国千城，莫不欢附，商胡贩客，日奔塞下，所谓尽天地之区已。乐中国土风因而宅者，不可胜数。是以附化之民，万有余家。门巷修整，阊阖填列，青槐荫柏，绿树垂庭，天下难得之货，咸悉在焉。①

这些来自各方的外来人士，有的不惜长途跋涉来到中原，有的已经长期居住在洛阳，他们带来的各方稀有的货品也都集聚在这里。

文献记载，北魏时期还有许多印度的佛僧来到中原，兹举一二例，以作窥斑见豹之飨。

勒那漫提者，"天竺僧也。住元魏洛京永宁寺，善五明，工道术。时信州刺史綦母怀文巧思多知，天情博艺。每国家营官室器械，无所不关，利益公私，一时之最。又敕令修理永宁寺，见提有异术常送饷祇承，冀有闻见。而提视之平平，初无叙接。文心恨之。时洛南玄武馆有一蠕蠕客，曾与提西域旧交，乘马衣皮，时来造寺。二人相得，言笑抵掌，弥日不懈。文旁见夷言，不晓往复。"②

南天竺沙门菩提达摩，"香至王第三子，姓刹帝利，本名菩提多罗。……(以梁普通二年/521年)十一月二十三日届洛阳，当魏孝明帝正光二年也。寓止嵩山少林寺，面壁而坐。魏明帝三诏之，祖终不起。就赐磨衲袈裟，

① [北魏]杨衒之：《洛阳伽蓝记》卷三《城南》，上海：上海古籍出版社，1982年，第159—161页。

② [唐]道宣：《续高僧传》卷三三《勒那漫提传》，《大正藏》第五十册，中国台北：新文丰出版公司，1983年，第644页。

祖亦不受。……其年十二月二十八日,葬洛阳嵩州之熊耳山,起塔于定林寺。魏遂以其丧告梁,梁武皇帝即赐宝帛,悉诏宗子诸王以祭礼而供养之”。①

又沙门菩提流支者,“北天竺人也。遍通三藏,妙入总持,志在弘法,广流视听。遂挟道宵征,远莅葱左。以魏永平之初,来游东夏。宣武皇帝下敕引劳,供拟殷华,处之永宁大寺。四事将给,七百梵僧,敕以流支为译经之元匠也。其寺本孝明皇帝熙平元年(516年)灵太后胡氏所立,在宫前阊阖门南御道之东”。②

菩提流支、勒那漫提等众多佛僧来到永宁寺翻译佛经,弘扬佛法。他们得到北魏皇室及大臣名士的襄助,有力地推动了大乘佛教在中原地区的传播。这些来自印度的佛珠等被佛僧们带入中原,也使我们今天有幸看到西方琉璃制品的美丽。

洛阳出土的这些玻璃珠反映了北魏时期中国与印度佛教文化交流频繁。

及至唐代,中西交流的绚丽与纷繁在史籍中也多有记述。

文献记载,唐人杜环于天宝十年(751年)至宝应初年(762年)流寓大食,其所著《经行记》这样描述当时大食都城亚俱罗(库法,今伊拉克 Meshrd-Ali):

其大食王号暮门都此处。其士女瑰伟长大,衣裳鲜洁,容止闲丽。女子出门,必拥蔽其面。……郛郭之内,廛闬之中,土地所生,天物不有。四方辐辏,万货丰贱,锦绣珠贝,满于市肆。驼马驴骡,充于街巷。……绫绢机杼,

① [元]觉岸:《释氏稽古略》卷二,《大正藏》,第四十九册,中国台北:新文丰出版公司,1983年,第796—798页。

② [唐]道宣:《续高僧传》卷一《魏南台永宁寺北天竺沙门菩提流支传》,《大正藏》,第五十册,中国台北:新文丰出版公司,1983年,第426—429页。注:20世纪70—90年代及2006—2007年考古发掘证实,永宁寺在御道之西。

金银匠、画匠、汉匠起作画者,京兆人樊淑、刘泚,织络者河东人乐阫、吕礼。又以骆驼驾车。①

这一宝贵的文献资料，说明盛唐时代我国的传统纺织工具传抵大食并为当地人民所使用。由此可见,随着丝路贸易的进行,西域和中原之间物质往来和技术交流的空间有了长足拓展。

上引杜佑《经行记》中又记载:

拂菻国一名大秦……贞观十七年(643年),拂菻王波多力遣使献赤玻璃、绿金、水精等物,太宗降玺书答慰,赐以绫绮焉。……大足元年(701年),复遣使来朝。②

可见,有唐一代,中国与中亚、西亚以及欧洲一些国家的贸易往来和文化交流更加密切,中国的丝绸、瓷器、纸张等通过丝绸之路源源不断地输往西方,而西方的琉璃、珠宝、香料、工艺品也不断传入我国。这说明了西方玻璃器在唐代仍属入贡的珍贵物品。

公元7世纪,地中海东岸被伊斯兰教和伊斯兰人占领,他们在罗马玻璃贴丝装饰工艺的基础上发展出了伊斯兰玻璃器,即贴花玻璃工艺。“圆形饰是伊斯兰玻璃中最常见到的贴花,另外星状饰(六角形、五角形或三角形)也是比较流行的贴花。”③他们用模具热压成型后趁热把圆形贴花压贴在器物表面,或者把玻璃液挑到玻璃器皿上趁热拨拉出三角形、五角形、六角形等星状贴花。他们还用钻石等比玻璃硬的材料,在冷却的玻璃表面浅刻纹饰,或者制作模印装饰。

---

① [唐]杜佑:《通典·边防·九·西戎总序》,引杜环:《经行记》,北京:中华书局,1988年,第5279—5280页。

② [五代]刘昫:《旧唐书》卷一九八《西戎传》,北京:中华书局,1975年,第5314—5315页。

③ 安家瑶:《试探中国近年出土的伊斯兰早期玻璃器》,《考古》1990年第12期,第1116—1126页。

这类贴花玻璃制品在唐代大量出现在丝路沿线各地，在我国的陕西、河北、辽宁等地都有出土，反映了唐代中西交流扩大的社会现实。

扶风法门寺出土一件来自古罗马伊斯兰风格玻璃器，高21厘米、腹径16厘米；黄色透明，无模吹制成形，盘口、细颈、鼓腹、圈足；肩部缠贴一道相同颜色的玻璃丝；腹部贴有四排装饰，分别为深蓝色同心圆形饰、不规则五角星形饰、莲芯样圆形饰和深蓝色水滴形装饰，是公元9世纪阿拉伯帝国强盛时期阿拔斯王朝的产品。①

西安何家村窖藏中出土了一件凸圈纹玻璃杯，平底侈口，口沿外翻卷成圆唇，口沿下有一阳弦纹，腹部有八组纵三环纹；玻璃无色透明，稍泛黄绿色，也是公元8世纪前后伊斯兰玻璃的典型器物。②

洛阳出土的这两件三彩仿玻璃器，在器表装饰有圆形、五角星形等纹饰，与上述伊斯兰玻璃器具有相同的特点，具有非常强烈的借鉴与仿制意义。从制作工艺上讲，在三彩上贴花，先要将纹样雕塑成型，贴在器物表面，再施釉烧制。这样制成的器物既有贴花玻璃的风格，又有三彩工艺的精妙，二者绝妙的结合，使其成为中西合璧的精品。它将早期伊斯兰文化风格结合本土的三彩工艺，形成了具有中原民族特点和装饰风格的三彩制品。

唐代是外来风格逐渐融入并成为时人生活时尚的开放时期，在一些传统工艺的器皿上可以不断看到西方风格的延续和转变，这些风格特点屡屡被出土的文物资料所证实。

洛阳苗湾出土的唐代龙首杯，口径19厘米、底径13厘米、高6厘米，杯身是一个口吐化生莲花的龙首。龙首后部，外表以鳞纹装饰一周，并向上方斜向扩张，形成杯身的口沿(图8)。③

这件生活用器的原型，来自公元前14世纪流行于中亚一带的饮酒用

---

① 陕西省法门寺考古队:《扶风法门寺塔唐代地宫发掘简报》,《文物》1988年第10期,第1—28页。

② 陕西省博物馆(文管会)革委会写作小组:《西安南郊何家村发现唐代窖藏文物》,《文物》1972年第1期,第32—38页。

③ 洛阳博物馆编:《洛阳唐三彩》,郑州:河南美术出版社,1985年,图88。

具——“来通”(rhyton)。这种龙首形的饮酒器，具有庄重、神圣的寓意，经由丝绸之路传入中国后，便迅速与中原传统文化结合并被加以利用。三彩龙首杯便是西域文化与中国传统三彩工艺文化相结合而形成的新器型，反映了西域文明对洛阳地区风俗的影响。

图 8 唐三彩龙首杯（图版采自洛阳博物馆编《洛阳唐三彩》，第 37 页）

综合看来，唐代对于西方玻璃的熟悉程度是空前的，这一时期不仅有来自罗马的玻璃制品，而且已经能够将外来玻璃的元素运用到中国传统的工艺制作上了。这一时期对玻璃制品的仿制已经脱离了北魏时期追求对其外观效果的逼真模仿，创造性地发展出了具有玻璃制品特点的新器物。一望而知，新的器物既有异域风格，又不拘泥于形式，是唐代开放与创造的一代盛世风格的反映。

综上所述，西方玻璃器皿及其制作工艺作为丝绸之路文化交流的重要组成部分，从东汉起不断涌入中原，从罗马玻璃到萨珊风格仿制品，从印度玻璃珠到伊斯兰风格的仿玻璃器，无一不显示出中外文化交互作用的深远影响。在此影响之下，中原工匠运用传统工艺不断创作出新的器型，丰富了汉地文化内涵。它们共同从文化丛的角度说明中西交流的源远流长和广泛深入，这些中西文明共同作用下产生的珍贵物品不仅成为时人生活的装点和风尚，也为后人留下了珍贵的纪念。如今它们作为全人类共同的文化遗产，值得我们珍视保护和进一步研究利用！

（此文发表于《黄河科技大学学报》2016 年第 4 期，此次做了改动）

参考文献

一、古籍

[1]《白氏长庆集》,[唐]白居易撰,《四库全书》,第 1080 册,上海:上海古籍出版社,1987 年。

[2]《北史》,[唐]李延寿撰,北京:中华书局,1974 年。

[3]《册府元龟》,[宋]王钦若等撰,北京:中华书局,1960 年。

[4]《大唐西域记校注》,义净撰、季羡林等校注,北京:中华书局,1985 年。

[5]《大唐西域求法高僧传注》,义净撰、王邦维校注,北京:中华书局,1988 年。

[6]《晋书》,[唐]房玄龄等,北京:中华书局,1974 年。

[7]《旧唐书》,[五代]刘昫,北京:中华书局,1975 年。

[8]《洛阳伽蓝记校注》,[北魏]杨衒之著、范祥雍校注,北京:中华书局,1978 年。

[9]《全唐诗》,[清]彭定求等编,北京:中华书局,1960 年。

[10]《隋书》,[唐]魏征等撰,北京:中华书局,1973 年。

[11]《唐会要》,[宋]王溥,上海:上海古籍出版社,1991 年。

[12]《通典》,[唐]杜佑,北京:中华书局,1988 年。

[13]《魏书》,[唐]魏收著,北京:中华书局,1974年。

[14]《文苑英华》,[清]李昉等,北京:中华书局,1956年。

[15]《新唐书》,[宋]欧阳修、宋祁撰,北京:中华书局,1975年。

[16]《颜氏家训》,[唐]颜之推撰,上海:上海古籍出版社,1980年。

[17]《一切经音义》,[南朝]慧琳撰,《大正藏》,第五十四册,中国台北:新文丰出版公司,1983年。

[18]《乐府杂录》,[唐]段安节撰,《丛书集成初编》,第1659册,北京:中华书局,1985年。

[19]《资治通鉴》,[宋]司马光编著,北京:中华书局,1956年。

二、译著

[1][俄]Б.Я.Ставиский,Кущаская Бактрця:Проблеми историии культуры,Москва,1977.

[2][俄]V.I.Sarianidi,"The Golden Nobles of Shibarghan",Time Magazine,2 July,1979;V.I.Sarianidi,The Golden Hoard of Bactria,Vienna ,1985.

[3][俄]Г.А.普加琴科娃、Л.И.列穆佩著,陈继周、李琪译:《中亚古代艺术》,乌鲁木齐:新疆美术出版社,1994年。

[4][法]费尔南·布罗代尔著,蒋明炜、吕华、曹青林、刘驯刚译:《地中海考古:史前史和古代史》,北京:社会科学文献出版社,2005年。

[5][法]R.格鲁塞:《从希腊到中国》,杭州:浙江人民美术出版社,1985年。

[6][古希腊]希罗多德著、徐松岩译:《历史》,上海:上海三联书店,2008年。

[7][荷兰]J.E.范·洛惠泽恩—德·黎乌著,许建英、贾建飞译:《斯基泰时期——一种对公元前1世纪到公元3世纪印度北部的历史、艺术、铭文及古文字学的研究》,昆明:云南人民出版社,2002年。

[8][美]托马斯·R.马丁著、杨敬清译:《古希腊简史》,上海:上海三联书店,

2011年。

[9][美]蒂姆·杰普森:《意大利》(Tim Jepson,ITALY,THE NATIONAL GEOGRAPHIC TRAVELER),林晓琴译,沈阳:辽宁教育出版社,2002年。

[10][美]哈维兰著,王铭铭等译:《当代人类学》(William A.Haviland,ANTHROPOLOGY,CBS College Publishing,1982),上海:上海人民出版社,1987年。

[11][美]塞缪尔·亨廷顿著,周琪、刘绯、张立平、王圆译:《文明的冲突与世界秩序 的重建》,北京:新华出版社,1999年。

[12][瑞典]斯文·赫定著,江红、李佩娟译:《丝绸之路》,乌鲁木齐:新疆人民出版社,2010年。

[13][英]A.斯坦因著,巫新华、秦立彦、龚国强、艾力江译:《亚洲腹地考古图记》,桂林:广西师范大学出版社,2004年。

[14][英]A.斯坦因著,巫新华、秦立彦、龚国强、艾力江译:《亚洲腹地考古图记》,桂林:广西师范大学出版社,2004年。

[15][意]Antonino Forte, Political propaganda and ideology in China at the end of the seventh centuny,Napoli,1976.

[16][英]阿诺德·汤因比著,刘北成、郭小凌译:《历史研究》,上海:上海人民出版社,2000年。

[17][英]奥莱尔·斯坦因著,向达译:《斯坦因西域考古记》,乌鲁木齐:新疆人民出版社,2010年。

[18][英]查尔斯·法布里:《印度雕刻》,北京:文化艺术出版社,1987年。

[19][英]M.A.斯坦因著,肖小勇、巫新华译:《西域考古图记·路经楼兰》,桂林:广西师范大学出版社,2000年。

[20][英]约翰·马歇尔:《犍陀罗佛教艺术》,兰州:甘肃教育出版社,1989年。

三、今人著作

[1]北京图书馆金石组:《北京图书馆藏中国历代石刻拓本汇编》,郑州:中

州古籍出版社，1989 年。

[2]蔡鸿生：《唐代九姓胡与突厥文化》，北京：中华书局，1998 年。

[3]陈志华著：《外国建筑史》，北京：中国建筑工业出版社，1979 年。

[4]陈志华：《外国古建筑二十讲》，北京：生活·新知·读书三联出版社，2004 年。

[5]冯承钧：《西域南海史地考证论著汇辑》，北京：中华书局，1957 年。

[6]傅云子：《正仓院考古记》，上海：上海书画出版社，2014 年。

[7]河南省文物研究所、河南省洛阳地区文管处：《千唐志斋》，北京：文物出版社，1989 年。

[8]杜金鹏、钱国祥：《汉魏洛阳城遗址研究》，北京：科学出版社，2007 年。

[9]胡素馨：《佛教物质文化：寺院财富与世俗供养国际学术研讨会论文集》，上海：上海书画出版社，2003 年。

[10]黄明兰：《洛阳北魏世俗石刻线画集》，北京：人民美术出版社，1987 年。

[11]黄永武：《敦煌宝藏》，中国台北：新文丰出版公司，1981 年—1986 年。

[12]姜伯勤：《中国祆教艺术史研究》，北京：生活·读书·新知三联书店，2004 年。

[13]康殷、任兆凤：《印典》，北京：国际文化出版公司，1994 年。

[14]李金梅：《中国马毬史研究》，兰州：甘肃人民出版社，2002 年。

[15]李零：《入山与出塞》，北京：文物出版社，2004 年。

[16]林惠祥：《文化人类学》，上海：上海书店出版社，2011 年。

[17]林梅村：《楼兰、尼雅出土文书》，北京：文物出版社，1985 年。

[18]林梅村：《西域文明——考古、民族、语言和宗教新论》，北京：东方出版社，1995 年。

[19]林梅村：《丝绸之路考古十五讲》，北京：北京大学出版社，2006 年。

[20]林梅村：《寻找楼兰王国》，北京：北京大学出版社，2009 年。

[21]林树中：《海外藏中国历代雕塑》，南昌：江西美术出版社，2006 年。

[22]故宫博物院：《雕饰如生——故宫藏隋唐陶俑》，北京：紫金城出版社，2006

年。

[23]龙门文物保管所、北京大学考古系:《中国石窟·龙门石窟》(第一卷),北京/东京:文物出版社、株式会社平凡社,1991 年。

[24]鲁仲连:《意大利博物馆之旅——在艺术中呼吸》,桂林:广西师范大学出版社,2002 年。

[25]陆增祥:《八琼室金石补正》,北京:文物出版社,1985 年。

[26]罗丰:《固原南郊隋唐墓地》,北京:文物出版社,1996 年。

[27]洛阳文物工作队:《洛阳出土文物集萃》,北京:朝华出版社,1990 年。

[28]洛阳市文物工作队:《洛阳出土历代墓志辑绳》,北京:中国社会科学出版社,1991 年。

[29]洛阳市第二文物工作队:《洛阳新获墓志》,北京:文物出版社,1996 年。

[30]马雍:《西域史地文物丛考》,北京:文物出版社,1990 年。

[31]荣新江:《敦煌学十八讲》,北京:北京大学出版社,2001 年。

[32]荣新江:《中古中国与外来文明》,北京:生活·读书·新知三联书店,2001 年。

[33]荣新江、李孝聪:《中外关系史:新史料与新问题》,北京:科学出版社,2004 年。

[34]荣新江、张志清:《从撒马尔干到长安:粟特人在中国的文化遗迹》,北京:北京图书馆出版社,2004 年。

[35]荣新江、华澜、张志清:《粟特人在中国——历史、考古、语言的新探索》,北京:中华书局,2005 年。

[36]山西省考古研究所:《唐代薛儆墓发掘报告》,北京:科学出版社,2000 年。

[37]陕西省考古所:《西安北周安伽墓》,北京:文物出版社,2003 年。

[38]尚永琪:《莲花上的狮子—内陆欧亚的物种、图像与传说》,北京:商务印书馆,2014 年。

[39]施安昌:《火坛与祭司鸟神》,北京:紫禁城出版社,2004 年。

[40]孙机:《中国圣火》,沈阳:辽宁教育出版社,1996 年。

[41]孙修身:《王玄策事迹钩沉》,乌鲁木齐:新疆人民出版社,1998 年。

[42]齐东方:《唐代金银器研究》,北京:中国社会科学出版社,1999 年。

[43]齐东方:《花舞大唐春——何家村遗宝精粹》,北京:文物出版社,2013 年。

[44]童恩正:《文化人类学》,上海:上海人民出版社,1989 年 3 月。

[45]汪小洋、姚义斌:《美术考古与宗教美术》,上海:上海大学出版社,2008 年。

[46]王镛:《印度美术史话》,北京:人民美术出版社,2004 年。

[47]王镛:《印度美术》,北京:中国人民大学出版社,2004 年。

[48]王小甫、范恩实、宁永娟:《古代中外文化交流史》,北京:高等教育出版社,2006 年。

[49]乌恩约斯图:《北方草原考古学文化研究》,北京:科学出版社,2007 年。

[50]吴树平、吴宁欧:《隋唐五代墓志汇编·洛阳卷》,天津:天津古籍出版社,1992 年。

[51]向达:《唐代长安与西域文明》,石家庄:河北教育出版社,2001 年。

[52]谢虎军:《河洛文明》,郑州:中州古籍出版社,2012 年。

[53]邢义田:《画为心声—画像石、画像砖与壁画》,北京:中华书局,2011 年。

[54]邢义田:《立体的历史:从图像看古代中国与域外文化》,北京:生活·读书·新知三联书店,2014 年。

[55]新疆维吾尔自治区文物管理委员会、拜城县克孜尔千佛洞文物保管所、北京大学考古系:《中国石窟·克孜尔石窟》(一),北京:文物出版社,1989 年。

[56]张广达、荣新江:《于阗史丛考》,上海:上海书店,1993 年。

[57]张广达:《西域史地丛稿初编》,上海:上海古籍出版社,1995 年。

[58]张广达:《史家　史学与现代学术》,桂林:广西师范大学出版社,2008年。

[59]张乃翥:《龙门区系石刻文萃》,北京:国家图书馆出版社,2011年。

[60]张星烺:《中西交通史料汇编》,北京:中华书局,1977年。

[61]中国社会科学院考古研究所:《偃师杏园唐墓》,北京:科学出版社,2001年。

[62]中国社会科学院考古研究所:《汉魏洛阳故城南郊礼制建筑遗址——1962年—1992年考古发掘报告》,北京:文物出版社,2010年。

[63]中国美术全集编委:《中国美术全集》雕塑编(二)《秦汉雕塑》,北京:人民美术出版社,1985年。

[64]扬之水:《香识》,桂林:广西师范大学出版社,2011年。

[65]意大利文化遗产与艺术活动部、中国国家文物局:《秦汉——罗马文明展》,北京:文物出版社,2009年。

[66]于薇:《圣物制造与中国佛教舍利供养》,北京:文物出版社,2018年。

[67]朱伯雄:《世界美术史》(第三卷),济南:山东美术出版社,1989年。

后 记

这本集子的正式写作过程从 2016 年开始,至今经历了三年多,其中有几篇文章是已经在杂志上发表过的,还有几篇文章是新近才又写作并修改的。由于前后经历的时间比较长,其中的认知水平也会有差距,所以这只能勉强称得上是一本探索性的集子。

这三年多的时间,写作本身和家庭所经历的种种波折,在终于要付梓的今天,回想起来,心中端的是感慨万千!

首先在结集过程中,选题经过了筛选——推翻——重组的艰难过程。在洛阳浩如烟海的历史文物和考古发现中选取一组与丝绸之路人文交流有关的话题并对它们进行深入解读,是要认真考量的。

其次,在写作过程中,由于对某些问题的认识不深,致使某些文章前后进行了较大的改动,甚至是推翻重来。

最后也是最困难的,在最终定稿以后,又遭遇了一些变故,使我不得不又重新进行了几篇文章的补写。

在这个过程中,适逢慈爱的父亲身患重病,我每日侍奉在床的这近三年时间,也是本书写作的关键时期。如今却再也听不到他的殷殷教诲,每每想到此,我不禁潸然泪下。

令我感到欣慰的是,在本书的写作过程中,我也得到了许多无私的帮助和关怀。

首先要感谢张乃翥先生，每一次跟他的谈话都是关于学术研究的，在交谈过程中他给予我的启迪和帮助是最大的；同时，我还要向为本书提供支持的洛阳市文物管理局、洛阳市文物考古研究院、洛阳博物馆、龙门石窟研究院等单位，一并表示衷心的感谢！此外，我还要感谢所有向我提供各种资料查找方便的单位图书资料室的同事及关心支持我的朋友们，恕我不一一列举。应该说，没有你们的支持和帮助，这本书稿是难以如期付梓的。

最后还要感谢我的先生，在我写作过程中和最后修改的紧迫时间里，分担家务并给予我最大的关怀和照顾！

谨以此稿粗浅的文字和篇章，献给洛阳的丝绸之路研究和历史文化探索的科研事业！

谨以此稿献给我慈祥的母亲和远去的、慈爱的父亲！

2019年7月18日晚于洛阳弄闲斋